DE L'ESPRIT PUBLIC,

OU

DE LA TOUTE-PUISSANCE

DE L'OPINION.

IMPRIMERIE DE FAIN, PLACE DE L'ODÉON.

OUVRAGES RÉCEMMENT MIS EN VENTE,

CHEZ LADVOCAT, LIBRAIRE, AU PALAIS-ROYAL.

LORD RUTHWEN, OU LES VAMPIRES,

Publié par M. Charles Nodier, auteur de JEAN SBOGAR et de THÉRÈSE AUBERT; 2 vol. in-12. Prix : 5 fr., et 6 fr. par la poste.

MARIE STUART, tragédie en cinq actes et en vers; par M. LE BRUN, auteur de la tragédie D'ULISSE. Représentée pour la première fois par les comédiens ordinaire du roi sur le premier Théâtre-Français, le lundi 6 mars 1820. Prix : 3 fr., et 3 fr. 50 cent. par la poste.

LES TROIS MESSÉNIENNES, ou Élégies sur les malheurs de la France, par M. CASIMIR DELAVIGNE; 3e. édition, augmentée de deux Élégies sur Jeanne-d'Arc; et d'une Épitre à MM. de l'Académie française. Prix : 2 fr., et 2 fr. 50 c. par la poste.

LES VÊPRES SICILIENNES, tragédie en cinq actes, par M. CASIMIR DELAVIGNE; 3e. édition, revue et corrigée. Prix : 2 fr. 50 c., et 3 fr. par la poste.

LES COMÉDIENS, comédie en cinq actes et en vers, par le même auteur, 2e. édition. Prix : 2 fr. 50 c., et 3 fr. par la poste.

LE MARQUIS DE POMENARS, comédie en un acte, par madame SOPHIE GAY. Prix : 1 fr. 50 c., et 2 fr. par la poste.

Le succès de cette pièce est dû surtout au piquant du style et à l'intérêt qui y règne.

ŒUVRES COMPLÈTES DE LORD BYRON, 8 vol. in-12, traduites de l'anglais.

Les deux premiers volumes contiennent le CORSAIRE, LARA, ADIEU, PARISINA, le VAMPIRE, OSCAR, d'ALVA, MAZEPPA, etc. Les tomes 3 et 4, MANFRED, la VIERGE D'ABIDOS, et les deux premiers chants de CHILDE-HAROLD. Les tomes 5 et 6 le GIAOUR, le troisième chant de CHILDE-HAROLD; le PRISONNIER DE CHILDE et DON JUAN. La quatrième livraison contient le quatrième chant de CHILDE-HAROLD, SATIRES, BEPPO, LAMENTATIONS DU TASSE, ODES A NAPOLÉON, A L'ÉTOILE DE LA LÉGION-D'HONNEUR, et POÉSIES DIVERSES. (Tous les journaux ont parlé des ouvrages de lord Byron, dont la réputation est européenne.)

Le prix de chaque volume, pour les souscripteurs, est de 2 fr. 50 c., et pour les non-souscripteurs, 3 fr. (On ne paie rien d'avance.) Il faut ajouter 50 c. par volume, pour les recevoir francs de port.

JEANNE D'ARC, tragédie en cinq actes et en vers, par M. d'AVRIGNY. (2e. édition.) Prix : 3 fr., et 3 fr. 50 c. par la poste.

Le succès de cette pièce augmente chaque jour.

VIOLETTE, *ou* LE CONSERVATEUR DÉCHIRÉ, poëme en 4 chants, par M. J.-B. Gouriet. (2e. édition.)

La rapidité avec laquelle la première édition de ce petit poëme a été épuisée, prouve assez dans quel esprit il est composé. Prix : 2 fr. 50 c., et 3 fr. par la poste.

PÉTRARQUE ET LAURE, roman historique, par Mme. la comtesse de Genlis 2 vol. in-12, 5 fr., et 6 fr. par la poste. 2e. édition. Cet ouvrage doit être la dernière production de l'auteur.

LES PARVENUS, du même auteur. (3e. édition), 3 vol. in-12. Prix : 10 et 12 fr. par la poste.

ÉPITRE AU CAPUCIN, par M. Viennet. Prix : 50 c. par la poste.

PROVERBES DRAMATIQUES, par *M. Gosse*, auteur de la comédie *Le Médisant*. Ces proverbes, au nombre de vingt, forment 2 vol. in-8°. de 4 à 500 pages chacun.

Prix : papier ordinaire, 12 fr., franc de port 15 fr.; papier satiné, 14, et papier vélin, 24.

LES DÉLATEURS, poëme, par M. E. Dupaty. Un vol. in-8°. (3e. édit.), 2 fr. 50 c., et 3 fr. par la poste.

OEUVRES de J. F. Ducis. ornées du portrait de l'auteur, d'après M. Gérard, et de beaucoup de gravures, d'après MM. Girodet et Desenne. 6 v. in-18, 16 fr. Par la poste, 20 fr.

DEUX VICTOIRES PAR JOUR, almanach militaire, dédié aux braves, par Ladvocat. 2e. édition. (Année 1820.)

Prix, en feuilles, 2 fr. 50 cent.; cartonné, avec une bordure élégante, 3 fr. 50 c.; par la poste, en feuilles, 2 fr. 60 c.

DE LA LIBERTÉ RELIGIEUSE, par M. A. V. Benoît. Cet ouvrage, qui est fortement pensé et fortement écrit, est remarquable sous plus d'un rapport. Nous engageons les personnes qui voudraient s'en faire une juste idée, de consulter le n°. 62 de *la Minerve française*, à l'article Lettres sur Paris.

Prix : 6 fr., et 7 fr. 50 c. par la poste.

L'ULTRA, ou la Manie des ténèbres, comédie en un acte et en vers. 2e. édition. Prix : 1 fr., et 1 fr. 25 c. par la poste.

Cette comédie, dont la représentation n'a point été autorisée par la censure théâtrale, se fait remarquer surtout par une peinture vraie des mœurs d'un certain parti.

LE MINISTÉRIEL, comédie en un acte et en vers, par l'auteur de L'ULTRA. Prix : 1 fr. 25 c. et 1 fr. 50 par la poste.

EMPLOI DE MA DEMI-SOLDE, ou Budget d'un sous-lieutenant en expectative, par un officier du troisième bataillon de la légion du G. . . . .

Ce petit poëme, qui est rempli d'une foule de détails piquans et spirituels, est à la deuxième édition.

Prix : 1 fr., et 1 fr. 25 c. par la poste.

NOUVEAU DICTIONNAIRE DE LA LANGUE FRANÇAISE, le plus portatif et le plus complet, ou Manuel d'orthographe et de prononciation, par M. Marguery, professeur de belles-lettres.

Tous les soins qu'on a mis à la confection de ce Dictionnaire, qui est vraiment *le plus portatif et le plus complet*, m'autorisent à le désigner comme le plus commode et le plus utile.

Prix, broché, 5 fr. Relié en basane, 5 fr. 75 c.

Et broché, par la poste, 6 fr.

LES FASTES de la Gloire, ou les Braves recommandés à la postérité, monument élevé aux défenseurs de la patrie. Les deux premiers volumes sont en vente; le troisième et dernier paraîtra le 10 décembre prochain.

Prix de l'ouvrage par souscription, 18 fr. Par la poste, 24 fr.

TABLEAU STATISTIQUE DE LA FRANCE, par Perrot.

Ce Tableau, dont l'idée est fort ingénieuse, et dont l'exécution est aussi complète qu'on peut le désirer, est très utile aux commerçans et aux administrateurs. D'un seul coup d'œil le lecteur peut connaître la superficie d'un département en arpens ou en hectares, ses productions en tous genres, les rivières qui l'arrosent, sa population, le nombre de ses communes, celui de ses députés, avec leur série, le prix moyen du blé, le départ des courriers, les siéges des évêchés, cours royales, académies, etc.

Prix : 2 fr. 50 c.; 3 f. dans un étui;

Par la poste (en feuilles), 3 fr.

On se fera une juste idée de l'importance et de l'utilité de ce travail, lorsqu'on saura que S. Exc. le ministre de l'intérieur en a fait prendre 600 ex. pour le compte de son ministère.

JOURNÉE DU MONT SAINT-JEAN, par Paul. Cette brochure est une esquisse de la malheureuse campagne de 1815. Prix : 1 fr., et 1 fr. 20 c. par la poste.

LES FEMMES, leur condition et leur influence dans l'ordre social chez différens peuples anciens et modernes, par le vicomte J.-A. de Ségur, avec cette épigraphe : *Les hommes font les lois, les femmes font les mœurs*, 3 vol. in-12. fig. 9 fr. Par la poste, 12 fr.

THÉRÈSE AUBERT, par M. Charles Nodier, auteur de *Jean Sbogard*, 1 vol. in-12, 2 fr. 50 c. par la poste, 3 fr.

Ce roman, qui est à sa deuxième édition, se fait remarquer par la chaleur du style et par son originalité.

LES SOIRÉES DE MOMUS. Le bon esprit qui anime ces gais chansonniers assure le succès de ce recueil. Ce chansonnier se distingue de tous les ouvrages de ce genre par un grand nombre de chansons patriotiques qui s'y trouvent, et notamment plusieurs de M. Béranger, Prix : 2 fr., par la poste, 2 fr. 50 c.

DE
L'ESPRIT PUBLIC,
OU
DE LA TOUTE-PUISSANCE
DE L'OPINION.

Par le Baron Guérard de Rouilly.

A PARIS,

CHEZ LADVOCAT, LIBRAIRE,

ÉDITEUR DES FASTES DE LA GLOIRE.

PALAIS-ROYAL, GALERIE DE BOIS, N°s. 197 — 198.

1820.

PRÉFACE.

Ce n'est pas au moment où l'opinion manifeste en France un intérêt si vif et si patriotique aux travaux de son gouvernement, que des considérations sur cette puissance appelée si justement *la reine du monde*, pourraient paraître intempestives ou déplacées. A la suite d'une révolution dont toutes les phases furent peut-être déterminées plus immédiatement encore par l'esprit public, que par des projets suivis et des plans concertés, quand de ce volcan politique sont enfin sorties ces institutions dont une amélioration progressive doit assurer au sentiment national une si utile influence, un empire si inébranlable, l'écrivain sans passion, qui cherche à en approfondir et la nature et les effets, ne peut mettre au nombre des dangers qui le menacent la défaveur de l'opinion et l'injustice des préventions. C'est bien assez pour lui d'avoir à lutter contre la faiblesse de ses plans, l'insuffisance de ses preuves et le vague de ses développemens. Au surplus, et je dois le déclarer pour l'acquit de mon amour-propre, une incursion sur un sujet aussi vaste n'est point de ma part la prétention de l'envisager sous tous les rapports qui peuvent lui être applicables. J'ai voulu seulement faire ressortir les élémens principaux qui constituent cet agent universel connu sous la dénomination d'esprit public; démontrer l'importance de ses inspirations, et la nécessité pour un gouvernement d'y conformer, autant que possible, l'ensemble de son système et les détails de ses opérations; appliquer ses principes aux différentes formes de gouvernement indiquées par les besoins primitifs des sociétés, ou successivement introduites par la civilisation; enfin, présenter comme conséquence évidente de quelques vérités constatées, la supériorité du gouvernement monarchique constitutionnel, et les garanties qu'il assure par l'esprit pnblic à la solidité des institutions, aux droits réciproques des gouvernans et des gouvernés, à la conservation du bon ordre enfin, comme au maintien de la liberté. Dans toutes les considérations par lesquelles j'ai cru pouvoir arriver à cette heureuse conclusion, j'ai tâché de concilier avec une modération respectueuse prescrite par les convenances autant que par le devoir à tout bon citoyen, l'indépendance de l'honnête homme dont l'opinion ne se modifie jamais d'après des calculs de faiblesse ou d'adulation : j'ai dit ce que j'ai cru la vérité, parce qu'elle doit passer avant tout, parce qu'une franchise sans réserve est le plus noble tribut que puisse payer un Français à son gouvernement, parce que je respecte assez mon prince et ma patrie pour leur présenter cet hommage. Maintenant, que l'esprit de parti se venge sur mes intentions des efforts que j'ai faits pour le démasquer ; que la bassesse, accoutumée à prendre pour le langage de l'insubordination tout ce qui n'est pas celui de la servitude, me poursuive de ses fausses interprétations, je me sens assez fort contre ces deux vils adversaires : je livrerai de même à la critique la témérité de mon entreprise, et les nombreux défauts de son exécution ; nul écrivain n'a le pouvoir ni le droit de s'y dérober : mais je ne reconnais pour juges de mes sentimens, que le patriotisme et l'impartialité ; c'est sous leur égide que j'ose placer ce faible ouvrage. J'abandonne tout aux chances de la discussion ; je ne réserve que mes principes.

DE L'ESPRIT PUBLIC,

OU

DE LA TOUTE-PUISSANCE

DE L'OPINION.

CHAPITRE PREMIER.

De l'esprit public en général.

Entreprendre, sous un gouvernement monarchique, des considérations sur la naissance, la marche, la décadence et le renouvellement de l'esprit public, c'est rendre hommage aux principes constitutifs de la monarchie même; c'est proclamer, avant tout, cette vérité solennelle, que l'esprit public n'a rien à redouter de l'autorité royale tempérée par les lois, et cette puissance paternelle rien à craindre de l'esprit public dans son influence. Ce n'est pas ici le lieu de spécifier les institutions à l'aide desquelles il peut le plus facilement se manifester, ni la nature de gouvernement la plus favorable à son indépendance. Nous réservons à cette partie de nos observations un chapitre particulier, dont notre plan nous ordonne d'ajourner les développemens; et, définissant d'abord avec le plus de clarté qu'il nous sera possible l'essence, la nature et les caractères distinctifs du véritable esprit public, nous établirons ainsi la base sur laquelle doit reposer tout l'édifice d'une théorie aussi instructive dans ses principes qu'intéressante dans ses résultats.

Quelle est donc la véritable acception de ce mot si souvent et quelquefois si témérairement employé? quelles sont, relativement à cette branche de l'économie politique, les leçons de l'expérience et les règles fixes de la raison? On nous pardonnera de nous étendre avec quelque détail sur cette définition, si l'on réfléchit à quel point l'intrigue, l'ignorance et la mauvaise foi étaient parvenues, dans ces derniers temps, à en obscurcir la clarté. C'est du fond du chaos que nous avons à faire jaillir la lumière des idées saines, c'est aux derniers feux d'un embrasement général qu'il nous faut rallumer aujourd'hui le flambeau des vrais principes. Tâchons donc d'établir avec simplicité, comme avec évidence, l'état positif de notre sujet : nous tournerons ensuite, sans nous égarer, autour de ce pivot lumineux ; il sera à la fois un point convenu pour nous réunir, et un fanal pour nous éclairer.

L'esprit public est *la part plus ou moins active que prend la partie éclairée de la population au système général de son gouvernement, et aux actes particuliers de son administration.* Car il ne peut rien avoir de commun avec la stupidité de la masse ignorante, aussi incapable de juger un principe que d'en observer les conséquences. C'est, quand il a pris une direction favorable, cet abandon patriotique qui seconde de tout son pouvoir les vues de l'autorité ; c'est, lorsqu'il cède au contraire à une fatale impulsion, cette apathie générale qui accueille les mesures les plus importantes, ce froid égoïsme qui les élude, cette résistance concentrée qui les fait tôt ou tard échouer infailliblement. Dans le premier cas, il suppose obéissance volontaire et satisfaction générale ; dans le second, il ne signale à l'œil de l'observateur qu'une soumission de contrainte, un mécontentement progressif, une inquiétude universelle. Nous permettra-t-on de chercher dans notre fertile révolution deux exemples incontestables de ces dispositions différentes? Nous prendrons le premier dans cette époque de 1789, dont la malveillance et les préjugés peuvent chercher à flétrir l'imposant caractère, mais qui n'en brillera pas moins éternellement dans l'histoire, pour l'instruction de tous les peuples et la gloire du nom français : le second nous sera fourni par cette période toute récente de revers et d'humiliations que n'eût jamais fait arriver une ligue jalouse, si elle n'eût été préparée par des circonstances étrangères à son inimitié. Pourrait-on ne pas reconnaître, en effet, une explosion véritable de l'esprit public dans cet élan universel qui précipita, il y a trente années, un peuple grand et généreux vers les principes d'une sage liberté *, et la destruction des abus longtemps respectés qui en entravaient la jouissance? Ne se manifesta-t-il pas dans un sens opposé, ce même esprit public, quand le gé-

* Il serait injuste de confondre cet élan vers la liberté avec les excès qui la firent dégénérer en licence. On verra bientôt que ce fut à l'esprit de parti, et non à l'esprit public que nous en fûmes malheureusement redevables.

nie d'un seul voulant s'approprier le fruit des efforts de tous, son pouvoir gigantesque s'écroula sous l'indignation universelle qui en réprouvait les excès? Mémorable leçon donnée par la fatalité à l'ivresse de l'ambition, comme à l'orgueil de la puissance! O vous donc dépositaires d'un pouvoir qui finira par vous accuser, s'il ne vous couvre de bénédictions, protecteurs naturels de la grande famille confiée à vos sollicitudes, ministres philosophes, qui voulez placer vos noms respectés sous l'égide du bonheur public, laissez là vos flatteurs et leurs funestes suffrages; des hauteurs sur lesquelles vous attirez tous les yeux descendez dans la plaine; consultez non ces acolytes intéressés de votre pouvoir qui fait rejaillir sur eux l'éclat de ses rayons, non ces complaisans assidus, cachant dans la fumée de leur indigne encens la bassesse ou l'injustice de leurs sollicitations : mais ce public impartial qui vous abusera d'autant moins qu'il est forcé de vous respecter davantage; mais ces juges aussi véridiques qu'incorruptibles, qui rendront une justice d'autant plus glorieuse à vos talens ou à vos vertus, qu'ils proclameront vos vices ou votre impéritie avec plus de sévérité. C'est ce concert régulier qu'il vous faut écouter, non ce fracas tumultueux fait pour étourdir vos oreilles, bien plus que pour les flatter.

Un des caractères les plus distinctifs de l'esprit public, celui qu'il serait absurde de lui contester jamais, c'est son impartialité : où se trouvera-t-elle, en effet, véritablement, si ce n'est dans cette réunion universelle dont toutes les parties, respectivement indépendantes, ne peuvent recevoir que d'elles-mêmes leur commune impulsion? Quelle brigue, quelle cabale pourrait-on supposer dans une telle unanimité? Ce n'est pas que les passions ne viennent souvent apporter à ce tribunal sans appel leur tribut accoutumé. Sans doute, considéré dans son isolement, chacun des membres qui le composent participe avec plus ou moins de faiblesse aux erreurs de l'humanité; l'un, aveuglé par les calculs de son intérêt personnel, ne voit qu'avec les yeux d'une insatiable avidité; l'autre, involontairement livré aux suggestions d'un esprit de parti qu'il se dissimule à lui-même, lui subordonne son opinion et ses jugemens; celui-ci, flatteur exclusif du pouvoir, en déifie indistinctement tous les dépositaires; celui-là, frondeur impitoyable de l'autorité, la désapprouve sans ménagement, s'il ne la dénigre avec injustice. Eh bien, de tous ces élémens dangereux qui, dans une réunion peu nombreuse ou dans une classe particulière, ne donneraient pour résultat qu'une prévention obstinée ou une fatale corruption, il ne restera, dans l'assemblage universel de toutes les classes de la population, que justice rigoureuse et stricte impartialité; car on nous accordera sans doute l'impossibilité d'une collusion calculée entre ces diverses fractions, d'intérêts comme de rangs incontestablement différens. Si donc, par un accord évidemment spontané, la masse de la population se prononce hautement pour approuver l'ensemble des opérations politiques ou administratives, c'est en vain que l'intrigue et la malveillance de quelques individus essaieront de troubler une aussi précieuse harmonie; le gouvernement peut marcher avec toute la force de la sécurité, il a pour garant de son repos l'expression véritable de l'esprit public. De même, si, dans l'unanimité de ces jugemens dont nous venons de démontrer la nécessaire impartialité, l'opinion publique s'obstine à frapper d'anathème les mesures prescrites par l'autorité, vainement les sophismes des écrivains mercenaires chercheront à détourner ce torrent; vainement le pouvoir inquiet opposera manœuvres sur manœuvres aux fureurs menaçantes de la tempête ; ses efforts seront impuissans, ils ne feront qu'accélérer le moment d'une crise inévitable.

Il est un second attribut qui caractérise essentiellement l'esprit public, et dont rien ne saurait le dépouiller, c'est son infaillibilité ; elle nous semble reposer sur les mêmes bases que cette impartialité dont nous parlions tout à l'heure. En effet, si l'esprit public est, ainsi qu'il résulte de ce que nous venons de dire, le résultat collectif des jugemens de la partie éclairée de la population, cette universalité, garant nécessaire de sa franchise, ne repousse-t-elle pas aussi toute erreur dans ses décisions? Et si un accord de suffrages aussi imposant n'offre pas le caractère le plus approximatif de l'infaillibilité, qui pourra se flatter d'en trouver seulement le fantôme? Qui osera le poursuivre autre part? Ils raisonnent donc avec une inconséquence bien évidente, ces flatteurs pernicieux à l'autorité même, qui s'obstinent à ne voir dans les élans de l'esprit public, que les erreurs de l'ignorance, ou les clameurs de la malignité. Gardez-vous, dépositaires bien intentionnés d'un pouvoir paternel, gardez-vous de ces piéges que l'on tend à votre amour-propre : non, elle ne saurait être mensongère, cette expression générale de l'opinion de vos administrés ; au lieu d'en repousser dédaigneusement les avis, estimez-vous heureux de la trouver toujours là pour vous éclairer. Votre conscience ne peut refuser un hommage à sa franchise, applaudissez-vous de reconnaître aussi son infaillibilité.

Mais s'il ne suffisait pas à l'esprit public, pour exciter l'attention de l'autorité, que, toujours impartial dans ses vues, il fût encore infaillible dans ses inspirations, il n'en éveillerait pas moins toute sa sollicitude par un autre caractère qui, aussi évident que les deux premiers, en est la juste conséquence ; nous voulons parler de cette force irrésistible qu'une administration imprudente peut souvent méconnaître, mais dont une suite d'effets désastreux ne tarde jamais à lui démontrer la réalité. Quand les principes sociaux et les lumières de la raison ne se réuniraient pas pour constater ce pouvoir entraînant auquel le despotisme n'opposera jamais que des digues impuissantes, les exemples de l'expérience viendraient consacrer à l'envi la justesse de notre assertion. Depuis ces temps reculés dont l'histoire offre à nos observations la majestueuse perspective, jusqu'à ces époques rapprochées où des révolutions si fréquentes attestent journellement notre faiblesse et notre instabilité; à quelle cause première attribuer justement des changemens aussi mémorables? Dans cette Grèce classique où notre civilisation va chercher constamment ses principes et ses modèles, dans cet empire fameux, berceau des crimes les plus atroces, et des vertus les plus héroïques, enfin dans cette Europe moderne où de nouvelles découvertes de l'esprit humain ont fait éclore une nouvelle politique et des désastres nouveaux, partout nous voyons l'esprit public commander aux opérations, maîtriser jusqu'au despotisme, et entraîner les événemens dans le cours de son irrésistible influence. Démosthène, lançant contre le tyran de Macédoine les foudres de son éloquence, eût-il vu tous les Grecs seconder spontanément ses efforts généreux, si l'opinion publique n'eût secondé son patriotisme, et préparé d'avance les succès du talent? L'orateur romain, combattant corps à corps le farouche Catilina, eût-il facilement triomphé d'un si dangereux adversaire, si les armes du crime ne se fussent émoussées contre son infâme renommée? Et, s'il faut par des catastrophes récentes fortifier ici l'autorité des anciens souvenirs, soulevons pour notre instruction ce rideau salutaire qu'étend sur nos derniers excès la main de la raison. Eussions-nous effrayé les peuples et les rois de cette révolution qui, sage dans son principe, devint le monument de toutes les fureurs, si l'état fatal de l'esprit public n'en eût fait dès long-temps les funestes apprêts? Il n'entre pas dans le plan que nous nous sommes proposé, d'approfondir ici les causes premières de ce bouleversement politique, fameux à jamais dans les annales du monde. L'histoire et la philosophie en signaleront un grand nombre aux méditations de l'homme d'état; la faiblesse et l'irrésolution de deux règnes consécutifs, la fausse direction donnée aux progrès inévitables des lumières, la lutte inégale de la superstition contre la vraie philosophie, et d'une philosophie prétendue contre la religion, la défense maladroite d'abus odieux ou ridicules, l'instabilité du système financier, les gothiques prétentions de la classe privilégiée, la résistance obligée de toutes les autres, telles sont peut-être les sources empoisonnées dont l'impartialité tirera quelque jour l'histoire de nos folies et le tableau de nos malheurs. Mais, quelque soit le principe de ces grands événemens, quel qu'aient été les élémens primitifs de nos désastres, il n'en est pas moins démontré à la raison des contemporains, et l'histoire n'en redira pas moins aux générations que l'esprit public fut dans ce terrible tourbillon le grand moteur universel. J'en appelle à vous tous, fonctionnaires éclairés qui vîtes se former la tempête, écrivains courageux qui osâtes l'annoncer, quel fut le fondement de votre prévoyance? D'où naquirent alors vos tristes pressentimens? Vous étiez loin de les appeler ces signes précurseurs de la destruction, votre amour pour votre pays cherchait bien plutôt à se les dissimuler, mais les éclats encore lointains de l'esprit public frappaient déjà vos oreilles; ils vous annonçaient que l'orage s'approchait, vous en prédîtes hautement les désastres; ils n'ont justifié que trop bien vos terribles augures.

D'après ces observations préliminaires, on reconnaîtra facilement les caractères distinctifs du véritable esprit public. Il importe de fixer ses idées d'une manière précise sur sa définition; c'est à elle qu'il nous faudra rattacher toutes les considérations qu'elle indique, tous les principes qui en sont la conséquence : l'esprit public est donc *la part plus ou moins ac-*

tive que prend la partie éclairée de la population au système général de son gouvernement, et aux actes particuliers de son administration. Impartialité, force et infaillibilité, tels sont les principaux élémens qui le constituent, tels sont les caractères généraux qui l'accompagnent dans sa marche, et le suivent dans ses développemens.

A l'aide de cette définition, nous tenons le fil qui doit nous guider dans le cours de nos observations : entrons avec sécurité dans une carrière où il nous empêchera peut-être de nous égarer.

CHAPITRE II.

De la manière dont se forme et se développe l'esprit public.

Après avoir décrit les principaux caractères de cette puissance morale dont il n'est point de gouvernement qui ne renferme en soi le foyer, il est à propos d'étudier maintenant son origine, sa marche, et les sinuosités, si j'ose m'exprimer ainsi, de son développement. D'abord, ne perdant point de vue la définition que nous avons donnée plus haut de l'esprit public, nous regarderons toujours les citoyens éclairés comme les auteurs immédiats de son existence ; et c'est ici qu'il importe, avant tout, d'expliquer ce point essentiel de notre proposition. En n'admettant à la formation comme aux progrès de l'esprit public, que *la partie éclairée de la population*, sans doute il serait absurde d'en conclure que l'on puisse rester indifférent à l'opinion moins calculée de la classe ignorante, la plus nombreuse incontestablement, et par-là même la plus dangereuse. C'est elle au contraire qui doit exciter le plus vivement ou la confiance de l'homme d'état, ou sa sollicitude. Car les citoyens éclairés par l'étude, et cultivés par l'éducation, n'exhaleront presque jamais leur improbation qu'en discours mesurés, ou en écrits respectueux, tandis que la multitude essaiera trop souvent de lutter avec les armes de l'insubordination: nous osons nous flatter que cette contradiction, seulement apparente avec nos principes, n'en affaiblira cependant ni la justesse ni l'évidence. De quoi se forme en effet l'opinion de cette multitude aussi nulle dans son ignorance, qu'obstinée dans ses préventions, si ce n'est de l'opinion primitive de ces hommes éclairés dont nous parlions tout à l'heure? Le peuple proprement dit, s'il voit quelquefois par ses yeux, juge-t-il jamais avec sa raison? N'est-il pas l'interprète trop souvent turbulent et séditieux de ces hommes impartiaux qui, réfléchis dans leurs jugemens, ne seraient jamais, sans lui, dangereux dans leur expression? Si donc dans les ingrédiens nécessaires de l'esprit public entre aussi pour quelque chose le blâme de la classe ignorante ou son assentiment, c'est toujours l'influence des hommes éclairés qui la détermine à l'une ou à l'autre de ces deux dispositions, et ce principe lui-même, loin de nuire à la justesse de notre définition, ne fera que répandre une clarté nouvelle sur ses conséquences.

Il reste donc bien établi, pour n'y plus revenir, que l'esprit public se forme de l'opinion des hommes éclairés, propice ou défavorable au système de leur gouvernement ou aux détails de son administration; maintenant il nous deviendra facile de le prendre à son origine, de le suivre dans sa marche; et de l'observer dans ses résultats : s'il est incontestable que la capitale d'un empire est aussi le centre de ses lumières, si c'est là que viennent aboutir, par un accord tacite, toutes les ressources de l'esprit, tous les fruits de l'expérience, toutes les découvertes du génie, c'est là que de ces divers élémens doit naître cet esprit public qui en est à la fois l'expression et la conséquence. C'est donc dans la capitale, témoin rapproché des opérations d'un gouvernement, que se forme l'opinion impartiale et éclairée qui en apprécie la sagesse ou en discute les inconvéniens. Tel est le foyer d'où partiront bientôt les rayons destinés à porter sur tous les points de l'empire la flamme du véritable esprit public. A peine sont éclos dans la capitale, ces projets politiques ou administratifs qui doivent signaler leurs auteurs à la reconnaissance ou à l'animadversion publique, l'opinion s'en empare pour les défendre ou les critiquer : d'un côté les partisans du pouvoir en exaltent hautement la justice, en détaillent avec complaisance les nombreux avantages; de l'autre les frondeurs ou les pessimistes opposent à ce concert de louanges, des arrêts de réprobation; la partie impassible des hommes éclairés pèse au poids du sanctuaire les raisons avancées par les uns, les motifs allégués par les autres, et de ce conflit nécessaire s'échappe en triomphant la vérité qui jusque-là n'est encore autre chose que l'expression raisonnée du jugement de la capitale. Ici la renommée recueille cette instruction préparatoire qui peut, avec quelque raison, passer déjà pour désintéressée; elle la porte jusqu'aux extrémités des provinces les plus reculées; dans ce nouveau creuset s'épurent encore les restes inévitables de la partialité ou de la prévention, et l'accord à peu près unanime, qui est le résultat de cette procédure invisible, forme définitivement ce que l'on est convenu de caractériser sous le nom général d'esprit public. C'est quand les choses sont dans cet état, qu'il acquiert ce type impartial et infaillible que nous lui avons attribué. C'est alors qu'il faut bien lui reconnaître cette force entraînante contre laquelle viendraient se briser tous les efforts des préjugés, toutes les intrigues des factieux, toutes les tentatives malentendues de l'autorité.

Mais lorsqu'au signal de ces hommes, faits par la rectitude de leur jugement, pour donner l'impulsion à tout un peuple, s'est élevée cette puissance plus forte que tous les pouvoirs, c'est en vain qu'un despotisme ombrageux prétendrait ensuite l'étouffer dans son berceau, ralentir ses progrès, ou s'opposer à son influence. C'est Minerve sortie tout armée du cerveau de Jupiter. Grandeurs humaines prosternez-vous; vous feriez des efforts impuissans pour renverser ses autels ! Il n'en est pas de l'esprit public comme de ces lois positives dont l'autorité peut briser quelquefois le joug importun, en détruisant l'acte qui les a fait naître, par un acte semblable qui les voue à la destruction. Ici l'ordre des choses est diamétralement différent. De toutes les phases que doit traverser l'esprit public dans son cours, c'est à sa naissance que l'on pourrait à la rigueur opposer encore les entraves les plus efficaces. Peut-être ne serait-il pas d'une absolue impossibilité, et l'état actuel des autres sociétés rendrait cependant une pareille entreprise extrêmement délicate, de neutraliser, pour un temps, chez un peuple tout nouveau, les premiers efforts de l'opinion : peut-être à force de surveillance et de soins, en interceptant toute communication avec les peuples plus éclairés, en établissant un cordon d'ignorance et de préjugés contre l'épidémie de la civilisation, en opposant les ténèbres à la lumière, et le bouclier de la terreur aux traits de la raison, parviendrait-on à différer pour ce peuple, vierge encore, la crise redoutée de son émancipation ; peut-être tromperait-on pour quelques instans les vues de la nature, et le vœu des hommes de génie qu'elle aurait formés : c'est à ceux qui gouverneront l'enfance des nations futures à étudier un art si favorable à leurs instituteurs. Mais aussitôt qu'aura brillé sur un peuple le premier rayon de l'esprit humain, les sages recueilleront sa lumière vivifiante ; elle se fécondera dans leur sein ; encore quelques instans, et l'opinion va paraître : le frein qui l'enchaînait est brisé. C'est quand l'horizon politique commence à s'embellir ainsi du crépuscule de la raison, qu'il n'est plus donné au pouvoir le plus absolu d'empêcher la lumière de briller bientôt de tout son éclat ;

c'est alors que, forcé de se résigner à en supporter les rayons, il lui faudra conformer à cette clarté nouvelle des actes qui ne seront plus protégés par les ténèbres de l'obscurité.

Si tel est le rapide essor de l'esprit public chez un peuple aussi rapproché de son berceau que celui dont nous venons d'admettre la supposition, avec quelle intensité ne se développera pas cette flamme électrique, dans nos vieilles sociétés parvenues, à travers tous les abus et tous les malheurs, de l'enfance des préjugés à l'expérience de la maturité ? Chez elles la raison n'aura pas même à supporter les efforts d'une lutte pénible et prolongée, ses oracles recueillis par l'instinct toujours sûr de la multitude, formeront simultanément cette puissance de l'opinion, cet esprit public avec tous les caractères que nous lui avons reconnus. Plus d'espoir pour le charlatanisme, plus de refuge pour l'arbitraire. A peine échappée à l'inexpérience ou à la faiblesse, chaque mesure oiseuse ou frivole est marquée du sceau du mépris et du ridicule ; au sortir de l'ombre protectrice, l'intrigue est livrée à la publicité qui la dépouille de son masque hideux, et les victimes dévouées à d'injustes rigueurs trouvent ou l'opinion qui les sauve, ou la renommée qui les venge. Sans doute, au plus fort de son influence, ce pouvoir supérieur à tous les autres ne parviendra pas à prévenir toutes les fautes, à publier tous les délits, à punir tous les attentats; il est des circonstances justiciables seulement des lois positives, et c'est à elles à guider contre leurs infracteurs le glaive de la justice. Nous n'avons point entendu donner à l'esprit public une juridiction universelle, encore moins l'investir de droits qui pourraient être des usurpations. C'est dans les objets généraux de haute politique, ainsi que dans les détails plus spéciaux qui s'y rattachent, qu'est son ascendant irrésistible; c'est là seulement que ses conseils sont des lois, ses condamnations des supplices, et qu'il assure au pouvoir qui le consulte toute sa force, à la puissance qui s'en éloigne toute son instabilité.

En détaillant la manière dont se forme et se communique l'esprit public, relativement aux objets de politique ou d'administration, il nous semble avoir en même temps démontré son analogie, ou plutôt sa parfaite identité avec le sentiment noble du patriotisme : il est impossible qu'il n'existe pas avec tous ses heureux effets chez une nation accoutumée à cette espèce de discussion simultanée dont nous venous d'éclairer la marche et les développemens. C'est de cette habitude à apprécier ainsi, dans chacun des actes de son administration, la justesse ou l'inconséquence des vues de son gouvernement, c'est de cette faculté d'en soumettre tous les principes à ses calculs ou à ses observations, que naissent bientôt pour un peuple l'intérêt le plus vif aux chances de l'état, et le désir toujours croissant de sa prospérité. Supposons deux peuples également avancés dans la culture des arts, des sciences et du commerce, également initiés à toutes les découvertes de la civilisation, l'un soumis aveuglément à un gouvernement sage et bon, mais trop absolu, trop jaloux de ses droits pour tolérer la discussion de ses principes et l'examen de ses opérations; l'autre, au contraire, sous les lois d'une administration moins parfaite, mais discutant avec la fierté de son indépendance les intérêts communs, avant de fléchir sous la loi; lequel des deux entretiendra plus religieusement le feu sacré de l'honneur national? chez lequel des deux se propagera-t-il avec le plus de force en actions d'éclat et en prodiges de dévouement? La raison et l'expérience se réunissent pour nous démontrer, et cette vérité est devenue triviale, que de toutes les passions qui peuvent influer sur les hommes soit isolés, soit réunis, l'amour-propre est, après l'intérêt, la plus puissante et la plus généralement écoutée. Avec quel zèle un peuple secondera-t-il donc les opérations de son gouvernement, s'il peut se flatter d'en avoir été consulté daus la classe éclairée de sa population? quel empressement ne trouveront pas dans leur exécution des mesures que l'opinion publique provoquait déjà de toute son influence, avant qu'elles ne fussent prescrites par les arrêts de l'autorité? Mais au lieu de ce dévouement universel, au lieu de cet élan spontané qui secondent si bien les vues d'une administration éclairée des lumières de tout un peuple, quelle froide apathie, au contraire, quelle désastreuse insouciance ne viendront pas entraver dans leur exécution des actes auxquels un public éclairé, n'ayant point été appelé à concourir par ses conseils, ne sera point intéressé par son amour-propre?

Et qu'on ne vienne point nous contester cette influence de l'amour-propre sur la généralité de la population, sous le prétexte frivole que la masse insignifiante des hommes sans éducation ne prend aucune part à ce qui se projette pour la gloire ou l'abjection de son pays, pour la prospérité ou pour le malheur des autres individus. Sans doute, ils ne sont pas les premiers à blâmer ou à approuver tel ou tel acte de l'autorité, et par conséquent leur amour-propre peut ne s'y pas trouver originairement intéressé; mais ils ne resteront pas long-temps dans cette passive indifférence. L'opinion, maintenant renfermée dans le cercle des hommes éclairés, va bientôt franchir cette barrière et se répandre dans les régions inférieures; cette masse adoptera par imitation les idées qui lui viendront de plus haut; et ces opinions, qui lui étaient d'abord étrangères, vont lui devenir personnelles, dès qu'elles en seront adoptées. C'est alors que cette passion impétueuse de l'amour-propre va se trouver compromise; et, comme elle n'a jamais plus d'intensité que quand elle se trouve marcher de front avec l'ignorance, jugez quel sera son empire, quels seront, soit en bien, soit en mal, ses infaillibles effets. Ce n'est donc pas une erreur de soutenir qu'il n'est point de peuple en général plus attaché à ses lois, à ses institutions, et par conséquent à son gouvernement, que celui qui, se voyant journellement consulté dans la partie éclairée de ses citoyens, intéresse à la prospérité publique et son bonheur particulier et son amour-propre : bien différent en cela de tel autre peuple qui, servilement courbé sous un joug immémorial, borne à sa seule obéissance toute la part qu'il prend à l'état politique de son pays, le peuple dont nous parlons obéira aussi à l'autorité; mais il aura par-dessus l'autre cet attachement personnel à des institutions qu'il pourra croire, jusqu'à un certain point, avoir méditées lui-même, cet enthousiasme inséparable de l'opinion de tout citoyen qui sait qu'en se dévouant pour son prince et pour son pays, il assure le maintien d'un état de choses qu'il a du moins indirectement consenti : enfin, chez ce peuple généreux, l'obéissance étant volontaire n'en sera que plus assurée, et l'esprit public, si l'on veut s'obstiner à le séparer du patriotisme, en aura du moins préparé les effets, comme il en stimulera les élans.

A propos de cette influence de l'esprit public, gardons-nous d'imiter quelques écrivains imprudens, toujours prêts à nous citer pour modèle une nation rivale que la nôtre égale au moins partout où elle ne la surpasse pas. Sans doute nous ne fermerons pas les yeux à l'évidence, nous n'userons pas de la ressource facile de nier les faits, parce qu'il nous serait doux de ne pas les voir. Nous avouerons avec franchise cette activité patriotique du peuple anglais à discuter et à éclairer tous les actes de son administration ; nous rendrons hommage à cet esprit national qui donne chez ces fiers insulaires tant de ressort aux institutions utiles, aux mesures d'intérêt et de salut public un si noble développement. Mais, outre qu'ils offrent bien, sous ce rapport même, quelque prise à la critique dans l'appareil affecté d'une opposition quelquefois plus apparente que réelle, surtout dans ces excès d'une population souvent séditieuse dans ses discussions, eussent-ils en effet toute cette sagesse d'esprit public que nous ne pouvons leur accorder sans restriction, le peuple français aurait encore acquis le droit de ne plus craindre les dangers d'une comparaison inégale. Si, malgré les excès d'une révolution auxquels on peut, sans beaucoup d'injustice, ne pas regarder ce peuple jaloux comme entièrement étranger, jamais ailleurs le sentiment national ne pût compter avec autant d'orgueil et ses héros et ses trophées ; si, revenus après tant d'orages au port de la monarchie constitutionnelle, l'amour de la patrie a redoublé parmi nous depuis cinq années les prodiges de son dévouement ; si, par l'admiration qu'il inspire, il a triomphé des haines étrangères et vaincu par sa résignation tous les obstacles ; si, tous les jours encore, il lutte avec avantage dans nos propres foyers contre les préjugés de la routine et les calculs de l'égoïsme, qui osera nous flétrir de l'accusation ridicule d'une odieuse infériorité ? Il est facile, dans la prospérité, de se rallier au drapeau sans danger du patriotisme : que l'Anglais cesse avec son or d'influencer ou de corrompre le continent détrompé, qu'il subisse, ainsi que nous, les épreuves de la fatalité, nous compterons après.

Il nous semble en avoir dit assez pour assigner à l'esprit public ses véritables caractères, pour indiquer la source dont il sort, ainsi que le cours régulier de sa marche et son identité avec le patriotisme. Nous pourrions, quant à cette partie de notre sujet, nous borner à ces considérations, et passer par une transition naturelle aux conséquences qui résultent de ces principes. Mais dans un moment où l'esprit de parti joue dans notre drame politique un rôle si visible, et malheureusement si universel, nous laisserions une lacune importante à remplir, si nous n'adressions quelques mots à ceux qui pourraient le confondre avec cet agent de discorde, son plus implacable ennemi. C'est à quoi nous allons consacrer le chapitre suivant :

nous tâcherons d'y concilier, autant que possible, les ménagemens que requiert l'extrême susceptibilité des esprits agités par ce génie malfaisant des révolutions ; avec toute la franchise de l'indépendance et toute la force de la vérité.

CHAPITRE III.

De l'incompatibilité qui existe entre l'esprit de parti et l'esprit public.

Nous engager dans ces considérations, c'était nous préparer un moment de crise inévitable; nous touchons en effet à l'écueil le plus difficile de notre sujet. Comment mettre tous les dangers d'une maladie sous les yeux de celui qui en est atteint? Comment parler des fureurs de l'esprit de parti à ceux qui en sont embrasés? Dans cette position délicate, c'est toujours le médecin qui souffre de l'irritation du malade, et le moraliste qui paye ses propres leçons. Il n'est point de passion aussi injuste dans ses écarts que l'esprit de parti dans sa susceptibilité. Présentez à l'avarice le miroir qui la réfléchit, à la colère celui de ses plus horribles excès; montrez à l'égoïsme ses ennemis, à la jalousie ses victimes; effrayez tous les vices du tableau véridique de leur infamie, peut-être ils vous pardonneront la franchise de vos leçons en faveur de leur inutilité. Mais effleurez seulement l'esprit de parti dans une discussion qui ne sera que raisonnable, et qu'il appellera téméraire ; parlez sans bassesse du pouvoir dont il encense les abus, et, sans amertume, du malheur dont il persécute jusqu'au souvenir ; enfin, dans vos vues patriotiques, rapportez tout aux institutions, et rien aux hommes ni aux circonstances : vous serez lu avec prévention, interprété avec malignité ; on empoisonnera vos intentions, on flétrira votre caractère, vous entendrez retentir autour de vous toutes les expressions de la haine, toutes les clameurs de la vengeance. C'est vous qui serez accusé de manier l'arme perfide dont vous signalez les blessures. Détestable tactique de l'esprit de parti ! il crie au meurtrier, quand c'est lui-même qui assassine !

Une des principales ressources de l'esprit de parti, celle qui déguise le plus généralement ses usurpations ; c'est d'affecter dans sa démarche et dans son expression une ressemblance insidieuse avec cet esprit public digne en effet de toutes les affections de l'honnête homme et du bon citoyen ; c'est par-là qu'il trompe la bonne foi, qu'il séduit la candeur, et parvient trop souvent à arracher à l'ignorance et à la simplicité tous les honneurs du patriotisme. Il est donc d'une extrême importance de lui arracher ce masque auquel il doit de funestes succès, et de le montrer au grand jour, dans tout le hideux de sa nudité. L'esprit public s'enrichira des dépouilles de son insolent adversaire, et chacun des deux, impartialement jugé par ses résultats, aura définitivement dans l'estime du monde ou dans son inimitié la part qui lui est due.

Il serait très-difficile de distinguer l'esprit de parti de l'esprit public, s'il ne se trahissait par les efforts mêmes qu'il emploie pour abuser les esprits sur sa fatale ressemblance. Il est permis quelquefois à l'œil de l'inexpérience de se méprendre sur des caractères qu'il sait imiter avec une hypocrisie si perfide; mais heureusement il ne peut se contraindre assez pour copier long-temps son modèle avec une rigoureuse exactitude, il tombe avant peu dans les écarts où ne peuvent manquer de le précipiter les passions, son unique aliment; les yeux qu'il avait fascinés se dessillent, et bientôt il reste seul dans l'opinion, marqué à jamais du sceau d'une juste réprobation. Avant d'arriver à ce résultat inévitable, on ne peut nier qu'il ne prenne avec assez d'habileté les couleurs de son déguisement. Il est cependant une nuance caractéristique qu'il ne peut jamais saisir, ou du moins qu'il ne peut conserver un temps suffisant pour prolonger ses prestiges. C'est cette modération, compagne de la raison, qui, loin d'affaiblir l'esprit public, fait au contraire ressortir avec avantage toutes ses autres qualités, tandis qu'elle est incompatible avec l'esprit de parti, qui la repousse comme une nuance monotone et sans couleur. Voyez ces deux individus soutenant dans la même circonstance une opinion et des principes diamétralement différens; ils n'en ont pas moins, disent-ils, dans leur conduite, ainsi que dans leurs discours, le même mobile. Eh bien, l'un dans des discussions sans aigreur, conserve tout le phlegme de la sagesse, tout le sang-froid de la conviction; s'il donne à la marche du gouvernement une approbation toujours impartiale, on voit qu'il jouit en bon citoyen de ces éloges qu'il prodigue à l'autorité, mais qu'il sait arrêter au point où ils ne seraient plus que l'expression déshonorante de la bassesse et de l'adulation. Se croit-il obligé de blâmer des mesures dans lesquels il aperçoit ou l'erreur ou l'inconséquence, il exprime son opinion avec toute l'indépendance du patriotisme, mais avec toute la mesure de la raison : ce n'est qu'au crime et au mépris volontaire des lois qu'il garde toute l'impétuosité de son courroux, toute la chaleur de son inimitié. Observez au contraire son rival dans l'expression d'un sentiment qu'il décore aussi du titre imposant d'esprit public; continuellement en proie à la fougue de l'exagération, la bouche remplie du fiel de la satire, ou du miel plus empoisonné de l'adulation, il ne connaît point de milieu entre la colère délirante, et le stupide enthousiasme. Pour lui tout dépositaire du pouvoir est, suivant ses exclusives préventions, ou un prodige de génie, ou un phénomène d'imbécillité; il mérite sans restriction ou le supplice des enfers ou les honneurs de l'apothéose; c'est Sully, c'est Colbert, ou Malesherbes, s'il administre dans le sens de son opinion, ou de ses préjugés; en dévie-t-il un seul instant, c'est un Concini, un Séjan; il faut le signaler aux vengeances de son siècle, et à l'exécration de la postérité; mais de tant d'exaltation, d'une chaleur si dévorante, quand il juge le degré d'habileté des mains qui tiennent les rênes de la puissance, que reste-t-il pour les délits et les forfaits? Une indifférence glaciale, une monstrueuse apathie, ou plutôt, par des rapprochemens forcés avec les chances politiques, la soif de la vengeance, ou le vœu de l'impunité, suivant les circonstances.

S'il fallait des exemples de cette invincible opiniâtreté de l'esprit de parti, de cet emportement de mauvaise foi avec lequel il sait dénaturer les faits évidens, et les hommes déjà jugés pour en tirer des conséquences favorables au parti que lui a fait embrasser le plus souvent l'intérêt, quelquefois le hasard, et presque toujours quelque circonstance particulière, quelle récolte en ce genre ne nous fourniraient pas les événemens les plus incontestables, et les époques les mieux éclaircies de notre révolution ? Quel choix n'aurions-nous pas à faire encore dans l'époque actuelle, qui, dévouée peut-être plus que toutes les autres à cette indigne idole, semble frappée par elle d'un sceau particulier. Mais, sans parler de tant de détails capables de réveiller quelques haines, de ressusciter quelques vengeances, quelle diversité n'apporte pas l'esprit de parti dans les jugemens relatifs à l'ensemble même de cette révolution ? Entendîtes-vous parler jamais de ces grands événemens sans qu'ils fussent enveloppés en masse dans un enthousiasme ou dans un blâme universel? Fait-on jamais une distinction rigoureusement juste entre les principes qui l'ont commencée, les scènes différentes qui l'alimentèrent, les obstacles par lesquels elle dut être prolongée, et la marche qui, présidant à sa conclusion, prépare enfin pour les générations ses futurs résultats? N'est-il pas ordinaire d'entendre les partisans des antiques abus accabler à la fois du poids de leur burlesque proscription, et cette belle époque de 1789, premier élan vers la liberté, et cette attitude imposante de tout un peuple combattant avec succès toute l'Europe réunie contre des institutions vicieuses, si l'on veut, mais enfin qui ne devaient tomber que sous la volonté nationale; et cette grandeur d'une autre nature, cette dignité d'une nation qui, abandonnée par la fortune, se reste à elle-même toute entière, et dans son adversité même commande encore l'admiration de l'Europe, et l'attention de l'univers. Certes, si de tels souvenirs n'obtiennent aucune indulgence pour les erreurs et les forfaits malheureusement inséparables d'une si violente catastrophe, dira-t-on que c'est la raison qui préside à des jugemens si implacables? La raison pourrait-elle dicter jamais cette extravagante conclusion? Considérons, d'un autre côté, ces apologistes de chaque crise de notre révolution, aussi outrés dans leur aveugle complaisance, que ses détracteurs dans leur inflexibilité. Les entendrons-nous jamais excepter du tribut de leur idolâtrie, ces époques de deuil dont nous nous garderons de rappeler les détails, par respect pour l'humanité? Non, dans la langue de l'enthousiasme, tout est bien, tout est beau, tout est grand, comme tout devient ignoble, infâme, criminel dans la bouche de la prévention. Au milieu de ce chaos de sottise et de mauvaise foi, entre ces deux extrémités également déraisonnables de l'exagération, quelle sera la conduite de l'homme véritablement étranger à l'esprit de parti, véritablement digne de servir d'organe à l'esprit public? Sans faiblesse comme sans prévention, il se retirera franchement dans l'intérieur de sa conscience, il examinera, avec tout le scrupule du patriotisme, chacune des époques de ce changement mémorable; fier de toutes celles qui ont offert au monde des scènes de grandeur ou d'utilité, mais trop franc pour se dissimuler celles qu'ensanglanta le génie de la haine et de la destruction, il interrogera sur chacune d'elles, soit dans son respect, soit dans sa réprobation, l'opinion probable de la postérité; balançant ensuite les uns par les autres les avantages et les inconvéniens, calculant sur eux les résultats futurs qu'ils peuvent promettre à la philosophie et à l'humanité, il portera avec connaissance de cause un jugement définitif que n'infirmera point le tribunal de la raison. Telles sont, dans la même opération de l'esprit humain, les deux méthodes adoptées par l'esprit de parti, et par celui de patriotisme; il ne sera pas difficile à l'homme sans passion de les reconnaître.

Ce n'est pas, au reste, ce contraste seul qui caractérise les deux rivaux dont nous parlons, ce n'est pas là non plus que les suites les plus désastreuses attestent leur incompatibilité. Il est assez indifférent au bien genéral de la patrie, qu'ils jugent avec justesse ou avec prévention des événemens ensevelis déjà pour jamais dans l'abîme du passé. Le repos de la société n'y est pas intéressé plus directement. Mais ils portent aussi dans leurs vœux ces nuances opposées qui les distinguent; et c'est ici que la diversité de leurs rôles commence à produire des effets d'une plus grande conséquence; car du vœu que l'on forme pour un événement, quel qu'il puisse être, à la démarche que l'on se permet pour y arriver, le pas est facile à franchir, et l'intervalle n'est pas long du désir que l'on exprime à la tentative de le satisfaire. Voilà ce qui explique ces physionomies particulières à telles ou telles réunions si prônées ou si décriées, si factieuses ou si patriotiques, suivant les personnes qui les jugent et l'opinion qui préside à leur examen. Entrez dans un de ces temples érigés à l'esprit de parti, portez-y ce regard observateur, nécessaire pour saisir avec justesse les travers et les ridicules; la première chose qui vous frappe, c'est cette exagération, premier et indispensable élément de toute coterie de cette nature. Les choses suivent d'abord exactement le même cours, elles font les mêmes progrès, elles arrivent au même point que nous venons de décrire tout à l'heure. Mais c'est ici qu'il faut observer la conclusion, elle est digne en tout des antécédens. Quand le chapitre des observations est épuisé, que l'on est d'accord sur le mérite divin ou l'atrocité infernale des actes soumis à la discussion, sur la sublimité ou la bassesse des hommes dont ils émanent, sur les récompenses nationales ou les supplices dus à leurs vertus ou à leurs forfaits, car il ne faut point chercher de milieu entre tous ces extrêmes, arrive alors le moment des désirs et leur expression; c'est toujours à deux principaux que se réduit la série proclamée dans ces synodes du fanatisme et de l'intolérance. Gloire, honneur et prospérités à nos amis! guerre, outrages et extermination à ceux qui ne partagent pas la chaleur de notre patriotisme! En d'autres termes, périsse la patrie, plutôt que de devoir son salut à des mains que nous avons réprouvées! On s'échauffe, on s'exalte; des désirs fougueux on passe à la recherche de moyens pour parvenir à leur accomplissement; les plus violens sont ceux qui dans une réunion de parti obtiennent toujours une malheureuse préférence: on se sert réciproquement d'aiguillon, chacun devient pour les autres un sujet d'émulation, et souvent, de ce conciliabule où fut usurpé par l'esprit de parti le rôle de l'esprit public, sortit tel complot destiné à conduire la patrie à l'asservissement, et ses auteurs à l'échafaud.

Opposons à ces arènes du génie du mal ces assemblées paisibles où l'esprit public porte véritablement toute sa franchise et son impartialité. Ce tableau reposera nos yeux fatigués du spectacle hideux sur lesquels ils ont été forcés de s'arrêter trop long-temps : qu'y voyons-nous? des citoyens tranquilles discutant, sans danger pour la chose publique, les actes ou les principes de l'autorité; approuvant avec transport, et blâmant sans amertume; faisant jaillir du sein d'une discussion mesurée des lumières qui se communiqueront par leurs soins avec la même modération; cherchant, dans les leçons de l'histoire, les moyens de réparer, le plus imperceptiblement possible, les effets d'une mesure injuste ou désastreuse; préparant au pouvoir suprême par des travaux dont ils ne lui feront point un secret, d'utiles améliorations ou des innovations nécessaires; s'efforçant de calmer, par la propagation des saines doctrines, les maux faits à la société par toutes les espèces de fanatisme et d'intolérance; enfin, calculant, sur l'intensité des flammes allumées par l'esprit de parti, leurs efforts salutaires pour étouffer ou du moins pour ralentir les progrès de l'incendie. Tels sont les traits généraux sous lesquels se présentera toujours le sentiment national; telles sont les nuances qui le distinguent à jamais de son frénétique adversaire. Ainsi se retrouvent partout, dans les réunions comme dans les individus, les caractères que nous avons assignés à l'esprit public; ainsi, partout il dessille les yeux que cherche à fasciner l'esprit de parti par sa fausse et hypocrite ressemblance. Nous avons dû entrer dans ces détails, pour motiver davantage les conséquences que nous allons déduire de nos principes, comme pour ôter tout prétexte aux perfides interprétations.

CHAPITRE IV.

Des avantages qui résultent pour un gouvernement de la manifestation de l'esprit public.

En parlant ici de l'esprit public, sous le rapport des avantages qu'en peut tirer le gouvernement, nous devons commencer par établir une juste distinction entre tout gouvernement régulier et ces états plus ou moins barbares qu'abrutissent à l'envi les ténèbres de l'ignorance et les fers de l'esclavage. Nous rougirions de fixer un moment l'œil de la raison sur ces repaires du despotisme stupide, sur ces cavernes du brigandage dont l'existence accuse l'apathie de notre vieille Europe, si fière des progrès de sa civilisation. Quel patriotisme supposer, de bonne foi, dans les vils troupeaux de Tunis et d'Alger ? Quel esprit public invoquer dans ces êtres dégradés, que l'on voit, aux lieux immortalisés par le grand Constantin, baiser avec respect le fatal cordon que leur apporte un esclave automate de la part d'un despote ombrageux ? C'est pour vous que j'écris, sujets éclairés d'une monarchie forte de votre liberté, et conservatrice de vos institutions, peuples fortunés de cette partie du monde où se rapprochent l'un de l'autre, avec une confiance si noble, le commandement et l'obéissance ; c'est chez vous seuls que le patriotisme se présente sous des traits si touchans, sous de si majestueux modèles. En nous applaudissant donc de trouver en nous-mêmes ce sentiment généreux, examinons quel degré d'influence il exerce sur la prospérité d'un empire, à quel point il simplifie la marche d'un gouvernement et facilite ses opérations : l'intérêt d'un pareil sujet en fera disparaître aux yeux de la philosophie toute l'aridité, et la métaphysique pourra trouver grâce en faveur du patriotisme.

Le gouvernement, a dit notre immortel Montesquieu, *est comme toutes les choses du monde; pour le conserver, il faut l'aimer* *. Ce principe, ne fût-il pas consacré par une autorité aussi imposante, aurait pour lui la conviction individuelle de chaque citoyen, et le témoignage irréfragable de la raison. Abste-

---

* Montesquieu, *Esprit des Lois*, liv. IV, chap. V.

nons-nous donc de dissertations inutiles : ne cherchons point à démontrer ce qui n'est pas même contesté; point d'amour dans les gouvernés, point de véritable gouvernement : mais il ne naîtra jamais ce sentiment bienveillant sans lequel l'autorité se consumera toujours en efforts impuissans, il ne peut se développer cet amour, élément indispensable de toute bonne administration, que par la justesse des mesures adoptées par le gouvernement, que par leur accord non interrompu avec l'opinion des administrés; car ceux-ci ne paieront jamais de leur affection que les actes qui leur paraîtront utiles et équitables. Il est donc d'un intérêt réel pour le pouvoir suprême, de connaître à temps ces mesures appelées par l'universalité éclairée de la population; or qui l'instruira sans flatterie de ce vœu général qu'il lui faut consulter, qui lui transmettra les avis de cette opinion contre laquelle il risque de voir échouer ses opérations, si ce n'est cette voix toujours retentissante qui ne cherche dans les cours que des issues pour y pénétrer, que des oreilles pour s'en faire entendre? C'est en vain que le monarque le plus libéral réunira dans ses conseils les hommes doués du génie le plus droit, à ceux que distingue l'expérience la plus consommée ; c'est en vain qu'il renforcera de ses propres lumières celles des sages administrateurs, des profonds diplomates, des jurisconsultes éclairés ; si ce trésor n'est grôssi journellement des tributs impartialement recueillis de l'esprit public, il pourra immortaliser son règne par des actes individuels de sagesse et de bienfaisance, mais il n'asseoira jamais son autorité sur les bases solides de l'opinion, il ne transmettra à ses successeurs qu'un pouvoir incertain ; peut-être même il en aura préparé, malgré ses bonnes intentions, la chute inévitable.

Mais n'est-ce donc pas assez, dira-t-on, pour l'action de l'esprit public, que l'entrée dans les conseils, de ces administrateurs, de ces diplomates, de ces hommes expérimentés appelés de tous les points de l'empire à les éclairer ? Ne sont-ce pas là, ainsi que vous l'avez dit plus haut, les organes naturels de l'opinion ? D'après ce faisceau de lumières et de patriotisme, une recherche plus minutieuse de l'esprit public est-elle donc nécessaire ou avantageuse ? Sans doute ces hommes que nous supposons aussi probes qu'expérimentés seraient bien, d'après notre définition même, les interprètes accrédités de l'esprit public ; ils pourraient dispenser l'autorité suprême de toute recherche ultérieure, si par la nature de leurs fonctions, par leurs diverses relations avec le pouvoir, souvent même par la portion qui leur en est déléguée, ils pouvaient conserver rigoureusement toute leur indépendance, s'ils pouvaient dans une telle position connaître à fond cet esprit public, et en transmettre franchement l'expression : mais nous oserons en appeler à ces fonctionnaires eux-mêmes; se trouvent-ils jamais, sous ce rapport, dans une position aussi favorable? Est-ce à travers les vapeurs de l'autorité qui les éblouit, et celles de l'encens dont on les enivre, qu'il est possible de démêler avec impartialité cette opinion qui ne se présente à eux que pour les flatter, et ces vœux qui se cachent avec un soin perfide sous l'adulation? Non, ce n'est pas là ce que nous avons entendu par cette *partie éclairée de la population* que nous avons investie du droit d'être la première interprète de l'esprit public. Ces hommes éclairés dans toutes les parties de l'administration constituent bien, nous le proclamons, une des classes les plus honorables de la société, et nous serions loin de les récuser s'ils se trouvaient dans leur position naturelle, quant à l'indépendance et à l'impartialité. Mais, puisqu'il n'est presque jamais donné à l'humanité de se garantir de l'enivrement de la puissance et des illusions de l'amour-propre, un gouvernement jaloux de mettre ses opérations sous la sauvegarde de l'esprit public, ne se bornera pas à le consulter dans l'élite de ses conseils; ce sera surtout dans la masse de la société qu'il en ira chercher par des agens impartiaux la véritable expression. Nous avons jugé cette courte digression nécessaire, pour répondre aux flatteurs toujours complaisans de l'autorité, qui croiraient lui faire outrage en ne la regardant pas, sinon comme la régulatrice, du moins comme l'interprète exclusive de l'opinion; elle nous a écartés pour un moment de notre sujet, nous allons revenir aux avantages que trouve tout gouvernement régulier à encourager ses élans, à mettre à profit ses inspirations.

Ce n'est pas seulement pour lui indiquer des institutions nouvelles ou des améliorations, qu'un gouvernement a besoin des conseils de l'esprit public; ils sont peut-être encore d'une nécessité plus indispensable pour le garantir de cette tendance naturelle du pouvoir à perpétuer certains abus, à l'aide desquels il a vu successivement croître et se multiplier tous ses empiétemens; mais qui ne feraient en se prolongeant que compromettre son repos et le menacer jusque dans son existence. Dans ce siècle éclairé, l'administration serait trop facile, si elle n'avait qu'à maintenir et à conserver. Un de ses travaux les plus difficiles, un de ses soins les plus délicats, est de savoir abattre quand il le faut, sans secousse, quoique sans ménagemens, ces institutions nées dans des temps d'ignorance, que repoussent l'état actuel et les lumières de la société : mais ces réformes elles-mêmes sont placées entre deux écueils ; il n'est pas moins dangereux de céder par faiblesse aux cris tumultueux de quelques frondeurs sans mission, que de résister avec opiniâtreté à la voix impartiale et éclairée de toute une population. Or, il n'est encore que l'expression de l'esprit public tel que nous l'avons défini, qui puisse transmettre à l'autorité ces demandes impérieuses de l'opinion auxquelles, en dépit des flatteurs, il lui faudra toujours satisfaire, sous peine d'une lutte inégale, dont elle ne reconnaîtrait vraisemblablement les dangers que quand il ne serait plus temps. Prouvons encore cette nécessité de condescendre aux réformes que réclame l'esprit public, par cette révolution à laquelle il nous faudra long-temps emprunter, soit en désastres, soit en monumens de grandeur nationale, nos leçons et nos modèles. Sans doute en ces temps malheureux, que pouvait immortaliser une régénération salutaire, et qu'ont dû suivre de sanglantes réactions, la France ne manquait en aucun genre de ces génies heureux faits pour diriger sagement les opérations. Individuellement observée chacune des parties de l'administration marchait, sinon avec la perfection désirable, du moins avec assez de régularité pour rassurer l'autorité suprême ; toutes les parties de l'édifice pouvaient paraître à l'abri d'une prompte destruction ; mais la base elle-même menaçait ; une population fatiguée laissait échapper des murmures qui ne furent point entendus ; elle indiquait des réformes contre lesquelles se raidirent trop long-temps l'intérêt personnel, l'orgueil et la prévention. Enfin, revenons-en toujours à notre sujet, c'est pour avoir laissé se perdre en cris inutiles cette voix puissante et salutaire de l'esprit public, que périt après tant de siècles, ou du moins fut interrompue cette belle monarchie consacrée par l'antiquité des souvenirs et par le respect des générations. Je sais que l'esprit de parti, d'accord avec nous sur les résultats, ne manquera pas de leur assigner d'autres causes, et d'indiquer des mesures qui eussent pu prévenir l'explosion. Loin d'attribuer la crise révolutionnaire à l'imprudence avec laquelle un gouvernement inexpérimenté négligea d'écouter les conseils de l'opinion, c'est, diront quelques routiniers incorrigibles, la mollesse avec laquelle on craignit de la comprimer qui donna à son audace un si rapide développement, une importance si désastreuse à ses clameurs. Ils ajouteront que l'autorité défendit avec faiblesse des institutions qui n'en furent attaquées qu'avec plus d'acharnement; que les coups portés par de coupables novateurs, demandaient des coups proportionnés pour leur résister; que des manœuvres encouragées par d'impolitiques ménagemens, eussent échoué sans combat contre l'attitude de la force et de l'inflexibilité; et qu'enfin l'opinion ne devient véritablement la reine du monde, que quand le sceptre du monde lui est abandonné sans réserve, ou du moins faiblement disputé. A tous ces lieux communs du préjugé et de la mauvaise foi, nous pourrions nous dispenser d'opposer les leçons de l'expérience et les argumens de la raison; car ceux que dominent exclusivement les préventions de l'esprit de parti, ne se rendront pas à l'évidence, et les hommes sans passion n'ont pas besoin d'une démonstration surabondante pour un principe qu'ils sont loin de vouloir contester. Mais, comme il est un raisonnement qui seul peut suffire pour faire crouler tout l'échafaudage de ces sophismes que nous venons de répéter, peut-être, s'il ne triomphe pas de l'opiniâtreté de nos adversaires, ne fatiguera-t-il pas du moins la patience de ceux pour la conviction desquels il ne sera qu'inutile : s'il n'y avait avant les trente années qui viennent de s'écouler, que de l'ignorance et de l'aveuglement à soutenir cette prétendue facilité, pour l'administration, de lutter contre le torrent de l'esprit public, n'y a-t-il pas de l'obstination et de la mauvaise foi à persister aujourd'hui dans cette erreur déplorable? Quoi! tout un peuple auquel on n'a pas, du moins jusqu'ici, fait encore l'outrage de le mépriser, aura réclamé des institutions qu'il aura crues, faussement, si vous le voulez, conformes à l'état de sa civilisation; il aura mis dans l'expression de sa volonté long-temps contrariée cette fougue, cette effervescence qui la rend à la fois criminelle et irrésistible; il aura vu lutter contre ses demandes toutes les résistances de la routine, toutes les fureurs de l'anarchie, tous les efforts de l'arbitraire et du despotisme, il lui aura fallu pendant trente années subir l'ajournement successif de toutes ses espérances; et c'est lorsqu'après un combat aussi prolongé, une autorité paternelle, instruite à l'école de l'expérience et de l'infortune, a senti la nécessité de céder avec franchise aux justes vœux de toute une population; c'est alors que l'on voudrait révoquer en doute cette toute-puissance de l'esprit public, cette nécessité pour un gouvernement de le prendre pour guide de ses opérations, et par conséquent les avantages qu'il doit retirer, quand il l'aura bien constaté, de son expression? Convenons qu'ici, comme dans toute autre circonstance, la logique de l'esprit de parti se trouve encore en défaut, ou plutôt qu'il n'y a ni logique ni raison sans la franchise et l'impartialité.

Outre l'avantage de connaître avec certitude les institutions à établir et les réformes à opérer, un gouvernement trouvera encore dans l'expression de l'esprit public, les moyens d'ôter à des mesures repoussées de quelques classes particulières, ce vernis d'arbitraire et d'innovation qui en augmente presque toujours la rigueur. Quelle facilité n'eût pas trouvé, sous le dernier règne, un ministère plus expérimenté à appuyer sur la voix publique des déterminations qui, peut-être, eussent suffi pour opposer une digue au torrent révolutionnaire! Avec quelle supériorité n'eût-il pas lutté contre un corps puissant, en lui arrachant des sacrifices que l'opinion demandait depuis si long-temps? Combien n'eût-il pas intéressé à ses efforts toute la population, en satisfaisant à ses justes vœux pour une égalité légale qu'elle a enfin obtenue malgré tous les obstacles? Comme les résistances particulières se seraient promptement évanouies devant cette coopération générale aux vues de l'autorité! comme quelques cris impuissans eussent été bien vite étouffés sous le concert des acclamations! Le trésor de la patrie eût vu se combler en un instant le vide opéré par les précédentes dilapidations; des réformateurs violens eussent été obligés de chercher du moins d'autres prétextes aux innovations; un grand peuple satisfait n'eût pas été conduit, de murmure en murmure, au dernier degré du désespoir et de l'indocilité; peut-être enfin le pouvoir, maintenu sans interruption jusqu'à nous, aurait acquis une popularité nécessaire; peut-être la France aurait moins de crimes à expier, moins de désastres à réparer.

Pourquoi, sous le prétexte frivole de quelques vains ménagemens, craindrions-nous, en parlant de l'avantage de l'esprit public pour les gouvernemens mêmes, de leur présenter aussi pour exemple ce pouvoir colossal qui ne périt que pour en avoir méconnu les inspirations et dédaigné les avis. Aujourd'hui que le fort de la tourmente est passé, et qu'avec l'aide de la sagesse, tout rentre insensiblement dans son ordre naturel, il est temps que l'esprit de parti cesse de se faire, et surtout de vouloir nous communiquer une pitoyable illusion : non, il ne fut point renversé, ce génie de la force, par les complots ténébreux de telle ou telle coterie, par les trahisons de tels ou tels ennemis, autrefois ses flatteurs; il ne le fut pas même par les exploits trop vantés de telle ou telle puissance, passée jadis sous ses fourches caudines; tels ne furent point les élémens de sa destruction; c'est sous l'opinion, sous l'opinion seule que s'écroula ce géant malheureux de l'avoir dédaignée. Voyez-le, dans les premiers temps de sa grandeur, et long-temps encore après le prodige de son élévation, tant que la France, épuisée du plus pur de son sang, put sembler croire au moins que c'était pour elle qu'il était répandu; les haines intérieures, plus couvertes alors, en étaient-elles moins actives, la jalousie des chefs d'armée moins connue, les efforts de l'Europe moins effrayans? Eh bien, ces efforts, cette haine, cette jalousie, tout fut inutile; tout fut obligé de plier devant le concours de tout un peuple. Mais, quand un mépris évident de l'esprit public en eut fait évanouir le prestige, quand des institutions, réclamées par l'opinion, eurent été promises avec solennité, différées avec maladresse et éludées avec scandale, enfin, quand le maître du monde ne s'appuya plus sur cette puissance plus irrésistible que la sienne même, tout changea : ce patriotisme qu'il avait méconnu fut invoqué contre lui dans des pays où il n'avait pas fait éclater toujours un pareil dévouement; la faiblesse devint de la force; le nerf de la sienne se brisa dans ses mains, et sa ruine fut enfin l'ouvrage, non de l'habileté de ceux qui se vantèrent de l'avoir consommée, mais la suite inévitable de sa propre imprudence. Nous n'aurons pas la témérité de devancer ici les jugemens de l'histoire sur l'homme et les événemens de cette époque extraordinaire; nous ne nous répandrons ni en apologies qui pourraient paraître inconvenantes, ni en invectives qui seraient ce qu'elles paraîtraient infailliblement, les clameurs de la bassesse et de la lâcheté; nous avons voulu seulement fortifier, par un grand exemple, les preuves que nous croyons avoir données de la nécessité, pour un gouvernement régulier, de céder aux voeux de l'esprit public, et par conséquent des avantages qu'il doit retirer de sa manifestation : ils sont positifs, ils sont démontrés; il n'y a plus que la mauvaise foi qui puisse s'obstiner à les méconnaître.

CHAPITRE V.

Des moyens les plus sûrs pour un gouvernement de parvenir à connaître l'expression véritable de l'esprit public.

D'APRÈS les avantages bien constatés maintenant que doit trouver l'autorité dans une manifestation impartiale de l'esprit public, il est à propos d'indiquer ici les moyens qui peuvent en faire parvenir jusqu'à elle la véritable expression. Dans le nombre de ceux qu'indiquent l'expérience et le raisonnement, il en est deux principaux dont l'influence serait universellement proclamée, sans l'obstination de quelques adversaires dont heureusement l'impuissance est aussi évidente que la mauvaise foi. Il est assez inutile de répondre à leurs ridicules invectives, quand, sur tous les points du monde civilisé, nous avons vu la philosophie des gouvernemens répondre un instant à cet égard aux conseils de la raison, comme à l'appel de la liberté. L'histoire recueillera ces proclamations si promptement éludées, où la sagesse rendait un hommage si solennel aux deux institutions les plus capables d'assurer à la fois les droits des peuples et le repos de ceux qui les gouvernent. Si depuis quelque temps une politique ombrageuse et plus timide semble vouloir en ajourner encore la jouissance, elles n'en ont pas moins un titre inattaquable dans la reconnaissance hautement proclamée de leur utilité, elles n'en sont pas moins les deux interprètes légalement accréditées de l'esprit public. On sent assez que nous voulons parler de la représentation nationale et de la liberté de la presse.

Par l'une, l'autorité suprême, entourée des organes naturels de l'opinion publique, puise dans ses relations journalières avec cette élite de toutes les classes, la connaissance éclairée des besoins d'un royaume et des lacunes à remplir dans ses institutions; par l'autre, elle consulte avec avantage les lumières de ceux qui, éloignés par goût ou par circonstance des affaires publiques, n'en paient pas moins dans leurs ouvrages le tribut d'un zèle désintéressé pour le bien de la patrie. Par la représentation nationale, ainsi que par la liberté de la presse, les nouveautés utiles trouvent des philosophes pour les faire valoir, et les abus des hommes courageux pour les signaler. Toutes deux sont pour les peuples des garanties indispensables, des guides infaillibles pour ceux qui les gouvernent. C'est à l'abri de ces deux remparts qu'une nation peut se défendre également des troubles interminables de l'anarchie, et des empiétemens toujours menaçans du pouvoir arbitraire; c'est surtout à l'ombre de ces deux institutions que peuvent parvenir plus sûrement, aux oreilles de l'homme d'état, ces accens de l'opinion dont nous venons de voir que les conseils lui sont si impérieusement nécessaires.

Pour commencer donc par le premier de ces deux organes de l'esprit public, niera-t-on que la représentation nationale ne soit aussi véridique qu'imposante dans son expression? Où trouver une plus forte garantie de franchise et d'impartialité que dans cette réunion en un seul foyer des lumières de toute une population? Car nous parlerons bientôt des moyens à employer pour qu'une assemblée de cette nature réponde par la sagesse des choix de ceux qui doivent la composer, à toute la grandeur de son objet; et la persévérance des ennemis systématiques de l'opinion, à proscrire toute idée de représentation nationale, ne prouve-t-elle pas qu'ils la regardent eux-mêmes comme le sanctuaire du haut duquel doivent naturellement retentir ses oracles? Oui, s'il était possible qu'en dépit des leçons d'une terrible expérience, des ministres inhabiles fussent assez imprudens pour vouloir étouffer ou dissimuler les élans de l'esprit public, partout où resterait à un peuple le bienfait d'une représentation, c'est là que se réfugierait l'opinion, c'est là qu'elle acquerrait une force nouvelle des efforts tentés pour la comprimer, c'est de là qu'elle poursuivrait de toute son influence ses présomptueux et maladroits adversaires. A cette assertion, je crois voir déjà certains routiniers affecter toute la suffisance de la pitié, et toute la hauteur du dédain. Garantie bien solennelle en effet, vont-ils me dire, manifestation bien imposante de l'esprit public! Que signifient tous ces grands mots, après mille exemples tout récens de bassesse et de servitude dans ces représentations dont vous préconisez avec tant d'emphase l'énergie et la liberté? N'est-ce pas abuser étrangement des choses les plus positivement définies, que de prétendre nous faire admirer la fierté de l'indépendance, là où il n'y eut précisément que la bassesse de l'esclavage? Reportez donc vos souvenirs sur ces assemblées scandaleusement soumises, où le silence de l'obéissance n'était rompu quelquefois que par les éclats de l'adulation, où tout raisonnement était une irrévérence, et toute résistance un forfait; où l'éloquence prostituée ne pouvait plus exercer ses prestiges que sur la grandeur désastreuse d'une nation qu'aveuglaient ses propres exploits, et sur le génie du maître qui la conduisait, par tous les degrés de la gloire, à l'asservissement adroitement déguisé d'un joug irrésistible. Est-ce dans ces fantômes de représentation nationale que se réfugiait avec tant d'énergie l'opinion de tout un peuple? Est-ce là qu'elle opposait à l'ivresse du pouvoir l'égide de sa franchise et de son impartialité? Est-ce du sanctuaire avili de ses délibérations, que descendaient enfin les oracles de l'esprit public? A ces argumens d'une force apparente, un mot de réponse suffira; c'est que toutes ces assemblées, résultat plus ou moins scandaleux d'élections influencées et de choix illégaux, ne purent jamais passer à juste titre que pour des simulacres de représentation; et c'est à une représentation véritable, à une représentation formée d'élémens nationaux, sous l'influence de lois positives, et d'après des formes analogues à ces lois, que nous avons attribué l'inviolable dépôt de l'esprit public. C'est ici le lieu d'indiquer les moyens que nous avons annoncés pour que la représentation ne soit pas seulement un vain mot, et que les choix qui président à sa formation garantissent à la fois son patriotisme et son indépendance. C'est alors que nous pourrons répéter, sans crainte d'objections plus ou moins spécieuses, que le premier interprète de l'opinion d'un grand peuple, et par conséquent la première sauvegarde de ses droits, c'est une représentation nationale.

Une assemblée représentative sera véritablement l'interprète irrécusable de l'esprit public, si elle a la confiance de la nation, ainsi qu'elle en a les pouvoirs. Or il dépend du gouvernement intéressé, comme nous l'avons démontré plus haut, à s'éclairer sur les vœux de la population, d'investir de cette confiance honorable le corps chargé de la représenter, d'en faire un écho fidèle et infatigable à la fois de ses craintes ainsi que de ses espérances; cette tâche ne sera pour lui, s'il le veut avec franchise, ni compliquée ni difficile: d'abord, qu'il renonce à toutes ces petites intrigues préliminaires, à toutes ces ruses mal déguisées par lesquelles on a vu les partis influencer tour à tour des choix qui doivent être l'expression exclusive de l'estime publique ; qu'il laisse aux délibérations de ce corps librement élu toute l'indépendance qu'un peuple a le droit de réclamer pour ses mandataires ; surtout qu'une opposition respectueuse, s'il s'en élève une du sein des discussions, ne puisse être écrasée par des ressentimens ministériels, ou par la disgrâce du chef de l'état.

Qu'il nous soit permis de nous arrêter un moment sur ces trois élémens constitutifs de toute représentation véritable, liberté absolue dans le choix des hommes auxquels la nation doit confier l'honorable mission de la représenter, indépendance illimitée de chacun de ses représentans dans sa pensée comme dans son expression, respect et garantie pour l'opposition, ainsi que pour ceux qui en sont les organes ; et d'abord, pour parler de la liberté des suffrages, que signifierait, quant au dépôt de l'esprit public, tout fantôme de représentation, résultat d'intrigues minutieuses du gouvernement et de ses ministres ? Quel refuge pour l'opinion qu'un corps à la composition duquel elle n'aura pas même concouru? Quels interprètes des désirs d'un peuple, que des mandataires dont le choix lui-même est la preuve évidente du peu de prix qu'on attache à leur expression? S'il est incontestable qu'une représentation nationale constituée franchement sous l'influence de l'esprit public est à la fois son organe le plus naturel et le plus infaillible, il n'est pas moins certain qu'elle deviendra de la plus grande inutilité pour un gouvernement, sous ce rapport même, si c'est le pouvoir qui a présidé à sa formation; les représentés ne supporteront pas sans murmure cette atteinte portée, soit ouvertement, soit par de sourdes manœuvres, à leur indépendance; loin de ce corps déconsidéré, qui, au lieu de mandataires de leurs choix et de défenseurs d'intérêts communs, ne leur montrera plus que des créatures de l'autorité, se formera une autre opinion qui appellera à grands cris le moment de trouver d'autres interprètes. En attendant cette crise plus ou moins prochaine, le gouvernement sera tous les jours aveuglé par ceux mêmes dont la mission devait être de l'éclairer; il marchera d'erreurs en erreurs à la fausse lumière de l'esprit de parti ou de l'adulation, et finira par se briser contre des écueils, que lui aurait fait éviter le pilote toujours infaillible de l'esprit public, s'il se fût confié franchement à sa direction. Heureux encore, s'il peut réparer le dommage causé par son inexpérience, et si des désastres sans remède ne viennent pas attester l'inutilité d'un tardif repentir. Cette morale sera peu goûtée sans doute par des ministres enivrés des vapeurs de l'autorité, et constamment occupés d'en étendre les limites, ou d'en multiplier les usurpations. Mais ceux que la raison éclaire, et qu'échauffe un noble amour du bien public, au lieu d'en désavouer les principes en feront la règle invariable de leur politique, certains de mettre ainsi sous une égide inattaquable et leur caractère et leur administration. Un gouvernement sage ne voudra exercer sur des élections de cette nature d'autre influence que celle que doivent lui obtenir infailliblement une franchise sans réserve, et une noble popularité. Il laissera à ceux qu'elle intéresse toute la latitude garantie par la loi ; s'il y perd quelqu'instrument servile, ou quelque flatteur complaisant, ses communications avec l'esprit public en auront plus d'abandon, ses opérations en obtiendront plus de facilité. De tels avantages lui assurent une honorable compensation.

Mais ce n'est pas assez pour la manifestation franche et sans déguisement de l'esprit public, que cette liberté absolue des administrés dans le choix de leurs délégués; il faut encore que ceux-ci ne puissent être, sous aucun prétexte, gênés ou intimidés dans le cours de leurs nobles fonctions : avec quel scandale n'avons-nous pas vu, dans les simulacres de nos représentations différentes, les clameurs de la haine couvrir si souvent la voix du patriotisme, et les rugissemens de la fureur étouffer les inspirations du génie ! Quelles lumières puiser dans ces discussions mercenaires, où toute contradiction est un péril, et tout raisonnement un délit; où, sous les coups d'une majorité intolérante, doivent tomber sans combat les argumens avortés d'une minorité qu'on opprime; où des décisions improvisées sont le résultat de la violence de ceux qui les provoquent, et du silence forcé de leurs inutiles adversaires ? Nous rougirions d'insister plus long-temps sur cette indépendance d'opinions qu'on a pu rendre trop souvent illusoire, mais dont aucun parti dans ses écarts n'eut jamais l'impudeur de contester le principe. Espérons qu'en avançant heureusement dans une carrière constitutionnelle, on sentira la nécessité de réaliser enfin ce qui fut trop long-temps une chimère, et que nous ne serons plus témoins du scandale de l'oppression dans le sanctuaire de la liberté.

Ceci nous conduit naturellement à parler du faux jour sous lequel se présenterait une opposition légale, aux yeux d'un ministère aussi orgueilleux qu'inhabile, si, dans les répartitions des honneurs et des disgrâces politiques, il faisait une injuste différence entre ses adversaires et ses panégyristes. S'il est vrai que du choc seul des opinions opposées puisse jaillir la connaissance de la vérité, les deux partis, dans une discussion, ne servent-ils pas également la patrie? les argumens d'une opposition éclairée n'ont-ils jamais fait changer les déterminations ou éclairé le patriotisme de l'autorité? Et d'ailleurs, en supposant même ou l'erreur, ou l'ignorance, ou la prévention, que diront les administrés, s'ils voient récompenser par l'outrage ou les persécutions celui de leurs représentans qui, se fût-il égaré dans son zèle, a cru soutenir les droits de la nation ou les intérêts des individus? Il n'y a que la liberté d'opinion la plus absolue qui puisse persuader un peuple du respect qu'on a pour ses vœux dans la personne de ceux auxquels il en a confié l'expression; il n'y a que ces encouragemens prodigués à l'esprit public dans ses interprètes, qui puissent faire fructifier pour le bien général les élans instructifs de son développement : ôtez à la représentation nationale son indépendance et sa dignité, enchaînez par la crainte, ou paralysez par la corruption le zèle des membres qui la composent, et vous verrez s'évanouir tous les avantages de la plus belle des institutions politiques. Que dis-je? en éloignant des mandataires de la nation le respect et la confiance, non-seulement vous éloignez l'amour et le dévouement; mais vous privez vos opérations du seul flambeau dont la lumière puisse les éclairer; vous rendez inutile cet esprit public qui devait être à la fois votre guide le plus sûr, votre plus puissant auxiliaire.

Il en sera de même de la liberté de la presse, si l'autorité, entraînée par une susceptibilité puérile, en étouffe le développement, sous prétexte d'en réprimer les abus. Le gouvernement, au lieu de la manifestation toujours utile du vœu national, ne trouvera plus alors dans les productions de la servitude, que l'adulation qui l'aveugle, la vénalité qui le trompe, ou la délation qui le déshonore. Consultons, malgré le dégoût qu'elles inspirent, ces archives de la servitude, où sont consignées pour l'instruction des siècles, les atteintes portées à l'indépendance de la presse et les entraves imposées à l'exercice de la pensée* : quel fruit des gouvernemens ombrageux retirèrent-ils jamais d'un asservissement aussi despotique ? Trouvèrent-ils au moins leur salut dans leur intolérance ? purent-ils excuser, par le principe de leur propre sûreté, cette sévérité arbitraire qui violait tous les principes ? Enfin des résultats politiques vinrent-ils absoudre les combinaisons de la pusillanimité, ou les calculs de la tyrannie ? Non, disons-le franchement, et le fauteur le plus intrépide de l'autorité n'osera nous démentir : les périls s'aggravèrent par les précautions maladroitement prises pour les conjurer, l'opinion redoubla ses murmures dès qu'elle fut forcée de les concentrer, les griefs insensiblement accumulés formèrent une masse électri-

* Combien ne trouverait-on pas de ces procédures scandaleuses dans la poussière des greffes et les archives judiciaires de tous les gouvernemens, depuis les procès si ridiculement atroces de l'inquisition, jusqu'aux chimères si pitoyables de ce système d'interprétation qui commence à s'écrouler enfin parmi nous, sous l'application du jury à ces sortes d'affaires.

que qui finit par faire une effrayante explosion; et dans la tempête qui en devint l'inévitable résultat, fut enveloppé sans appui le pouvoir imprudent qui ne se doutait pas même de l'avoir provoquée. En vain des écrivains courageux voulurent-ils percer de leurs voix patriotiques ce silence de la terreur : leur patriotisme avorta sous le poids de censures préalables, ou fut condamné à expier d'odieuses interprétations. Au malheur de l'inexpérience, se joignit pour l'autorité le malheur plus grand de trouver des instrumens encore exagérés de ses persécutions; la mesure des rigueurs fut bientôt comblée comme celle de la résignation, et l'excès du mal en fit naître enfin le remède. Telle fut à toutes les époques d'asservissement de la pensée la marche des circonstances, marche d'autant plus rapide à chaque crise, que le progrès des lumières la précipitait toujours davantage; c'est pour cela sans doute que, dans ces derniers temps, à peine avons-nous pu suivre la presse dans la célérité de sa lutte, sortie enfin à peu près victorieuse d'impolitiques restrictions.

Ce n'est pas cependant que nous prétendions imposer au pouvoir suprême l'obligation de souffrir, sans les réprimer, toutes les atteintes de la témérité, tous les traits de l'insubordination. Sans doute il ne peut autoriser l'essor de ces productions factieuses, destinées à ébranler la fidélité d'un peuple et à provoquer sa désobéissance ; la morale et le salut public se réunissent pour demander la destruction de ces odieux poisons, le châtiment exemplaire de ceux qui les distillent : mais il existe des lois ; c'est à elles qu'il appartient de prononcer alors sur l'existence du délit, ainsi que sur son châtiment ; et les organes de ces lois justement répressives, auront encore à suivre une route difficile entre les deux écueils d'une indulgence dangereuse et d'une trop sévère interprétation. En toute hypothèse, nous avons le droit de le demander, quel pourrait être le but d'une inquisition exercée sur des ouvrages réclamant avec respect ou l'établissement d'une institution ou la suppression d'un abus ? Si leurs auteurs ont été véritablement les interprètes de l'opinion générale, s'ils ont présenté des vues évidemment utiles, l'autorité doit s'applaudir d'une tolérance qui encourage à l'éclairer ; si au contraire une institution réclamée ou une réforme indiquée, n'est autre chose que le rêve inexécutable d'un homme de bien, ou le système erroné d'un fou, l'instant qui vit éclore une insignifiante production, la voit s'ensevelir dans l'oubli, l'auteur suit de près son ouvrage, et le danger n'a pas même existé. Dans tous les cas, le peuple voit avec reconnaissance les encouragemens prodigués à ceux qui s'occupent d'éclairer l'administration sur ses besoins ; et celle-ci profite des lumières de l'expérience et du patriotisme, sans avoir jamais rien à craindre des bévues de la sottise ou des sophismes de la mauvaise foi.

Ce serait peut-être ici le lieu d'exprimer quelques regrets qu'une désastreuse fatalité ait éloigné de nous si long-temps cette émancipation de la pensée, sans laquelle un principe consacré par le code le plus solennel, n'était pour nous qu'une brillante chimère dont les heureuses conséquences nous étaient interdites en réalité : nous n'aurons pas l'indiscrétion de rechercher jusqu'à quel point tant de circonspection put, aux yeux des législateurs, paraître jusqu'ici nécessaire. Ce fut sans doute après de mûres délibérations qu'ils se déterminèrent à ajourner pour nous la jouissance d'un des droits les plus universellement reconnus. Nous croyons pouvoir observer seulement que tant de retenue fut loin de produire les fruits que l'on en avait sans doute attendus. Écartons avec le même scrupule et l'exagération de la satire, et la mollesse de l'adulation. Approfondissons avec franchise les résultats de cette jurisprudence transitoire, basée, d'après l'aveu de ses propres auteurs, bien moins sur la justice que sur les circonstances. Quel tableau nous offrent en ce genre plusieurs périodes récentes de notre histoire ? Une autorité soupçonneuse cherchant à étouffer la voix de l'opinion qu'elle ne voulait pas satisfaire ; des préjugés ruinés par le temps offerts à un peuple éclairé en remplacement des vérités qu'il aimait à entendre proclamer ; de gothiques usages exaltés par l'ignorance, et la raison calomniée par la mauvaise foi ; de vils pamphlétaires prostituant une plume sans talent à vanter cette politique d'un jour, sans pouvoir augmenter le nombre de ses insensés prosélytes ; des écrivains courageux expiant dans les fers la franchise de leur indépendance, et dans le fond même des cachots protégés par l'opinion dont ils sont les organes. Quels sont enfin les résultats de ce bouleversement déplorable ? ceux qu'amènera toujours une fatale obstination à repousser les conseils de l'esprit public : une anarchie désastreuse, en attendant la ruine de ses propres auteurs. L'opinion se venge de ceux qui la dédaignent en leur retirant son appui ; privés de ses leçons ils se précipitent de faute en faute vers des désordres inévitables; ils voient enfin le précipice qu'ils ont ouvert par leur imprudence, et ce n'est que quand ils y tombent que le gouffre est comblé. Maintenant que les principes d'une sage politique semblent prendre la place des rigueurs illégales de la pusillanimité, aujourd'hui qu'en attendant les garanties d'une législation irrévocable, la nation française voit disparaître du moins les entraves les plus injurieuses à la pensée, que la culpabilité de la presse ne dépendra plus d'une interprétation forcée de l'autorité, et que le jugement de ses délits ne sera plus une absurde exception, espérons que l'esprit public ramené à sa destination primitive ne paraîtra plus que ce qu'il est en effet, l'expression des vœux de la généralité de la population, et le guide des hommes appelés à la gouverner. Espérons que les dépositaires d'un pouvoir, devenu alors véritablement paternel, verront en lui le fanal qui les éclaire, et non l'incendie qui les menace; que, jaloux du bonheur de leurs administrés plus que des interêts mal entendus de leur amour-propre, ils rechercheront les lumières de l'opinion au lieu de se raidir orgueilleusement contre ses inspirations, et que par elle s'élèvera enfin le temple des lois sur les débris à jamais renversés de celui de l'arbitraire.

Tous les principes relatifs à ces deux premiers interprètes de l'esprit public, la représentation nationale, et la liberté de la presse, se réduisent donc à cette maxime aussi simple qu'incontestable : liberté absolue dans tout ce qui les constitue, sauf la répression des abus, et la punition des délits. Mais c'est ici qu'il est nécessaire qu'une législation mûrement calculée ne laisse aucune chance à la latitude de l'esprit de parti, comme aux dangers de l'interprétation. Ce n'est pas sans doute une entreprise ordinaire que celle de rassembler en un seul faisceau des dispositions relatives à des circonstances si diverses, à des délits de nuances si variées, à des abus d'influences si différentes. Où trouver le guide indispensable pour sortir heureusement d'un dédale aussi compliqué? A quels feux allumer le flambeau qui doit éclairer un travail si patriotique? C'est la difficulté même d'un pareil résultat qui seule peut absoudre ceux qui nous ont tenus courbés si long-temps sous un joug provisoire. Peut-être n'appartenait-il qu'à notre immortel Montesquieu de remplir cette lacune délicate de notre législation; avec quel art n'eût-il pas réuni tous ces fils trop déliés pour notre faiblesse! Avec quelle solidité n'en eût-il pas formé un tissu impénétrable aux argumentations d'une factieuse indulgence, comme aux prétextes d'une rigoureuse susceptibilité! Sur quelle matière plus digne de son expérience eût-il pu exercer ce jugement infaillible, cette lumineuse pénétration dont il nous a laissé un si majestueux monument? Mais le sol qui produisit ce génie privilégié, est inépuisable comme la nature qui le féconda dans son sein. Qu'un peuple enthousiaste pour tous les genres de gloire soit véritablement libre dans ses choix, il saura bien trouver ceux dont les lumières lui promettent à cet égard les institutions les plus parfaites. En attendant que des lois méditées dans tout le calme des passions aient mis en h rmonie les terreurs quelquefois un peu minutieuses de l'autorité, avec le besoin qu'elle a des leçons de la presse et des lumières de la pensée, nous avons pour modérer notre juste impatience une institution qui, rappelée à toute sa pureté, suffirait pour fonder à la fois et la sécurité de l'administration, et la confiance des administrés; c'est ce noble établissement du jury auquel nous ne pouvons contester, malgré son origine exotique, ni l'utilité de ses formes, ni l'évidence de ses garanties; le peuple et son gouvernement doivent un respect égal à ce palladium de leurs droits réciproques; c'est par lui que la presse indépendante dans son essor régulier, sera arrêtée dans ses écarts, et réprimée dans ses témérités. Il est inutile de prévenir que nous n'entendons point par jury une réunion de machines ignorantes rassemblées par le hasard, ou de serviles instrumens désignés par l'autorité. Le jury véritablement impartial, celui qui défendra avec le même zèle, et les lois constitutives du pouvoir et les droits généraux et individuels de la population, c'est cette association de probité, de talens et de fortune, dont l'ensemble est d'abord le résultat d'une élection libre ou d'un examen sévère, ou d'une désignation faite par la loi, et dont chaque membre est ensuite désigné par le sort dans chaque circonstance particulière. Expliquons-nous plus positivement. Qu'un ouvrage ait été publié sur l'administration, sur l'économie politique, ou sur tout autre sujet plus ou moins étroitement lié aux intérêts ou aux abus du gouvernement; que dans cet ouvrage, sévèrement analysé, quelque principe ait paru malveillant ou dangereux; que l'autorité, justement alarmée, ou minutieusement susceptible, ait fait usage des moyens consacrés par la loi pour faire punir l'auteur et condamner ses propositions, jusque-là tout est légal, tout est d'accord avec les droits du pouvoir comme avec ceux des individus; c'est cette réunion imposante, connue sous le nom de jury, qui va venger, en réprimant un écrivain téméraire, la cause de l'autorité, ou donner, par une absolution éclatante, de nouvelles garanties au droit du citoyen. Eh bien, que ce jury, composé par l'autorité elle-même, ne soit qu'un assemblage complaisant de ses obligés ou de ses adulateurs, n'est-il pas certain, n'est-il pas du moins très-probable que l'accusation s'aggravera de tout le crédit des accusateurs? La voix de la faiblesse sera-t-elle bien entendue au milieu des éclats de celle de la puissance, et l'ambition, la flatterie ou la reconnaissance tiendront-elles d'une main bien assurée la balance de la justice? Examinons maintenant si, dans une autre hypothèse, le danger ne viendra point, changeant de direction, menacer les droits de l'autorité; car l'abus impuni de la presse ne serait pas un désordre moins condamnable que son oppression. Supposez donc un jury composé d'hommes éclairés, simultanément rassemblés de tous les rangs intéressés au bon ordre de la société, propriétaires, manufacturiers, commerçans, artistes, savans, etc.; de tous ceux enfin qui ne peuvent trouver que dans un état stable et tranquille les produits de leur sol, les fruits de leur industrie, les résultats de leurs spéculations, la gloire et le prix de leurs travaux; qu'à chaque délit nouvellement présumé, le sort, arbitre toujours juste, aille chercher exclusivement dans cette masse de citoyens respectables ceux qui doivent rendre une impartiale décision; croyez-vous que de tels juges, en protégeant les droits individuels qu'ils sont jaloux de partager, fussent disposés à compromettre ceux du pouvoir qui leur en garantit la jouissance? Confondront-ils avec la noble franchise du patriotisme et de l'indépendance, les manœuvres de l'intrigue et les écarts de l'insubordination? Enfin, s'ils sont pénétrés des devoirs que leur impose un auguste ministère envers l'accusé sans appui; leur propre intérêt, tout sentiment d'équité mis à part, n'est-il pas garant du scrupule avec lequel ils rempliront aussi leurs obligations envers le pouvoir qui les honore, en leur confiant cette partie des droits de la société? Ce n'est pas après que d'éloquens publicistes nous ont enfin obtenu cette institution, garantie précieuse de la pensée, que nous nous permettrons d'insister sur les avantages qu'elle promet à la fois à la raison et à la liberté. Ne risquons pas d'affaiblir, en les délayant, des principes si sagement et si noblement défendus. Attendons du perfectionnement du jury, des résultats que son organisation actuelle condamnerait à rester incomplets. Les mêmes voix qui ont provoqué son établissement ne sauraient demeurer muettes après ce premier triomphe de la raison; c'est encore à elle qu'est réservé celui d'en assurer à la nation les bienfaisantes conséquences. Quant à nous, nous avons seulement voulu développer ce principe, de jour en jour mieux justifié, que de tous les moyens de parvenir à la manifestation franche et impartiale de l'esprit public, les deux principaux et les deux plus sûrs, sont la représentation nationale et la liberté de la presse.

Quelle que soit cependant la puissance de ces deux véhicules, un gouvernement arriverait bientôt à en neutraliser presque entièrement les effets, s'il enveloppait les projets de ses opérations d'un voile trop épais pour que l'opinion puisse le pénétrer. Cette attention minutieuse à dérober aux yeux des intéressés toutes les vues de son administration ou de sa politique, est le manége insidieux d'un gouvernement en opposition avec la masse des administrés, et non le système bienveillant d'une autorité forte de la confiance qu'elle inspire. Partout où vous verrez proclamer à l'improviste des décisions élaborées au milieu de délibérations ténébreuses, vous pouvez en conclure avec certitude que le pouvoir dont elles émanent est en guerre avec l'opinion, puisqu'il craint de la consulter. En vain il manifesterait la condescendance de revenir sur des mesures trop précipitées, si l'expérience venait lui en démontrer plus tard l'inconvénient ou le danger; l'expérience a souvent prouvé qu'il est plus facile, en administration, de prévenir une erreur, que d'en obtenir la réparation. Outre qu'elle intéresse l'amour-propre de ses auteurs quand elle n'est plus en projet, mais en réalité; ce même esprit public, qui se serait fait un devoir de conseils respectueux pour la prévenir, se fera scrupule d'observations défavorables qu'on pourra prendre pour des murmures quand l'arrêt sera prononcé : la presse dont un abus, encore à naître, eût exercé les travaux et éveillé la surveillance, deviendra muette ou adulatrice quand il sera définitivement adopté, et la représentation nationale elle-même retiendra sa juste censure, dans la crainte de compromettre l'autorité, et de produire ainsi, en voulant réparer un mal, un mal plus grand peut-être et plus irréparable.

En faisant un devoir à l'administration suprême de cette publicité, sauvegarde de sa sagesse, on comprendra facilement qu'il nous faut bien en excepter ces mesures, quelquefois nécessaires, dont la prudence fait tout le succès, et le mystère toute l'utilité. Mais en accordant au dépositaire de l'autorité, dans quelques circonstances impérieuses et dans des cas tout particuliers, ce voile qui doit couvrir pour un temps des actes délicats, nous n'entendons l'investir ni du droit de se dérober à leur responsabilité, ni de celui d'envelopper d'une ombre complaisante des opérations où elle ne peut être indispensablement nécessaire. Qu'il couvre d'un mystère impénétrable la recherche d'un forfait dont l'auteur se déroberait à la peine qui l'attend par la publicité des mesures prises pour le découvrir, qu'il prévienne par un secret rigoureux tout éclat qui ferait disparaître et les preuves et les complices, c'est pour la vengeance et le repos de la société qu'il a fait aux principes une utile exception ; la société, sans doute, s'empressera de l'absoudre, pourvu qu'il s'arrête respectueusement devant la loi, dès l'instant où elle n'a plus besoin de son intervention, et que le coupable une fois découvert soit remis exclusivement à la justice pour ne plus être poursuivi, convaincu et frappé que par elle. Nous reviendrons plus loin sur cette puissance du secret dont nous avons vu de si effroyables abus ; nous rattacherons de nouvelles considérations à cette subdivision extraordinaire du pouvoir qui, sous le nom de police, nous a donné des exemples si multipliés des dangers du secret, et des monstruosités de l'arbitraire. En attendant, proclamons toujours cette vérité, que la publicité, en politique comme en administration, est aussi un des moyens de provoquer la manifestation de l'esprit public, et qu'un gouvernement jaloux de le consulter, loin de redouter l'éclat du grand jour, fera tout, au contraire, pour en multiplier les rayons.

Maintenant que nous avons indiqué les avantages qui doivent résulter pour une administration libérale de la connaissance de l'esprit public, ainsi que les moyens par lesquels elle y doit arriver, disons un mot des obstacles qu'elle peut rencontrer dans une telle recherche, et des ressources qu'elle a pour en triompher.

CHAPITRE VI.

Des obstacles qui peuvent s'opposer à ce qu'un gouvernement connaisse l'expression véritable de l'esprit public, et des moyens à employer pour les surmonter.

C'est déjà pour l'action de l'esprit public une chance favorable, que de trouver les dépositaires du pouvoir disposés à reconnaître la nécessité d'en écouter les inspirations; c'est même dans leur répugnance à imposer eux-mêmes ce frein salutaire à leur toute-puissance, que se trouve aux heureux effets de l'opinion l'obstacle le plus difficile. Mais il en est d'autres encore qui, sans être entièrement personnels à l'autorité, ne disparaîtront cependant que devant une volonté ferme et une vigoureuse résistance: nous avons parlé plus haut de l'esprit de parti, et les caractères que nous lui avons attribués, son obstination à dénaturer l'état véritable de l'opinion, la mauvaise foi et l'exagération qui président à tous ses conseils, la folie de ses espérances et l'extravagance de son indocilité, tous ses écarts, déjà mis à nu, nous dispensent de parler ici des écueils dont il environnerait l'homme d'état qui le laisserait pénétrer dans ses conseils, et influencer ses déterminations. C'est à lui, d'après les nuances fortement prononcées qui le distinguent de l'esprit public, de savoir le reconnaître; c'est à lui de le reléguer dans ces coteries méprisables où il ne doit encore échapper, ni à la surveillance de ses agens, ni à sa propre sollicitude. Nous n'ajouterons donc rien de plus sur cet ennemi des gouvernemens, trop bien signalé pour être dangereux à celui que n'égarera pas un aveuglement volontaire; mais il est d'autres obstacles plus couverts contre lesquels il n'est pas hors de propos de les prémunir : ils auront à lutter d'abord contre un danger d'autant plus menaçant qu'il leur faudra pour s'en garantir une vertu extraordinaire, une abnégation presque au-dessus de l'humanité. Nous voulons leur signaler ici cette basse adulation, qui, après avoir été, par le voile qu'elle tint constamment étendu sur l'esprit public, une des causes de nos longs orages politiques, semble devoir encore nous en amasser de nouveaux. Considérons avec une doulourense inquiétude les effets de cette manie devenue, par le malheur des temps, une des nuances de notre nouveau caractère; le peuple français, assez riche de ses brillantes qualités, peut ne pas redouter cet aveu. Quel spectacle avons-nous offert à l'Europe dans ce dix-huitième siècle, exalté d'une part avec tant de faste, calomnié de l'autre avec tant d'exagération? Fauteurs et victimes tour à tour de l'anarchie la plus stupide et des plus sanglantes réactions, nous fîmes, en vingt années, fumer un indigne encens sur vingt autels différens; nous remplaçâmes successivement l'idole d'un jour pour une idole plus éphémère encore; un pouvoir triomphant était l'objet de nos hommages, un autre paraissait, il triomphait à son tour; il héritait de nos hommages aussi inconstans que la fortune. Au milieu de cet enivrement de la puissance et de ces manœuvres de la lâcheté, que devint le rôle de l'esprit public? Déguisé successivement sous les masques les plus disparates, couvert tantôt du voile étincelant de la gloire, tantôt des livrées anarchiques de l'ignominie, toujours repoussé par une opinion factice, dont l'esprit de parti favorisait l'audace, jamais il ne put se faire jour jusqu'à des gouvernemens aveuglés par les fumées de l'adulation. De là ces révolutions journalières qu'il avait bien préparées, mais dont il eût évité les convulsions à l'autorité, si elle eût eu la sagesse d'en concerter avec lui la marche et les effets; de là successivement tous les désordres de la licence, et toutes les violences du despotisme; de là, enfin, les malheurs les plus affreux, après la plus décourageante instabilité. C'est à un gouvernement établi sur des bases fortes et régulières, qu'il appartient de combattre ce fléau de l'adulation; c'est à lui, s'il ne peut extirper le mal dans sa racine, d'en diminuer du moins la dangereuse intensité. Et que les dépositaires de l'autorité ne viennent pas, pour pallier une faiblesse inexcusable, quoique aujourd'hui presque universelle, accuser l'esprit de leur siècle et son inconséquence. Sans doute ils existent parmi nous ces êtres dégradés, que l'on voit successivement prosternés devant chaque force triomphante. Il n'est que trop effrayant le nombre de ces parasites mercenaires qui, dans des feuilles aussi viles que leurs auteurs, prostituent avec une égale impudence un encens toujours vénal aux vices et aux vertus. Voyez-les chaque jour élaborer péniblement une formule qui couvre la lâcheté de celle qu'ils ont inventée la veille; voyez leur ignominieuse industrie enfanter, à chaque crise nouvelle, des termes nouveaux qui finiraient par nous étonner, si depuis long-temps ils ne nous faisaient connaître pour inépuisable le vocabulaire de l'adulation. A les croire, jamais l'opinion ne réprouve l'acte le plus arbitraire de l'autorité; les peuples, prosternés devant la sagesse infaillible qui les gouverne, ne forment pas un vœu, n'expriment pas un désir; comblés de toutes les sortes de prospérités, attachés par tous les liens de la reconnaissance, ils bénissent chaque jour le pouvoir protecteur qu'ils ne connaissent que par ses bienfaits; c'est à ces effrontés parasites que notre bon La Fontaine semble avoir emprunté ces vers charmans qui peignent avec une ingénuité si effrayante, et l'intrépidité de leur bassesse, et le ridicule de leur stupidité *. C'est ainsi que l'administration suprême trouve toujours des flatteurs pour la séduire, et rarement des conseillers pour l'éclairer. Un gouvernement, il faut bien l'avouer, ne peut changer en citoyens utiles ces

---

* . . . . . Vous leur fîtes, seigneur,
En les croquant beaucoup d'honneur.

flagorneurs constans de toute autorité, il ne peut étouffer dans son germe cette peste aussi opiniâtre qu'inévitable; ce serait triompher de la nature même; et il existe malheureusement des poisons dont il est possible seulement d'amortir le venin; mais que l'autorité se montre constamment inébranlable aux attaques de l'adulation; que, sourde à la louange qui l'aveugle, à la bassesse qui l'avilit, elle écoute avec bienveillance et le courage qui la censure, et la vérité qui l'éclaire; que, sous l'œil jaloux des flatteurs, les encouragemens soient prodigués a la noble indépendance du mérite et des vertus, bientôt disparaîtra ce monstre obscur de la flatterie, dont l'audace accuse la lâcheté des administrés beaucoup moins que la faiblesse de l'administration; bientôt celle-ci gagnera dans la facilité de ses opérations, ce qu'elle perdra peut-être en jouissances mal entendues de l'amour-propre; la connaissance véritable de l'esprit public deviendra sa lumière, et la solidité de ses travaux sera sa récompense. Éclairés, comme nous le sommes, par une longue et terrible révolution, sachons du moins ne pas nous la rendre inutile; profitons de ses excès, puisqu'il ne nous est pas donné de pouvoir les effacer de notre histoire. Dépositaires de l'autorité, déjouez par tous les moyens les complots de la malveillance; c'est à la fois votre devoir et un de vos plus grands intérêts; mais craignez encore plus les vapeurs empoisonnées de l'adulation. Si votre œil ne peut percer ce funeste nuage, s'il vous dérobe le spectacle des malheurs du peuple et de ses besoins, comment vous flatter de les adoucir, et s'ils restent sans remède, comment rallier des cœurs aigris et souffrans autour de vous et de la patrie? C'est à l'opinion seule qu'il appartient de vous faire connaître, et les malheurs qu'il vous faut réparer, et les besoins que vous avez à satisfaire; ne laissez donc pas interposer entre vous et cette opinion bienfaisante, l'obstacle insurmontable de l'adulation.

Mais ce n'est pas le seul écueil qu'un gouvernement sage aura à redouter dans la recherche difficile de l'esprit public: tous ses soins seraient perdus, il ne ferait à l'opinion que des appels inutiles, s'il s'abusait dans le choix des agens auxquels il est obligé de confier une portion quelconque du dépôt de l'autorité. C'est ici que ce système de centralisation dont on a quelquefois si fatalement abusé devient utile et même indispensable. Puisque c'est dans la capitale que réside le pouvoir suprême (je parle ici de toute espèce de gouvernement, et n'examine point encore quel est celui qui par sa nature convient le mieux au développement de l'esprit public); puisque, dis-je, c'est dans la capitale que réside le pouvoir, ou du moins que siégent ses dépositaires, et que le pouvoir a un intérêt bien démontré maintenant à connaître les vœux de l'opinion et les opérations qu'elle indique, il s'abuserait étrangement si, par des considérations de faveur ou des préventions particulières, il négligeait un moyen sans lequel tous les autres deviendraient incomplets ou inutiles, celui de faire concourir à ce but tous les points de l'empire indistinctement: car il serait injuste autant qu'injurieux pour la plus grande partie de la population, de borner à la capitale le rôle actif de l'opinion et l'influence de l'esprit public. Que là se réunissent donc tous les rayons de son vaste foyer; que, destinés à réfléchir sur l'autorité les vœux et les espérances de tout un peuple, ils viennent former à sa portée cette masse de lumière qui doit l'éclairer, rien de plus convenable, je dirai même, rien de plus nécessaire; mais que cette flamme patriotique brille surtout des feux plus ou moins rapprochés qui doivent fournir la plus grande partie de son aliment; que la capitale n'ait dans leur action salutaire d'autre privilége que d'être le point convenu de leur réunion ; sur les autres fractions de l'empire, vivent pour contribuer à sa prospérité des enfans éloignés, mais des enfans de la même famille. Et que serait en effet, tant pour son apparence que pour sa réalité, l'opinion isolée d'une capitale sujette par la variété de ses goûts, de ses modes, de ses plaisirs mêmes, surtout par le voisinage de l'autorité, à des préventions si passagères, à de si promptes vicissitudes ? Que signifieraient ses explosions dans une telle enceinte, si l'esprit public véritable, celui qui résulte de la réunion simultanée des lumières de toute la population, ne venait la mûrir et l'épurer avant de l'adopter pour son interprète.

Il est donc à la fois raisonnable et rigoureusement juste que les provinces, même les plus reculées, soient appelées à verser leur contingent dans le dépôt commun de l'esprit public : or à qui chacune de ces opinions partielles dont la réunion doit constituer enfin cette puissance irrésistible, sera-t-elle forcée de se confier, pour la reconnaître, et transmettre au pouvoir suprême la nature de ses plaintes ou celle de ses réclamations? N'est-ce pas à ceux-là même qui, par leurs rapports continuels avec l'autorité, doivent inspirer à la population la défiance la plus légitime, si elle n'a pas une garantie dans la loyauté de leur caractère? Il serait sans doute plus avantageux et plus sûr qu'une telle expression pût arriver aux oreilles de ceux qu'elle doit éclairer, d'elle-même et sans un intermédiaire aussi délicat; mais il serait injuste aussi d'exiger qu'un gouvernement la recueillît indifféremment de la bouche de tant de réformateurs sans mission, dont la fougue serait pour lui un écueil non moins dangereux que tous les autres: c'est aux rapports de ses principaux agens qu'il est forcé de s'en rapporter à cet égard; non pas que l'opinion, pour franchir toutes les barrières, ait rigoureusement besoin de personne; elle saurait bien faire entendre sa voix à la puissance, quand celle-ci ne chargerait pas ses mandataires du soin de la recueillir; mais souvent, arrêtée par des obstacles de plus d'une espèce, elle serait forcée de suspendre ou de ralentir sa marche, elle arriverait enfin, quand peut-être il serait trop tard: on ne saurait donc contester au gouvernement le droit et même la nécessité de se reposer sur des agens du soin de lui transmettre, de tous les points, les vœux de l'esprit public; mais de cette nécessité même dérive celle de se mettre par la sagesse de choix réfléchis, à l'abri de leur insouciance ou de leur corruption. Tel, dans des rapports artificieux, présentera tout en beau l'état de l'opinion de ses subordonnés, tandis qu'il y règne en effet une fermentation sourde, un mécontentement concentré; tel autre dissimulera l'état tranquille et avantageux de l'esprit public pour faire valoir davantage la difficulté de son administration; celui-ci, en traçant le tableau d'une vague inquiétude dans la partie du royaume soumise à sa direction, en déguisera lâchement la cause et le remède; celui-là, dans la peinture d'un enthousiasme réel ou imaginaire, évitera de parler de telle ou telle circonstance qui menace de le remplacer par un murmure universel. Ce ne sont ni ces flatteurs complaisans, ni ces intéressés détracteurs qui assureront au gouvernement les moyens d'aller au-devant des craintes ou des espérances de l'opinion, et il faut avouer qu'il n'aura pas moins de peine à trouver la franchise pour les lui transmettre, que la sagacité pour les reconnaître. Cependant s'il n'est point de règle fixe pour lui faire distinguer avec certitude ceux qu'il peut investir d'une confiance sans danger, il en est du moins pour le guider dans cette recherche avec plus ou moins de probabilité. D'abord, qu'il écarte avec un soin scrupuleux tout homme entaché de basse complaisance ou d'adulation; dès qu'il a fait une fois fléchir le devoir sous quelque considération particulière, irrité nécessairement contre l'opinion qui le condamne il ne peut en être qu'un mauvais interprète. Point de ces hommes timides, dont le caractère sans énergie atteste qu'ils n'oseront risquer, pour être véridiques, de causer des inquiétudes ou des alarmes à l'autorité; c'est en l'effrayant à propos qu'on la met souvent à portée de dissiper les objets mêmes qui l'ont épouvantée. Méfiez-vous aussi de ces naturels ombrageux qu'un rien suffit pour mettre en fureur, qui font un monstre de rébellion du murmure le plus modéré, et qui, communiquant au pouvoir suprême leur propre susceptibilité, le jettent dans des rigueurs intempestives dont il ne reconnaît l'impolitique application, que quand elles ont grossi le nombre et les griefs des mécontens. Il sera suspect aussi dans la transmission du vœu général, cet homme insouciant ou dissipé que le plaisir entraîne, qui, sous le prétexte des convenances sociales, toujours circonscrit dans des cercles d'amis, de complaisans ou d'adulateurs, n'y puise sur l'opinion que des renseignemens factices, à l'aide desquels il communiquera bientôt au gouvernement les erreurs qui l'ont abusé lui-même. Je n'aurais pas une confiance plus aveugle en cet administrateur orgueilleux, qui, ne voyant les objets qu'à travers le prisme de son amour-propre, donnera l'idée la plus favorable de l'esprit public, si les administrés lui prodiguent des hommages serviles dans leur expression, pour en faire un esprit d'inquiétude et de révolte, dès qu'ils mettront dans son respect le calme de la modération et le sang-froid de la dignité. Comment supposer à toutes ces passions le caractère d'impartialité nécessaire pour répondre aux vues d'un gouvernement jaloux de parvenir à la connaissance franche et sans réserve de l'esprit public? Mais portez l'œil du patriotisme sur ces hommes mis en évidence par les événemens, ou désignés à votre attention par l'utilité de leurs travaux, l'étendue de leurs services et la noblesse de leur caractère; ne dédaignez pas de demander à l'obscurité la vertu qui fuit le grand jour, et le mérite qui se concentre : ce n'est pas sur une terre aussi féconde que vous manquerez de trouver des objets dignes de votre juste préférence. Voyez, livré maintenant à de paisibles travaux, ce magistrat inébranlable autrefois aux fureurs de l'anarchie comme aux séductions de la puissance, victime, à des époques différentes, du même courage et de la même incorruptibilité; cet administrateur vainement protégé par l'opinion dans des temps difficiles où l'esprit de parti avait usurpé son empire; ce théoricien profond dont la science a éclairé la route que son expérience promet de parcourir avec habileté; tous ces hommes enfin, placés à la tête de l'opinion par l'estime et le respect de leurs concitoyens : voilà ceux qui transmettront à l'autorité des renseignemens d'autant plus exacts sur l'esprit public, qu'ils ne craindront point, en le consultant, d'y rien trouver de défavorable à leur administration, non plus qu'à leur caractère; ils ne seront point tentés de dissimuler ce qui ne peut leur faire aucun tort, et l'estime qui paie déjà leurs travaux s'accroîtra de toute la reconnaissance du peuple, quand ils auront fait monter jusqu'au sanctuaire de la puissance l'expression de leurs vœux et celle de leurs espérances.

Quand, par des choix analogues aux désirs de l'opinion, un gouvernement aura préparé à l'esprit public un accès libre jusqu'à lui, il n'arriverait encore que très-incomplétement à son but, s'il n'exigeait des agens qu'il a chargés de ce dépôt délicat, une assiduité absolue, une résidence à peu près sans interruption. Que signifient franchement tous ces administrateurs vagabonds, plus connus sur les routes qui conduisent à la capitale que dans les pays confiés à leur administration? Quel temps leur peut-il rester pour consulter l'esprit public, quand il n'est consacré qu'aux soins de leur ambition et à d'éternelles démarches pour la satisfaire? Et qu'on ne croie pas cette considération d'un poids insignifiant dans la balance de l'économie politique. Si le gouvernement de notre ancienne monarchie fut entraîné dans le torrent révolutionnaire dont il n'avait pas deviné la violence, s'il se vit surpris par l'ascendant devenu irrésistible d'idées nouvelles dont on lui avait caché les progrès et l'opiniâtreté, peut-être en faut-il accuser surtout cette complaisance de routine qui permettait aux chefs d'administration d'échanger, contre le séjour de la capitale, celui du pays dont ils devaient être à la fois les surveillans et les interprètes. On obtenait, par l'intrigue ou la protection, la première place administrative de telle ou telle province; on allait promptement y faire reconnaître sa personne et ses prérogatives; on y déployait une pompe souvent ridicule, et toujours inutile; on y savourait quelque temps les hommages intéressés de l'avidité et l'encens de l'adulation, puis on remettait à des mains subalternes des travaux devenus fastidieux par le souvenir des cercles de la capitale, et par l'impatience de s'y retrouver; on faisait au hasard des rapports sur l'état de l'esprit public; et, pour prix d'une condescendance impolitique, le gouvernement se trouvait entraîné à de fausses mesures par ceux-là mêmes que leur position devait mettre en état de lui en exposer les dangers ou l'inconséquence. Nous n'avons que trop vu les résultats d'une légèreté aussi imprudente. Supposons qu'à cette époque, où l'esprit public commença à se montrer avec ces armes qui devaient devenir si terribles, une autorité prévoyante eût eu, sur tous les points, et constamment à leur poste, des agens choisis d'après les règles que nous venons d'indiquer, sera-t-il téméraire de penser que des rapports différemment exprimés eussent amené peut-être une marche différente dans les événemens? N'est-il pas probable, au contraire, que devant le grand jour de la vérité se fût dissipé le nuage d'un long et funeste aveuglement; que des hommes, éclairés par une expérience personnelle, eussent communiqué franchement une lumière qui les eût frappés; que le gouvernement se fût donné le mérite de concessions que la force irrésistible de l'opinion menaçait de lui arracher, et qu'enfin l'événement mémorable de notre révolution n'eût offert à l'Europe que le spectacle de sa grandeur, sans lui inspirer d'alarmes exagérées sur ses dangereuses conséquences?

Il suit, de ce que nous venons de dire, qu'un gouvernement qui veut, de bonne foi et sans arrière-pensée, parvenir à la connaissance pour lui si nécessaire de l'esprit public, doit se garantir avant tout de l'esprit de parti, de ce moteur si actif dans tous les temps, mais surtout à la suite des orages politiques : point de sécurité pour ses opérations, point de garantie pour sa solidité, s'il n'évite ce piége meurtrier; il y laissera tout le nerf de son administration, et peut-être sa propre existence. Après cet écueil, plus dangereux que tous les autres, la sagesse lui signalera celui de l'adulation, qu'il ne doit pas éviter avec une moins vive sollicitude. Vient ensuite, comme un obstacle qui exige aussi toute sa surveillance pour en triompher, une légèreté imprudente ou coupable dans le choix des dépositaires principaux de son autorité; et, quand il aura fait ces choix eux-mêmes avec toute la maturité de la sagesse et tout le sang-froid de l'impartialité, il aura encore à se reprocher les fausses lumières qui viendront l'éblouir, s'il laisse interrompre un instant, par ses délégués, cette communication journalière avec leurs administrés, qui est un de leurs premiers devoirs, celui sans lequel ils ne pourraient apprécier avec justesse cet esprit public dont ils sont chargés de communiquer les élans. Ce ne sont pas là sans doute pour un gouvernement toutes les entraves qui l'attendent, tous les obstacles qu'il doit trouver à franchir. Nous n'avons voulu parler que des dangers principaux contre lesquels l'expérience lui fait une loi de se prémunir; les autres seront faciles à apercevoir: ils se rattachent plus ou moins à ceux que nous venons de signaler; ou ils les accompagnent, ou ils en sont du moins la conséquence.

CHAPITRE VII.

Des inconvéniens attachés à la prétention de diriger l'esprit public.

Nous allons parler maintenant d'une erreur d'autant plus importante, qu'elle a été partagée successivement, depuis trente années, par ces pouvoirs éphémères dont elle n'a servi qu'à attester l'impuissance, et par ce gouvernement absolu dont elle n'a pu éloigner les inimitiés, ni prévenir la dissolution. Nous entendons par-là cette obstination de l'autorité, ennemie toujours impolitique de l'esprit public, à prétendre exclusivement présider à sa direction : c'est le propre de toute administration mal affermie, de chercher dans l'arbitraire et le despotisme des appuis que lui assurerait une noble popularité, si l'ivresse de sa position lui permettait d'écouter les conseils réfléchis du raisonnement. Dans l'exaltation produite par une élévation dont on est soi-même étourdi, on rejette avec dédain tout ce qui n'a pas l'air marqué au coin de la confiance et même de la présomption; on craint de perdre, par des formes simples et légales, le prestige de sa grandeur; on prend le respect des institutions pour des signes d'impuissance ou de mollesse, et l'on finit par saper successivement toutes les garanties d'une nation, par lui enlever tous ses droits, pour assurer ceux de son ambition personnelle et de sa puissance. Ouvrez l'histoire de tous les peuples, et vous en verrez tour à tour les tyrans et les oppresseurs commencer par la compression de l'esprit public, cette conspiration de l'arbitraire contre la loi, et de la force contre la résignation. Je sais que toujours ils ont prétendu justifier cette guerre à l'opinion par le prétexte rebattu d'en diriger l'essor et d'en régulariser les élans : mais les moyens qu'on leur vit constamment employer indiquent suffisamment le but d'une manœuvre si perfide. Ils connaissent les obstacles que rencontrera toujours la tyrannie dans la résistance de l'opinion, et c'est à étouffer, ou, pour employer leur langage, à diriger sa marche et ses progrès, qu'ils emploient toute l'énergie de leurs efforts, toute la vigueur de leur influence. Et de quel pouvoir illégal se servent-ils pour assurer le succès de la plus illégale des tentatives? Disons-le sans aigreur, mais sans timide ménagement; c'est de cette branche moderne d'administration à laquelle nos troubles civils n'ont que trop assuré de célébrité. Hâtons-nous de déclarer que nous n'entendons point ici faire une injurieuse allusion à cette police bienfaisante et nécessaire qui, par des mesures sagement combinées, veille avec autant de persévérance que de discrétion sur la tranquillité publique et particulière; mais à l'abus trop fréquent de cette salutaire institution même : nous voulons parler de cette inquisition invisible et minutieuse qui, sous le manteau du secret et le voile de l'arbitraire, peut se permettre impunément de froisser tous les intérêts, comme de violer toutes les lois. Suivons-le, ce monstre ténébreux, dans tous les détours de sa marche effrayante, voyons tour à tour les partis en faire l'instrument de leur règne éphémère, jusqu'à ce qu'écrasés par leurs propres excès, ils reconnaissent trop tard qu'il n'est plus de despotisme impuni. Quelle série scandaleuse de persécutions! quelle accumulation d'injustices révoltantes et d'épouvantables abus! Ici, un père de famille respectable, payant d'une longue captivité le repos d'un pouvoir soupçonneux; là, un époux adoré laissant par sa disparition le champ libre aux poursuites d'un homme puissant; plus loin, un citoyen paisible expiant dans d'affreux cachots le crime d'une vieille inimitié; partout l'arbitraire à la place de la loi, et l'homme légèrement soupçonné, traité comme le criminel convaincu. Voilà cependant les effets de cette prétendue nécessité de donner le pouvoir lui-même pour régulateur à l'esprit public; voilà les résultats de cette juridiction arbitraire dont quelques esprits complaisans osent encore tous les jours exalter les bienfaits. C'est, dit-on, le supplément indispensable d'une législation toujours incomplète, c'est la sentinelle vigilante du gouvernement et la garantie du repos des citoyens. Ah! disons bien plutôt, c'est l'exécuteur secret des vengeances de la tyrannie; c'est le piége tendu à l'imprudence; c'est le glaive toujours suspendu sur la tête du faible, toujours menaçant dans les mains de la délation. Encore, si tous ces excès, dont la direction de l'esprit public est le scandaleux prétexte, atteignaient véritablement le but que l'on paraît en attendre; si l'opinion, en effet écrasée sans retour, manifestait par un silence éternel ou sa patience ou son illusion ; si l'esclavage de la pensée, en dépouillant la population de sa dignité, assurait du moins le repos de ses oppresseurs, on pourrait, sans excuser les écarts de l'autorité, en concevoir les motifs, en expliquer l'obstination. Mais une longue expérience ne nous a-t-elle pas appris que toute atteinte portée à l'esprit public, outre qu'elle est un délit toujours condamnable aux yeux d'une sage philosophie, est encore en politique une faute souvent irréparable, que l'opinion s'éloigne infailliblement de tout pouvoir qui la tourmente, et que plus on s'obstine à blesser son indépendance et ses droits, plus elle montre à son tour de persévérance et de vigueur pour les défendre ou les venger.

Il devrait être inutile de répéter ici que notre intention n'est point de paralyser les moyens d'une police plus nécessaire peut-être que jamais, pour rendre efficaces les recherches préliminaires qui doivent donner à l'action plus lente de la loi la possibilité d'assurer ensuite par ses arrêts la vengeance de la société et le triomphe de la justice. Qu'une autorité sage et libérale sache renfermer sa police dans ces attributions salutaires, nous en reconnaîtrons l'utilité, nous en bénirons l'influence. Otons à la malveillance et à l'esprit de parti tout prétexte aux fausses interprétations. En parlant des abus d'un pouvoir illégal, nous n'avons en vue que ces attentats secrets à la liberté, ces procédures mystérieuses en vertu desquelles un citoyen innocent ou coupable se trouve soustrait aux formes protectrices consacrées par la loi, et frappé sans son intervention. C'est ce pouvoir monstrueux dont le souverain le plus sage ne pourra jamais régulariser l'exercice, qui, dans l'opinion, frappera à mort le gouvernement le plus solidement établi; ce sont ces actes individuels d'oppression qui, plus ou moins renouvelés, accumuleront infailliblement une masse de résistance dont il lui faudra toujours redouter l'explosion : et quelle est donc dans les mains du pouvoir le plus sage la nécessité de cette arme illégale? C'est aux institutions de rendre l'esprit public bienveillant, et son expression sans danger. Nous avons appris à une école trop funeste ce qu'il en coûte de vouloir en intimider les élans : malheur aux gouvernemens qui par cette erreur maladroite éloignent d'eux sans retour des cœurs toujours disposés à se réunir franchement autour du prince qui les gouverne, et du pays qui les vit naître!

Aux dangers d'une méfiance ombrageuse et arbitraire, opposons les avantages d'une tolérance sagement combinée avec les rigueurs quelquefois nécessaires de la législation. L'expérience et la civilisation ont chassé devant elles ces temps d'ignorance où l'empire de l'autorité pouvait s'étendre impunément jusque sur l'opinion et sur la pensée. Laissons aux métaphysiciens politiques le soin de décider à quel point peut être avantageux ce changement survenu dans nos mœurs publiques et particulières; contentons-nous de faire observer, comme des vérités incontestables, que, s'il est un droit aujourd'hui généralement reconnu, c'est l'indépendance de la pensée; que l'abandon n'en peut être exigé sous aucun prétexte, et que la moindre atteinte à son exercice devient le signal d'un péril inévitable. Si des exemples à l'appui de ces principes n'étaient pas à la fois surabondans pour notre instruction et pénibles pour notre souvenir, ce n'est pas à des temps bien reculés qu'il nous faudrait demander ce malheureux témoignage; mais, puisque nous avons vu les pouvoirs qui se croyaient les plus imposans, les colosses en apparence les plus inattaquables, victimes de leur propre intolérance, s'écrouler sous le poids de l'aliénation de l'esprit public qu'elle avait provoquée; tirons de leur chute mémorable une utile leçon, et répétons sans cesse aux gouvernemens ces maximes préservatrices de leur popularité : La pensée d'un individu n'est justiciable de personne, il ne répond à la société que des actes contraires à ses lois; enfin toute tyrannie sur l'opinion est devenue désormais impossible.

D'après ces principes que la force et les préjugés essaieraient en vain de faire méconnaître, quelle conduite adoptera tout gouvernement convaincu des dangers inévitables attachés à la prétention d'étouffer ou de diriger même l'esprit public? Il investira l'opinion politique de chacun de toute la latitude compatible avec le maintien du bon ordre; il laissera aux actes de son administration le soin de ramener les esprits, s'il en est d'égarés par de fausses préventions, ou d'aigris par de funestes souvenirs; convaincu que c'est dans l'opinion de la masse des subordonnés qu'est sa véritable force, certain que, par la régularité de sa marche et la sagesse de toute sa conduite, il a de quoi maîtriser cet assentiment général, il ne verra point, dans le schisme momentané de quelques individus, des complots à étouffer et des attentats à punir ; il n'assimilera point aux manœuvres de la malveillance les regrets impuissans de l'ambition trompée, ou les plaintes insignifiantes de l'indiscrétion. Armé contre les délits constatés, même contre les projets avortés, de toute la rigueur d'une justice inflexible, il livrera tout ce qui ne peut être dangereux au mépris ou au ridicule ; enfin il sera tolérant, et trouvera le gage de sa sécurité dans sa tolérance même. Les ennemis de l'autorité, toujours à la piste de ses vengeances et de ses rigueurs, ne manquent jamais d'en faire ressortir l'injustice et d'en exagérer l'arbitraire ; c'est par le tableau sans cesse rembruni qu'elle en trace à la crédulité, que la malveillance parvient à ébranler dans les cœurs la confiance et le dévouement, et cette arme perfide n'est jamais, dans des mains exercées, entièrement impuissante : mais que l'autorité, dans un système constant de modération sans faiblesse, ne présente dans ses actes nul exemple d'oppression, nulle violence arbitraire ; qu'une mesure de rigueur, démontrée nécessaire, ait toujours le salut public pour motif, et la loi pour excuse ; en vain, pour déprimer un gouvernement aussi sage, les clameurs de la sottise se réuniront aux efforts de la malveillance, ces efforts et ces clameurs échoueront contre les résultats d'une bonne administration. La masse d'un peuple n'est pas, autant que voudraient le faire croire quelques sophistes dédaigneux, étrangère à toute justesse de raisonnement; elle saura peser avec l'instinct de l'impartialité l'esprit de son gouvernement et les reproches dont il est l'objet; et, si de cette comparaison résulte évidemment la conviction de l'injustice de ses détracteurs, elle ne fera que donner à la nation un nouveau degré de chaleur dans son dévouement pour la patrie, et pour celui ou ceux qui la gouvernent : un sentiment aussi favorable ne vaut-il pas bien, pour l'intérêt même de l'administration, tous les prétendus avantages que pourrait lui valoir la stupeur toujours incertaine et précaire de l'esprit public ? Quel est l'asservissement si complet qu'on le suppose de l'opinion, qui puisse remplacer les élans de sa manifestation, quand c'est le bonheur qui les inspire ?

Il est donc bien avoué maintenant que ce n'est que dans la prudence de sa marche et la sagesse de ses opérations, qu'un gouvernement peut trouver à exercer un degré quelconque d'influence sur l'esprit public; mais, s'il doit renoncer en conséquence à tout effort pour le comprimer, il n'en est pas de même de l'esprit de parti qui, aussi nuisible au repos des gouvernés qu'à la sécurité des gouvernans, justifie dans les mains de l'autorité tous les moyens de rigueur légale, et ceux de persuasion pour en triompher. Il serait superflu d'indiquer ici les premiers; nos lois exigeraient à cet égard un commentaire qui n'entre point dans le plan de ces considérations : nous nous permettrons seulement de recommander les autres à l'autorité, et ils nous paraissent tous renfermés dans un seul; la réunion en un seul point de toutes les lignes de démarcation qu'a pu tracer la fatalité des circonstances, ou, pour parler plus clairement, la fusion de tous les partis par l'oubli absolu de tous les ressentimens : et qui pourrait mieux porter un coup mortel à ce génie trop vivace des révolutions, qu'un système qui lui enlèverait tous les jours une portion de son aliment? Qu'il nous soit permis de nous arrêter un moment sur ce point : une telle digression ne sera point un écart, puisque, s'il est dangereux pour un gouvernement de prétendre exercer une force coactive sur l'esprit public, il ne le serait pas moins de le livrer aux efforts de l'esprit de parti; et que toute mesure adoptée contre ce dernier, tend à mettre l'autre à l'abri de son oppression. C'est surtout à la suite de commotions aussi vives que celles dont nous avons intérêt d'oublier à la fois les maux et les fureurs, que quelques réflexions sur un pareil sujet ne sauraient paraître oiseuses ni déplacées.

Nous n'avons que trop appris par une malheureuse expérience que les dissensions civiles entraînent toujours après elles des explosions de haine et des projets de vengeance. Les individus écrasés par la force de la tempête ne peuvent pardonner à ceux qu'ils accusent de l'avoir excitée ; le moment du retour à l'ordre est pour eux le signal de tentatives non moins immodérées, et tout aussi criminelles ; le parti jadis victorieux va devenir à son tour l'objet des persécutions, et dans cette guerre nouvelle, où sera le point de réunion de tous les enfans de la famille ? C'est à l'autorité suprême qu'il appartient, par politique autant que par humanité, de prévenir les vengeances et d'empêcher les fureurs des réactions ; il faut que le pouvoir sorti vainqueur des efforts de ses ennemis, ou de la crise des événemens, fasse usage de toutes les ressources qu'il a recouvrées pour fonder entre les partis, cette paix qu'ils ont trop long-temps méconnue ; il faut que la nation respirant à l'ombre d'un système de concorde et d'oubli ne puisse reporter ses souvenirs en arrière, sans bénir le présent qui en efface de jour en jour la douloureuse impression; ainsi se fondront dans une seule et même opinion toutes ces nuances qui la déguisent. Ainsi l'esprit public libre d'une pénible oppression, dégagé des entraves de l'esprit de parti, exercera pour le bonheur de la société, comme pour l'instruction du gouvernement, son heureuse influence. Rapprochons de nous par la pensée cette époque fatale de notre histoire qui ne sera que trop souvent comparée par nos neveux aux temps de notre dernière révolution? Comment ce roi dont le nom est devenu populaire parvint-il à cicatriser toutes les plaies, à guérir tous les maux de l'état, à faire revivre enfin dans les cœurs le noble sentiment du patriotisme? En adoptant pour sa seule politique, l'oubli de toutes les offenses, le sacrifice de tous les ressentimens. Est-ce avec des outrages ou des échafauds qu'il eût anéanti cette ligue si long-temps funeste à son autorité? Est-ce en interposant une barrière humiliante entre ses anciens ennemis et ceux dont le zèle ne s'était jamais démenti, qu'il serait parvenu à cette concorde universelle qui devint à la fois la gloire de son règne, et le gage assuré du bonheur de l'état? Non, la justesse de son esprit fut d'accord avec la générosité de son cœur: il sentit que l'indocilité qui s'accroît par les châtimens ne résiste guère à la force des bienfaits; ceux dont il pouvait punir la résistance par l'exil et l'abandon, il les força par la clémence à l'amour et au repentir. Ainsi s'établit entre toutes les classes une heureuse émulation pour le service d'un roi qui les confondait dans une commune sollicitude; ainsi se développèrent les germes d'un esprit public qui fut bientôt le plus solide appui du prince généreux qui l'avait fait naître. Il pouvait, sous le prétexte des anciennes discordes, terrasser en lui un pouvoir dangereux, et peut être ennemi. Le silence du respect ou de la crainte eût été le fruit de ses efforts impolitiques, il n'en pouvait espérer rien de plus; mais les conseils d'une raison moins timide n'étaient pas faits pour effrayer une âme aussi généreuse: au lieu de désespérer par des rigueurs une opinion déjà aigrie par les malheurs des guerres civiles, il osa encourager au contraire son développement, bien sûr d'en faire par sa sagesse son plus puissant auxiliaire; il persévéra dans un système de tolérance dont son cœur lui avait fait sentir la nécessité, la grandeur de son règne en fut le résultat, et l'amour de tous ses sujets la récompense. Peuple français, c'est dans le règne de ton Henri que s'ouvriront aux yeux des générations les plus belles pages de tes annales; après avoir été l'amour de ses contemporains par sa clémence, il sera d'âge en âge l'instruction toujours vivante de la postérité, elle apprendra ce que peut dans des temps difficiles l'influence de la bonté, quel empire elle exerce sur les cœurs les plus endurcis; et puisse cet exemple mémorable apprendre à jamais aux chefs des nations les moyens d'arriver après des crises pareilles à de semblables résultats!

Nous ne pouvions prouver par un exemple plus éminemment français les avantages de laisser, même après des temps difficiles, à l'esprit public toute la latitude qu'il réclame, et par conséquent les inconvéniens qui résulteront toujours pour l'autorité, de sa compression. Nous ne nous arrêterons pas à la distinction beaucoup trop subtile inventée par l'autorité : entre comprimer et diriger, la nuance est imperceptible, et l'expérience a trop prouvé qu'un pouvoir assez inexpérimenté, ou assez despotique pour redouter l'influence de l'esprit public, ne manque jamais d'attacher le même sens à ces deux expressions, et de les rendre, dans une langue à son usage, entièrement synonymes.

CHAPITRE VIII.

De l'esprit public dans ses rapports avec les différentes parties de l'administration, et d'abord avec le système judiciaire.

Jusqu'ici nous avons plutôt essayé de donner une théorie générale de l'esprit public que de particulariser, quant aux différentes parties de l'administration, aucun des effets de son influence. Nous allons nous occuper maintenant de le montrer facilitant le mouvement de chacun des rouages de la grande machine politique, donnant à leurs ressorts une souplesse salutaire, et rendant presque insensible le frottement inévitable dans le jeu compliqué de pièces si délicates. Pour assurer à notre travail quelque régularité, il nous faut d'abord établir quelles sont, dans toute nature de gouvernement, les parties qui en constituent principalement l'administration ; nous négligerons les détails qui rentrant plus ou moins dans chacune de nos divisions pourraient finir par entacher de pédantisme ou de minutie, des considérations que nous voudrions ne marquer, s'il était possible, que du sceau de la philosophie et du patriotisme.

Nous considérons donc l'administration d'un grand état, comme pouvant se diviser en un certain nombre de fractions particulières, la justice, les finances, la guerre, la diplomatie, les mœurs et la religion; l'agriculture, l'industrie et le commerce; les sciences, les lettres et les arts; enfin l'éducation; tels sont les points principaux auxquels il nous semble important d'appliquer les rapports différens et l'action toujours immédiate de l'esprit public. Nous ne parlons pas du système administratif proprement dit, c'est-à-dire, de celui dont les actes ne se rapportant à aucune des divisions que nous venons d'indiquer, ne font qu'appliquer à des circonstances journalières et souvent imprévues les principes et l'esprit général du gouvernement (ce serait dans la forme actuelle qui nous régit, les attributions réunies du ministère de l'intérieur, des conseils différens du monarque, et du monarque lui-même); c'est sous ce dernier rapport que nous avons présenté jusqu'ici l'influence de l'opinion, et nous ne pourrions plus, en la rattachant à ce même point de vue, que tomber dans de fastidieux développemens, ou dans des répétitions inutiles; laissant donc de côté toutes les considérations générales, quoique bien éloignés de la prétention orgueilleuse de les avoir épuisées, nous allons passer de suite à l'action réciproque de l'esprit public sur le système judiciaire, et du système judiciaire sur l'esprit public.

Un tel chapitre n'est pas sans doute peu délicat à aborder en ce moment, quand c'est par des exemples si récens que nous avons à fortifier nos observations, quand tous les abus tombés sous la force de l'opinion seront infailliblement défendus par l'esprit de parti, et tous nos principes contestés par la prévention, quand des améliorations progressives en cette partie ne sont aux yeux de l'inconséquence et du préjugé, que des concessions impolitiques, ou de puérils ménagemens. Tout homme qui osera porter le flambeau de la vérité sur les vieilles erreurs du passé, sur les heureux changemens déjà réalisés, ou journellement invoqués par la raison, doit s'attendre à toutes les fausses interprétations, comme à toutes les invectives. Contens d'avoir protesté d'avance contre toute allusion dont ne manqueront pas de nous accuser le dépit et la mauvaise foi, nous n'en poursuivrons pas avec moins de calme, comme avec moins de zèle la tâche que nous nous sommes imposée. On pourra convaincre notre ouvrage de faiblesse, notre tentative de présomption, mais nous osons braver tout reproche d'exagération et de malignité.

De toutes les sortes d'influence dont l'esprit public peut être susceptible, il n'en est peut-être point de plus directe que celle qu'il doit exercer, dans tout gouvernement bien réglé, sur le système judiciaire. Cette proposition pourra paraître mal sonnante à bien des oreilles, et elle le serait en effet, si nous entendions par-là qu'il doive entrer dans la balance de la justice, et faire fléchir sous le poids de ses volontés les règles immuables de la législation. Loin de nous la pensée de donner un tel caractère à son entremise. Il n'est rien qui ait le droit de venir embarrasser la marche des lois positives, et malheur au pays où elles pourraient s'arrêter devant des considérations même aussi imposantes que la force de l'opinion; mais la lettre des lois n'est pas la seule chose qui constitue ce que nous appelons le système judiciaire; elle n'en est, s'il est permis de s'exprimer ainsi, que la partie matérielle, soumise à des règles fixes, et applicable à des circonstances, toutes plus ou moins clairement déterminées. Ce n'est pas quand la loi positive a parlé qu'il est permis à un autre pouvoir d'élever une voix téméraire pour la combattre ou la contredire ; ce n'est point non plus sous ce rapport que nous avons prétendu rendre utile et souvent toute-puissante celle de l'esprit public : mais avant que la loi, cette divinité tutélaire, ait rendu ses oracles, avant qu'aient été proclamés définitivement les principes d'une législation fixe et irrévocable, peut-on mettre en doute la part que se réserve cet agent universel dans les travaux du patriotisme et dans les délibérations du génie ? La différence même des législations suivant la différence des époques et des idées chez un même peuple, ne prouve-t-elle pas que c'est l'esprit public qui a présidé lors de ces différentes époques à leur confection ? Et, pour ne point aller chercher dans des temps reculés des exemples dont l'éloignement pourrait affaiblir la justesse ou l'autorité, niera-t-on que tous les changemens introduits dans le système actuel qui nous régit ne soient autant de tributs payés par la sagesse à un pouvoir trop irrésistible pour qu'on refuse impunément de le satisfaire ? Ces coutumes aussi ridicules par leur variété que par la bizarrerie de quelques-unes de leurs dispositions, auraient-elles fait place à une raisonnable uniformité sans la voix unanime de l'opinion qui les réprouva si long-temps? Ces supplices qui faisaient frémir la nature sans rassurer la société, auraient-ils cessé d'épouvanter les regards d'une nation généreuse, s'ils n'avaient été proscrits par la voix publique avant de l'être définitivement par la législation? La torture, cet instrument infâme du despotisme, eût-elle satisfait par son abolition aux cris déchirans de l'humanité, si l'esprit public ne les eût fait parvenir aux oreilles d'un roi digne d'en devenir le vengeur? et cette institution du jury, la plus sainte peut-être de nos lois judiciaires, cette garantie éprouvée qui ne peut plus entendre s'élever contre elle que les clameurs de l'arbitraire, et les murmures de la mauvaise foi, serait-elle aujourd'hui parmi nous la base du temple de la justice, sans l'obstination libérale de l'esprit public à la réclamer? Si, des lois conservatrices de la vie et de l'honneur des citoyens, nous passons à celles qui ont pour objet leurs droits sociaux ou leurs intérêts civils, les mêmes résultats vont nous fournir tout naturellement les mêmes observations. Parcourons dans cette partie de notre système judiciaire quelques-uns des changemens les plus mémorables subis par la législation. La suppression de cet abus scandaleux qui vendait à l'opulence ignorante, aux dépens de la vertu pauvre et éclairée, l'honneur de dispenser la justice, et d'en faire parler les oracles ; l'établissement de cette magistrature paternelle * dont une indigne avidité peut bien trop souvent diminuer l'influence, mais qui dans son état imparfait arrache encore bien des victimes aux procès et au désespoir ; cette impossibilité d'exhérédation absolue qui prolongeant au delà du tombeau les effets de la haine ou de la prévention en livrait les objets à la misère, s'il ne les jetait dans le gouffre de l'infamie ; ces archives conservatrices ** où les droits de la propriété trouvent une garantie contre un autre genre de spoliation ; la proscription de cet absurde privilége, qui par des partages inégaux faisait des enfans d'une même famille un seul opulent et dix misérables ; tant d'autres conquêtes faites par un siècle éclairé sur la barbarie des âges et des préjugés sont évidem-

* La justice de paix.

** Le système hypothécaire.

ment dues à l'esprit public qui prépara, remporta, et consolidera infailliblement ces triomphes. Il en est d'autres encore qu'il promet à la philosophie et à l'humanité, et ce ne serait pas sans doute une assertion trop téméraire, que de prédire qu'ils ne seront pas long-temps ajournés ; ne doutons pas qu'il ne ramène à toute la pureté de son institution, ce même jury dont il faut que les avantages soient destinés à exercer sur le système judiciaire un ascendant bien salutaire, puisqu'au milieu des entraves qui l'embarrassent, et des abus qui le dénaturent, il est encore l'effroi de l'intrigue, et le refuge de l'innocence. Il ne peut manquer aussi de rendre moins fréquens ces cas déplorables où la société est forcée de voir payer son repos de la mort de l'un de ses membres ; il achèvera bientôt la réforme qu'il a déjà commencée dans le régime de ces maisons de détresse, où le crime expiant les maux qu'il a causés, ne doit pas être du moins pour l'erreur ou la faiblesse une cause de scandale, s'il ne l'est de dépravation. Nous serons un jour débarrassés dans la procédure civile, de ces formes inventées par la barbarie et conservées avec un soin scrupuleux par l'avidité, au moyen desquelles un malheureux est condamné à acheter quelquefois d'une moitié de sa fortune, la justice qui lui assure la possession de l'autre moitié. Il viendra un temps où le citoyen, mieux instruit que personne de la nature des droits qu'il prétend réclamer, n'aura pas besoin de l'intervention d'un légiste parasite pour se faire entendre, et où la communication du plaideur avec son juge aura lieu sans intermédiaire; c'est alors que des preuves nouvelles viendront fortifier les exemples que nous avons cités, et qu'il sera moins permis chaque jour de méconnaître l'influence de l'esprit public sur la partie judiciaire de la législation.

On serait au reste dans une erreur bien évidente, si l'on bornait à ces seuls effets le poids de l'opinion dans la balance de la justice. Outre les circonstances presque universelles, où des lois positives tracent à leurs organes une marche fixe et invariable à laquelle nous venons de voir qu'elle n'est jamais étrangère, il est des cas plus rares où le législateur a dû laisser aux interprètes d'une loi moins sévère, une sorte de libre arbitre, une latitude au moins qui lui permette d'en modifier, jusqu'à un certain degré, les dispositions. Il est impossible de prévoir, sans exception, toutes les chances qui peuvent aggraver ou atténuer aux yeux de la raison les droits plus ou moins constatés de la justice, les preuves plus ou moins évidentes de la culpabilité. Il est alors rigoureusement juste que l'impartialité de ceux auxquels est confiée cette mission délicate, remplisse une lacune par laquelle la législation a été forcée de constater son insuffisance. Il vaudrait mieux, sans doute, que tous les cas fussent minutieusement précisés, toutes les lois invariables dans le moindre point de leur application; mais, puisqu'il est un terme où la nature humaine est contrainte de s'arrêter devant sa fragilité, puisque la prudence des hommes éclairés a des bornes plus étroites que la carrière des événemens, étendons les développemens de la loi jusqu'aux limites de la possibilité, et reposons-nous sur ses interprètes du soin de conformer à l'esprit général de ses dispositions, des détails qu'elle n'a pu mentionner, n'ayant pu les prévoir : seulement il en est plus indispensable, que les organes de la justice légalement institués, répondent de leur impartialité par leur indépendance, et que l'arrêt de leur religion, s'il ne repose sur la lettre de la loi dans des circonstances minutieuses qui lui sont échappées, en émane rigoureusement dans son esprit et dans ses principes. Cet état de choses une fois reconnu, et nous osons nous flatter que dans tout gouvernement loyal les lois auront bien rarement besoin de développemens et d'interprétations, ne sera-ce pas encore à l'esprit public de guider bien souvent la justice dans les difficultés dont elle peut se trouver entravée? Prenons pour exemple ces délits dont nos législations successives n'ont fait, en les multipliant, qu'embrouiller la définition. Voyez devant ses juges cet écrivain prévenu dans ses ouvrages de révolte et d'insubordination : entendez, dans un discours effrayant, l'organe sévère de l'autorité désigner aux vengeances de la loi des passages de tel ou tel écrit marqué, suivant lui, du sceau le plus évident de la culpabilité; il interprète avec une rigueur inflexible tous les passages soumis à son examen; il reproche à chacun des termes qui les composent, le venin le plus amer et le sens le plus criminel; dans la rigueur de son ministère chaque idée est une irrévérence, chaque expression un délit. L'instant vient cependant où l'accusé peut faire valoir son innocence et ses droits; il se lève, il suit dans sa défense le plan même de l'accusation, il explique à son tour chacun des passages dont on se sert pour la motiver; il réfute pièce à pièce tous les argumens qui lui sont opposés; partout où semble se développer un esprit d'intrigue ou de rébellion aux regards soupçonneux de l'autorité, il déroule à ceux de la justice un tableau de patriotisme. Dans cet état de la cause, qui viendra la dégager des nuages de son obscurité? qui fera briller sur elle les lumières nécessaires pour une impartiale décision? La loi, générale dans ses vues, a prononcé une proscription en masse contre tout délit tendant à la révolte et à l'insubordination; mais, aussi incomplète dans ses développemens que positive dans son esprit, elle n'a pu détailler les phrases ni les expressions qui constitueraient ce délit; c'est à ses organes qu'elle a laissé le soin d'interpréter avec les passages dénoncés l'intention innocente ou coupable de leur auteur; c'est à eux de suppléer par leur sagacité, au silence forcé de la législation à cet égard. Combien n'avons-nous pas vu de causes de cette nature, à différentes époques où l'opinion avait pris successivement une direction différente? Eh bien! par une règle qui n'a suivi que très-peu d'exceptions, le sort d'un écrivain accusé n'a-t-il pas toujours suivi la marche plus ou moins indulgente ou sévère de l'esprit public? Ne fut-il pas innocent ou coupable, suivant que le gouvernement du jour était protégé ou réprouvé par l'esprit national? Ou, si quelque gouvernement despotique parvenait à faire pencher momentanément du côté de la force la balance de la justice, les faveurs de l'opinion ne venaient-elles pas venger, jusque sous ses yeux, la victime des caprices de l'arbitraire? ne préparait-elle pas pour l'avenir des jugemens plus équitables par le sceau de l'animadversion dont elle frappait des juges vendus ou adulateurs? Nous craindrions de rallumer des haines trop récentes, et de fournir à l'esprit de parti de nouveaux alimens, en citant tous les exemples de cette nature qui pourraient venir à l'appui de nos considérations; tout en nous dispensant de ces preuves délicates, l'impartialité saura nous entendre, et ce n'est pas pour les passions que nous avons entrepris cet ouvrage.

Ce que nous venons de dire de l'influence de l'esprit public, sur le jugement des délits politiques en particulier, peut être applicable à toute espèce quelconque de gouvernement; mais combien elle devient encore plus clairement démontrée, s'il s'agit d'un peuple qui compte le jury au nombre de ses plus précieuses institutions! Quel accroissement de prépondérance dans cette intervention de l'esprit public, si les juges eux-mêmes sont tirés du rang de ces hommes recommandables dont les lumières et l'indépendance président, comme nous l'avons dit plus haut, à sa naissance, à ses progrès et à sa direction! Certes, dans un pareil état, il n'est plus permis de douter ni de l'ascendant qu'il exerce, ni des heureux effets qu'il produit : insister sur une telle proposition serait faire outrage au bon sens du lecteur; ce serait profaner en quelque sorte les démonstrations de la logique, et la toute-puissance du raisonnement. Félicitons-nous bien plutôt de vivre sous une législation où l'empire de l'esprit public est inattaquable, où avec l'aide de quelques perfectionnemens, depuis long-temps indiqués, il doit assurer bientôt à l'autorité toute sa force, aux citoyens tous leurs droits, aux institutions leur inviolabilité.

De cette action, maintenant bien démontrée, de l'esprit public sur le système judiciaire, et sur toute procédure politique en particulier, tirons, avant de terminer ce chapitre, quelques conséquences qui nous semblent en dériver tout naturellement : la première, c'est qu'un gouvernement sage s'empressera toujours d'accorder à l'opinion, quand il l'aura bien constatée, les institutions qu'elle réclame en fait de législation judiciaire, avant qu'un refus prolongé ait fait prendre à ses vœux un caractère d'aigreur et d'obstination. En agissant autrement, il perdrait sans fruit le mérite de ces concessions qui bientôt ne paraîtraient plus que des conquêtes aux yeux de l'exaltation ; car elles finiront toujours par naître infailliblement de l'ordre des choses et du concours des événemens. La seconde conséquence à tirer de ces principes, c'est l'intérêt de ce même gouvernement, à ce que ceux qu'il charge d'être en son nom les organes de la justice, ne multiplient pas avec un zèle imprudent ces causes politiques dans lesquelles l'opinion est rarement du côté de l'autorité; elles produisent toujours un effet fâcheux sur l'esprit public, quel qu'en puisse être définitivement le résultat. L'accusé est-il reconnu coupable, et condamné comme tel aux satisfactions prononcées par la loi, il faut que des circonstances bien formelles aient constaté le scandale donné par ses écrits ou par sa conduite, pour que le public ne s'obstine pas à voir dans l'arrêt qui le condamne ou une vengeance personnelle, ou tout au moins un intérêt de l'amour-propre ; et il faut avouer que trop d'exemples ont bien pu motiver cette propension universelle à croire plus facilement à la susceptibilité de la puissance, qu'aux témérités de la faiblesse et aux bravades de la malignité. Si au contraire un arrêt d'absolution vient proclamer l'innocence de celui qu'on a dévoué provisoirement à d'injustes rigueurs, quel relâchement dans le nerf de l'opinion! Quelle prévention malheureuse contre ceux dont il faudrait qu'elle supposât presque l'infaillibilité *! Comme la malveillance, toujours à la recherche des abus ou des erreurs de l'autorité, va proclamer complaisamment ce triomphe de l'innocence contre l'arbitraire! Quel parti l'esprit d'opposition va tirer de cette fatale imprudence! Quel champ libre pour la critique, quelle arène ouverte aux déclamations! Et dans cette levée générale de détracteurs, l'autorité sera d'autant plus compromise,

* Il eût été facile d'appuyer sur des exemples récens, et sur des faits positifs les principes développés sur cette matière ; mais nous avons voulu éviter autant que possible les applications personnelles. Notre cause est assez belle pour que ces moyens, malgré toute leur force, lui deviennent inutiles.

qu'entourée de traits ennemis, il ne sera pas au pouvoir de ses partisans de les repousser. Quelle excuse à faire valoir avec succès? quel prétexte alléguer avec avantage pour pallier une aussi grossière maladresse? Gardez-vous surtout, après un pareil écart, gardez-vous du faux zèle des amis et de la bassesse des apologistes; ils contribueraient encore à vous dépopulariser davantage : ayez plutôt le noble courage de confesser une erreur, que l'orgueil dangereux de la soutenir avec opiniâtreté. Profitez même avec adresse d'une chute maladroite pour vous relever plus solide et mieux affermi; légitimez-vous de nouveau auprès de cette opinion toujours complaisante pour ceux qui ne dédaignent pas de la ménager; rendez hommage aux principes par l'aveu sans bassesse de les avoir un instant méconnus, et recouvrez enfin la faveur de l'esprit public, par la faute même qui vous la devait arracher : les gouvernemens, en général, ne connaissent pas assez tout le parti qu'ils pourraient tirer de torts noblement confessés. L'adulation présente à leur amour-propre un miroir dans lequel ils ne voient que les prodiges vrais ou faux de leur administration; leurs erreurs, couvertes d'un voile impénétrable, ne frappent que les yeux du public placé derrière ce perfide rideau ; ou, si la vérité peut en soulever un coin par hasard pour les étonner du spectacle de leur inexpérience ou de leur maladresse, en vain la sagesse leur en montre un modeste aveu comme la réparation et presque toujours le remède, l'orgueil est là constamment pour leur rendre inutiles tous les conseils de la sagesse. Ainsi, après avoir vu s'évanouir tous les avantages de l'opinion pour ceux qui ont le bon esprit de la consulter, ils perdent aussi le plus souvent, après les avoir négligées, toutes les chances qui leur restaient encore pour la recouvrer.

Sur quelque principe, au surplus, que les dépositaires du pouvoir règlent le système qui doit les diriger, soit qu'ils concèdent ou qu'ils refusent à l'esprit public les institutions qu'il réclame dans une législation judiciaire ; soit que, dans leur humeur ombrageuse, ils multiplient, jusqu'au délire, ces procédures délicates dont l'issue ne peut être presque jamais qu'un scandale, ou que, plus sages dans leur politique, ils arrachent autant que possible à l'esprit de parti ce triste aliment ; soit qu'ils ne voient qu'avec effroi les progrès toujours croissans de l'opinion, ou qu'ils attachent à les seconder le repos et la facilité de leur administration; toujours restera-t-il démontré que l'esprit public exerce sur le système judiciaire une action d'autant plus importante, que cette partie de l'économie politique se rattache aux intérêts les plus chers de chaque citoyen ; et qu'il n'est point de membre de la société, homme public ou simple particulier, qui puisse se flatter de n'avoir jamais à défendre contre des indices ou des préventions, sa liberté, ses droits, et sa propre existence.

CHAPITRE IX.

De l'esprit public dans ses rapports avec le système financier.

C'est un principe dont l'expression, pour être devenue commune et presque triviale, n'en est pas moins d'une justesse incontestable, que l'argent est le nerf d'un gouvernement, et que, sans les ressources qu'il procure, toutes les autres, évidemment insuffisantes, ne peuvent le garantir de sa destruction : telle est même à cet égard la marche infaillible des événemens que l'absence de la morale, des lois et de toutes les vertus civiles et politiques, n'amènera qu'insensiblement un empire à sa dissolution, tandis que la misère ou la difficulté seule de recouvremens embarrassés le frappera, par un coup électrique, d'une mort aussi prompte qu'inévitable. De toutes les maladies politiques, les unes se guérissent par des remèdes appropriés à leurs symptômes et à leur intensité, les autres se modifient par un régime assidu et finissent par céder à de longs ménagemens; celle-ci atteint avec une telle promptitude le terme de la dernière extrémité, qu'il n'y a qu'une crise violente pour en triompher; et sa violence même est encore souvent un danger de plus. Il est donc bien important, pour les hommes d'état appelés à diriger les destins d'un empire, de rechercher les causes qui peuvent alimenter, sous le rapport financier, sa vigueur ou son atonie; et la situation de l'esprit public sera certainement reconnue pour une des plus influentes. Je sais que les partisans du pouvoir absolu ne conviendront pas sans peine de cette proposition, et qu'ils sauront bien indiquer des moyens de remplir les coffres publics, sans recourir à cet intermédiaire dont ils sont convenus de trouver partout le concours dangereux. A quoi bon, diront-ils, invoquer la puissance imaginaire de l'opinion, quand on peut prélever sur la propriété, sur l'industrie, et sur tous les produits en général, des revenus plus ou moins considérables, par la puissance seule de l'autorité? Qui peut connaître mieux que ceux qui sont à la tête de l'administration, la quotité des ressources nécessaires à ses besoins comme à l'éclat dont la décence exige qu'elle soit entourée? Est-ce à ceux qui sont le plus éloignés des affaires publiques à décider de l'étendue des sacrifices que doit imposer la nécessité? Où seront les moyens de maîtriser tous les événemens, de remédier à toutes les circonstances, si une opinion, presque toujours factice, a le droit désastreux d'intervenir dans des opérations de cette importance pour les entraver? Telles sont les déclamations habituelles de la routine et de l'ignorance; essayons de les réfuter en nous abstenant en faveur de l'esprit public, comme en faveur de l'autorité, de toute exagération.

D'abord ce n'est point quand les mesures d'administration relatives au système qui nous occupe sont irrévocablement arrêtées, que l'opinion peut être admise à en combattre l'exécution; la loi a parlé et le citoyen n'a plus qu'à fléchir avec respect devant elle; mais c'est précisément parce que cette même opinion ne peut plus alors faire entendre sa voix sans provoquer par là même des réactions financières toujours dangereuses, qu'il serait injuste à la fois et impolitique de prétendre lui imposer, avant ce moment, un silence d'esclavage ou d'adulation. Au surplus, des hommes d'état ignorans voulussent-ils exercer sur elle un pareil despotisme, ils pourraient la comprimer un instant, et profiter d'une stupeur passagère pour maintenir des institutions qu'elle réprouve; mais bientôt, accablés de tout le poids de son animadversion, ils se verraient obligés de revenir sur leurs pas, ajoutant ainsi le danger des mesures rétrogrades, à l'impopularité d'une première obstination; heureux encore, si le mécontentement public leur laisse le temps de réparer eux-mêmes leur erreur, et si d'autres ne sont pas investis par des révolutions politiques, du pouvoir d'opérer les réformes qu'ils n'ont pas daigné consentir! Ce principe est aussi incontestable en finances qu'en toute autre partie de l'administration: ne craignons pas de l'appliquer ici à des abus dont l'esprit public demanda long-temps la suppression de toute la force de son influence, qu'une autorité plus riche de ses bonnes intentions que de ses lumières s'obstina toujours à maintenir, et qui croulèrent enfin sous le poids irrésistible de l'opinion, entraînant avec eux leurs imprudens défenseurs. Cette vénalité des emplois dont le scandale grossissait les trésors du fisc aux dépens de la morale et de la justice; ces priviléges humilians pour la presque généralité de la population, qui rendaient une partie considérable de la propriété stérile et nulle pour les ressources de l'état; cette incroyable inconséquence, qui dispensait les dépositaires de la fortune publique d'en rendre à la nation, dans la personne de son chef, un compte rigoureux: tous ces scandales n'étaient-ils pas proscrits dès long-temps par l'opinion, n'avaient-ils pas été signalés à la puissance dans toutes les occasions; et lorsqu'une résistance mal calculée eut porté au delà même de leurs premières intentions l'audace des réformateurs, l'autorité n'eut-elle pas quelque raison de s'accuser elle-même d'une partie de ces résultats? Qui peut calculer les effets probables d'une condescendance qui n'eût été d'ailleurs que de la justice? Qui sait si devant la suppression franche et sans arrière-pensée de ces abus incompatibles désormais avec l'état de la société, ne se fût pas évanoui cet épouvantail du *déficit* qui devint le prétexte de nos premières divisions? Est-il bien certain qu'un patriotisme reconnaissant ne se fût pas empressé de combler avec enthousiasme un vide beaucoup moins effrayant alors que ce gouffre immense creusé par les derniers événemens, et dont la profondeur se remplit cependant tous les jours sous les mains de la résignation? Oui, soyons-en convaincus pour l'honneur de la France et l'encouragement de son gouvernement ; la nation eût réparé avec transport des brèches qu'elle attribuait à l'imprudence et aux dilapidations d'époques antérieures, elle eût répondu par une dignité calme à des insinuations qui, devenues sans objet, n'eussent plus été qu'impuissantes ; enfin l'autorité, forte de sa condescendance même pour l'esprit public, ne lui eût pas adressé sans doute un appel inutile.

Mais si l'opinion doit servir de guide aux législateurs dans les dispositions financières, quand ils ont à les régler sur la nature des circonstances, son influence ne se fera pas sentir moins positivement dans le recouvrement des impôts une fois déterminés par la législation. S'il est vrai que rien ne facilite l'exécution d'une loi en général comme l'assentiment préliminaire de ceux qu'elle doit assujettir, cette vérité est sans doute applicable de préférence à celles qui ont pour objet de commander à l'intérêt personnel des renonciations et des sacrifices. Il est inutile de discuter si la même loi qui prescrit un impôt, ne peut pas, par la fixation de peines rigoureuses, en contraindre le recouvrement, et parvenir à son but par la force, à défaut de bonne volonté; tous les publicistes sont d'accord sur la fragilité des lois qui ne reposent que sur la base unique de la terreur, et l'histoire de l'impôt à toutes les époques et chez tous les peuples, est là pour attester ce qui convient le mieux, de l'assentiment général, ou des rigueurs du pouvoir, pour la facilité de sa perception. Il ne faut pas d'ailleurs des raisonnemens bien profonds pour se convaincre que la répugnance à payer des impôts universellement sanctionnés d'avance aura bien moins d'obstination, que s'il s'agit de sacrifices même plus légers, qui, désapprouvés par l'opinion, blesseront à la fois et les intérêts et les amours-propres : c'est ce qui a fait sentir aux hommes d'état la nécessité, pour l'avantage même des lois financières, d'en faire consentir les dispositions par les interprètes naturels des peuples obligés d'en porter tout le poids. Avec quelle assurance se présenteront les fonctionnaires chargés de leur exécution quand ils pourront dire à chaque contribuable en les lui signifiant, voila l'état des sacrifices qui vous sont imposés par les hommes que votre confiance a choisis pour vous représenter ; ce n'est point ici une autorité avide et spoliatrice qui vient appeler vos trésors au secours de son faste ou de ses dilapidations ; ce n'est point un gouvernement absolu qui prétend lever sur vos fortunes un droit aussi odieux qu'arbitraire, sans daigner vous en faire connaître ni l'emploi ni la nécessité ; c'est le bilan des besoins de la patrie que vous avez arrêté vous même ; c'est l'engagement que vous avez contracté par un corps revêtu de vos pouvoirs les plus solennels ; contestez, si vous l'osez, la validité d'un acte aussi imposant ; désavouez, si vous en avez le honteux courage, vos propres mandataires ; mettez-vous en opposition avec vos propres volontés ; car en dépit de tous les sophismes, chargés de votre mandat ce sont vos principes qu'ils ont proclamés. A ce langage de la raison, quel sera le mauvais citoyen assez intrépide pour oser prolonger une résistance devenue antinationale? Il pourra déplorer intérieurement la prodigalité complaisante de ceux qu'il accusera de l'avoir sacrifié, il pourra regretter la confiance dont ils lui paraîtront avoir abusé ; mais il ne pourra contredire la légalité de leurs actes, ni se soustraire à leur exécution sans inconséquence.

Ce n'est pas que, sous le bouclier même de l'opinion, sous la garantie de ceux qui en sont les organes, la loi financière la plus modérée puisse échapper toujours aux murmures de l'avare et de l'égoïste, auxquels elle arrache une partie de cet or identifié en quelque sorte avec leur existence. De tels êtres n'ont ni concitoyens ni patrie, et tout raisonnement basé sur le sentiment national échouerait contre celui de leur insensibilité : mais comme dans un tableau l'ombre la plus rembrunie sert à en faire mieux ressortir les points lumineux, l'irascibilité d'un frondeur isolé ne fera que constater avec plus d'éclat l'assentiment général de l'esprit public; l'opinion elle même fera justice, par le mépris, d'une résistance qu'elle n'a point inspirée, et la marche d'une loi qu'elle a prise sous sa protection n'en sera pas même entravée.

Il est surtout une partie du système financier dont l'opinion seule fait tout le nerf, et qui, sans elle, se trouve infailliblement frappée d'une paralysie plus ou moins prolongée, et trop souvent incurable. C'est cet agent dont la fortune publique est obligée quelquefois, ainsi que les fortunes particulières, d'appeler les services au secours de dépenses trop considérables, ou d'avances occasionées par la nécessité; c'est enfin ce précieux crédit dont la puissance magique double les ressources réelles et supplée à celles dont on est obligé d'attendre la jouissance. Il ne serait pas toujours possible, avec les seuls moyens positifs qu'ait à sa disposition l'empire le mieux administré, de suffire à l'immensité des dépenses commandées par des circonstances particulières, telles qu'une disette rigoureuse, une épizootie générale, ou tout autre événement difficile à prévoir, comme impossible à éviter. Il faut bien alors appeler la confiance publique à l'aide des ressources ordinaires qui deviennent insuffisantes. Mais pour qu'elle existe cette confiance publique, pour ne pas risquer de faire un appel inutile au capitaliste intéressé, au froid calculateur, même au citoyen patriote qui, trop généreux pour profiter des besoins de la patrie, ne veut pas cependant compromettre en chances périlleuses le patrimoine de sa famille, il faut que la fidélité à d'anciens engagemens garantisse aux nouveaux la même exactitude; il faut que toute idée de hasard ou de danger disparaisse d'opérations qui doivent avoir dans la foi nationale la plus certaine de toutes les bases, et la garantie la plus solennelle. Que deviendra le crédit d'un particulier connu même par son opulence actuelle, et présentant aux calculs de l'intérêt personnel les chances les plus avantageuses, si la probabilité en est détruite par un seul exemple d'infidélité ou de mauvaise foi? Plus il tentera, par des offres brillantes, la confiance de ceux qu'il a intérêt d'éblouir, plus ils s'obstineront à voir un nouveau piége caché sous de nouvelles sollicitations. Il en sera de même de l'appât présenté par les administrateurs de la fortune publique, si déjà des remboursemens imaginaires ou des réductions impolitiques sont venus attester le mépris des droits les plus sacrés. Et par quels moyens un gouvernement prétendrait-il, par un privilége exclusif, rappeler une confiance indignement abusée? Rejettera-t-il sur d'anciens ministres disgraciés, l'odieux des mesures dont il est obligé de reconnaître l'injustice? Mais alors il est de son devoir autant que de sa politique de les réparer. Qu'il étouffe, en renonçant à des droits que n'a pu lui transmettre la mauvaise foi, le germe de méfiance qu'elle a fait éclore, et le crédit dont il a besoin pourra le récompenser de ce sacrifice. Alléguera-t-il les besoins de l'état, et éludera-t-il le devoir rigoureux de la justice par le prétexte banal de l'impossibilité? Qu'il ajourne alors l'effet de ses bonnes intentions; qu'il se borne, pour le moment, à reconnaître la validité de titres qu'il ne peut encore satisfaire; l'esprit public est moins injuste qu'indulgent, il saura apprécier une délicatesse dont la fortune nationale ne peut pas être plus dispensée que les autres; il approuvera des délais dont la nécessité lui sera démontrée, et la renaissance du crédit en deviendra encore la conséquence. Ce serait avec aussi peu de succès qu'une autorité imprudente prétendrait justifier une atteinte portée à des engagemens antérieurs par la difficulté des époques où ils ont été contractés, par la rigueur des conditions qu'on y a stipulées, et par l'importance des avantages qu'en ont retirés ceux au profit desquels ils ont été consentis. Ce n'est point la réunion de toutes ces circonstances qui constitue la nullité d'une obligation; l'opinion n'entre point dans ces détails indignes de la loyauté, elle ne voit que l'acte en lui-même; l'autorité qui l'élude, ou celle qui l'exécute, voilà sur quoi elle établit le degré de confiance qu'elle lui doit accorder, et l'étendue du crédit qui doit en être la preuve.

Une autre condition du crédit, c'est l'attention d'éclairer franchement l'opinion sur l'emploi des ressources pour lesquelles on la sollicite. Je sais qu'il est des publicistes d'un jour qui prennent pour de la discrétion l'ombre mystérieuse dont ils enveloppent assez ordinairement des opérations de cette nature : puisqu'il s'agit, disent-ils, d'objets particuliers qui ne demandent que le concours d'un nombre d'intéressés plus ou moins considérable, démontrons-leur par des calculs l'évidence de l'avantage qu'ils en doivent retirer; l'esprit de spéculation n'en demande pas davantage, et le succès de notre négociation est assuré. Ce raisonnement paraîtrait peut-être spécieux, si les calculs des spéculateurs pouvaient se porter exclusivement sur l'évaluation mathématique des profits à retirer de l'opération, s'ils ne consultaient pas aussi avec tout le scrupule de l'intérêt personnel, l'état de l'opinion relativement à cet objet, pour les garanties plus ou moins probables qu'ils ont à en espérer. Supposez un emprunt ouvert, soit pour assurer à l'autorité un faste scandaleux dans des temps difficiles, soit pour payer des services ou vils ou illégaux, soit pour subvenir à des traités secrets et déshonorans. Pensez-vous, quelles que fussent les clauses de pareilles négociations, qu'elles devinssent l'objet d'un empressement bien général? Pensez-vous seulement qu'il y eût possibilité de les consommer? Ceux mêmes que l'égoïsme et l'avidité disposeraient assez à se charger d'un traité si honteux, ne reculeraient-ils pas devant le mépris général, ou du moins devant la crainte d'événemens qu'amènerait tôt ou tard l'influence de l'esprit public, et qui pourraient compromettre des créances dont ils chercheraient en vain à se dissimuler à eux-mêmes toute l'ignominie? Eh bien! toute opération basée sur le crédit, dont l'autorité négligera de faire connaître hautement l'objet et la nécessité, sera confondue dans l'opinion avec ces traités qu'elle réprouve, et dont les dispositions lui sont au moins étrangères. Trop loyale pour s'opposer à l'exécution de promesses qui, pour être insensées ou désastreuses, n'en sont pas moins des obligations, elle ne poussera pas l'animadversion qu'elles lui inspirent jusqu'à en provoquer l'anéantissement; mais si des gouvernemens abusent de cette réprobation pour les contester ou les modifier, elle enveloppera dans le même dédain et les opprimés et les oppresseurs; elle sourira à la défaite de la cupidité, sans applaudir à la victoire remportée par la mauvaise foi. Cependant le pouvoir n'aura pas long-temps à s'applaudir d'un triomphe immoral; ce sera son coup de grâce dans l'opinion qui, tout en méprisant ses victimes, verra dans le coup qui les frappe un nouveau sujet de méfiance; digne prix réservé à l'injustice et à la bassesse. Ce n'est donc pas un sophisme que de donner à l'esprit public en matière de crédit une grande influence; l'appât présenté aux calculs de l'avidité ne suffit donc pas toujours au pouvoir, pour la rendre son instrument ou sa complice.

Jusqu'ici nous n'avons parlé de l'opinion, dans ses rapports avec le système financier, qu'en nous supposant toujours dans des temps ordinaires, ou du moins à des époques plutôt embarrassantes que décisives. Appliquons maintenant son intervention à ces circonstances majeures et presque désespérées qui demandent un développement de moyens illimités, et de ressources extraordinaires. C'est dans ces momens critiques où la loi commune n'impose aux citoyens que des devoirs insuffisans, où de grands sacrifices volontaires peuvent seuls proportionner les recettes à l'immensité des besoins, que les gouvernemens peuvent apprécier, à leur juste valeur, les secours efficaces de l'esprit public. Une armée innombrable d'ennemis a violé le territoire, elle menace d'étendre ses progrès jusqu'aux murs de la capitale ; il faut sur-le-champ, pour sauver la patrie, des moyens dont l'idée suffirait seule, en d'autres temps, pour effrayer l'imagination ; qu'une loi subite et extraordinaire, comme le danger, impose à toutes les classes de la population des sacrifices calculés le plus judicieusement possible dans leur répartition ; sans doute l'obligation sera rigoureuse, et de justes peines seront prononcées contre les infracteurs : mais la loi suffira-t-elle pour briser sans délai toutes les entraves de l'intérêt personnel et de la cupidité ? Les châtimens amèneront-ils sur-le-champ des sacrifices qui demain trop tardifs deviendront inutiles, et l'urgence des secours demandés ne facilitera-t-elle pas elle-même les moyens de les éluder ? On passera à déployer des rigueurs le temps que réclame une défense vigoureuse ; l'appareil de la sévérité provoquera les résistances de l'insubordination ; l'avarice échangera une fidélité trop coûteuse, contre les avantages offerts à la trahison ; les efforts de l'ennemi s'accroîtront de l'insuffisance de ceux qui lui seront opposés ; bientôt il n'y aura plus de digue à essayer contre un torrent sans remède. Ainsi l'état sera compromis dans sa dignité, peut-être dans sa propre existence, faute de ces ressources financières qu'il portait dans son sein, mais qui ne se répandent avec abondance, ainsi qu'en temps utile, qu'à la voix persuasive de l'esprit public.

Reportons-nous un moment à cette période peu éloignée où notre territoire envahi ne laissait plus à notre malheureux pays d'autre patriotisme à faire éclater que celui de la résignation. Si jamais les vœux unanimes de l'esprit public furent unanimes aussi dans leur manifestation, si, pour en atteindre l'objet, l'opinion fut jamais disposée à ne trouver aucun effort difficile, aucun sacrifice impossible; certes, ce fut à cette époque de deuil que l'histoire ne retracera pas sans doute avec le burin du mépris. N'imitons pas l'inconséquence de quelques écrivains qui n'ont pas senti le ridicule de parler toujours de triomphe au milieu de l'envahissement, et de gloire militaire au sein de la plus profonde humiliation : sans effacer ces souvenirs de notre mémoire, il eût été plus sage de les réserver pour une époque où le contraste eût pu paraître moins affligeant; mais pourquoi ne nous glorifierions-nous pas de notre attitude encore imposante sous le faix de l'adversité ? Quelque orgueil peut nous être d'autant plus permis sur ce point, que peut-être devons-nous à notre impassibilité sans bravade, à notre modération sans pusillanimité, ce noble sentiment que n'ont pu nous refuser des ennemis autrefois effrayés de notre puissance, jaloux aujourd'hui de notre estime. Quelle grandeur jusque dans notre consternation, que l'on ne put prendre jamais pour celle de l'anéantissement! Quel accord dans nos sacrifices, quelle harmonie dans notre patience même! Comme à la voix de la patrie se sont ouvertes sans murmure ces épargnes de l'opulence et ces réserves de l'économie, nécessaires pour acheter l'espérance d'un prochain affranchissement! Comme les murmures honteux de la malveillance et de la perfidie ont été étouffés sous l'expression de la résignation universelle! Comme le concert national de toutes les volontés a réduit au silence du mépris cette poignée de Français dégradés, assez lâches pour faire entendre des chants d'allégresse aux oreilles d'un ennemi rougissant lui-même de leur ignominie! Avec quel élan tout un peuple généreux répondit dans cette fatale circonstance aux appels multipliés faits à son patriotisme! L'excès du mal sembla reculer les bornes de la possibilité; des efforts que n'eût pu déterminer le pouvoir le plus colossal, au milieu des acclamations de l'ivresse, et des prestiges de la victoire, un gouvernement fort seulement alors de notre malheur, les obtint avec abandon dans les angoisses du désespoir ; et nous pouvons aujourd'hui proclamer sans danger cette vérité qu'il nous fallait étouffer dans ces jours de détresse ; en cas de malheurs encore plus affreux, il en eût obtenu davantage; l'excès prolongé d'une injuste oppression eût enfanté les prodiges d'une résistance qui n'a plus rien à ménager. Si ce tableau de notre situation à cette époque déplorable n'est pas le rêve d'un Français dévoré d'un amour aveugle pour son pays, si tel était véritablement le spectacle que présentait la France aux regards et à l'admiration de l'univers, surtout si rien ne vint au milieu d'une misère accablante entraver les mesures financières indispensables pour la tirer de l'abîme où l'avait jetée sa propre grandeur ; à quelle noble cause peut-on raisonnablement attribuer de si nobles effets, si ce n'est à cet accord de toutes les classes pour apporter au désastre général le tribut de ses secours particuliers, à cet esprit public qui avait préparé et qui entretint avec tant de persévérance un si national dévouement ? Au lieu de ce peuple si disposé par l'opinion, malgré l'inertie calculée de quelques indignes fauteurs de l'invasion européenne, à consentir pour la libération de la patrie tous les efforts et tous les sacrifices, supposez une nation étrangère à ce mobile de tout sentiment de patriotisme : quels résultats différens n'eussent pas manqué de produire chez elle de semblables circonstances ! La voix de l'intérêt personnel n'eût pas eu même à couvrir celle du salut public ; car celle-ci ne se fût pas seulement fait entendre ; aux accens méconnus d'une patrie déjà désespérée, se fussent ensevelies dans une ombre impénétrable des ressources destinées à de tous autres usages ; l'impossibilité de satisfaire des vainqueurs insatiables eût été le prétexte de nouvelles fureurs ; les premières demandes eussent été effacées par d'autres plus exagérées ; les appels multipliés d'un gouvernement sans crédit n'eussent fait qu'enfouir plus profondément les trésors de l'égoïsme ; et malgré toutes les lois, malgré toutes les rigueurs, la ruine de cet empire eût suivi de près la perte devenue irréparable de son indépendance.

Détailler ainsi les effets de l'esprit public sur le système financier, c'est avertir assez l'autorité, de la manière dont elle doit à son tour réagir sur ce génie vivifiant de ses opérations ;

c'est lui faire sentir la nécessité de lui accorder, après l'avoir bien constaté, toutes les concessions qu'il réclame, et qu'il paie assez noblement de toute l'utilité de son influence. Combien se rendrait coupable, par exemple, un gouvernement qui, débarrassé par la force de l'opinion, des dangers les plus imminens qu'ait jamais suscités la fatalité à l'indépendance nationale, s'obstinerait à lui refuser le prix de ses efforts et l'indemnité de ses sacrifices; surtout si elle se bornait à demander la destruction d'abus reconnus, et l'établissement d'une sage économie? De quel œil un peuple dépouillé des trésors de son ancienne opulence, pourrait-il voir le peu qu'il a pu soustraire à la rigueur des événemens, échapper à ses besoins pour aller alimenter le faste, l'inutilité, peut-être la perfidie, et la trahison? N'évoquerait-il pas au tribunal sans appel de l'opinion, et des largesses scandaleuses prodiguées à d'insolens favoris, et des récompenses décernées aux dépens du mérite modeste, à l'intrigue et à l'adulation? N'enregistrerait-il pas dans les archives inviolables de son ressentiment, des dilapidations qui ne pourraient plus être prises désormais, que sur des ressources à peine suffisantes à son existence? Plus une nation montre de zèle, pour assurer à ses chefs les moyens de pourvoir aux charges reconnues nécessaires pour sa conservation ; plus elle aura le droit d'exiger, à l'avenir, de discrétion et d'économie dans l'emploi de ses sacrifices ; c'est aux hommes chargés du dépôt de l'autorité, à ménager une susceptibilité aussi légitime ; cette partie des actes de leur administration, n'est pas celle qui leur assure l'éclat et la renommée du moment; mais elle contribue plus que les trophées et les exploits, à faire inscrire leurs noms parmi ceux des bienfaiteurs de la patrie ; surtout elle concourt puissamment à appeler sur tout le système financier la confiance motivée de l'opinion, et l'assentiment de l'esprit public.

Nous ne pouvons abandonner cette partie de nos considérations, sans dire un mot de la levée proportionnelle des impôts qui s'y rattache si directement. Ce n'est pas assez pour fonder en finance cet accord d'opinion, si nécessaire pour en faciliter les opérations, que l'emploi des impôts soit constaté de la manière la plus évidente ; il faut en outre que la répartition en soit assise sur les bases d'une proportion judicieuse, et d'une stricte égalité. C'est dans cette partie de l'économie polititique que le moindre soupçon d'arbitraire indispose surtout l'opinion, et l'éloigne sans espoir de retour : un citoyen concourt de tous ses moyens aux charges de l'état; il étouffe, en considération du bien public, les murmures auxquels l'intérêt personnel se trouve toujours plus ou moins disposé; il fait avec résignation, souvent même avec joie, un effort dont les besoins bien constatés de la patrie le forcent de reconnaître la nécessité; mais s'il voit autour de lui l'égoïsme ou la faveur échapper à des sacrifices qui devraient diminuer la part qu'il est forcé de prélever sur ses propres besoins, s'il sent tous les jours s'appesantir arbitrairement le poids du fardeau qui lui est imposé, il ne voit plus qu'une révoltante injustice où il reconnaissait un malheur nécessaire; l'abus dont il a droit de se plaindre, il l'attribue au système général de l'administration dont il n'observe que les écarts, il communique ses griefs à ce qui l'entoure; le mal gagne, il se développe, il enfante à la fin ce blâme concentré, dont le refroidissement général est un des sinistres effets. Quelque pesante au contraire que puisse être pour un état la charge qui lui est imposée par les événemens, si dans une sage proportion tout citoyen est assujetti à sa répartition, la résignation individuelle de chacun se fortifie du spectacle de ceux qui la partagent; à la vue de ceux qui portent leur part du fardeau, nul n'oserait s'en croire accablé, et les malheurs publics eux-mêmes sont utiles dans l'opinion à un gouvernement dont la sagesse sait dissimuler une partie de leur poids en le divisant. Nous ne parlons point de ces absurdes priviléges par lesquels une fortune quelconque pourrait se dérober à la part proportionnelle qu'elle doit supporter dans une cotisation générale; l'expérience et la raison ont fait trop irrévocablement justice de cette iniquité, pour que nous ajoutions à ce sujet aucune réflexion inutile : en combattant des abus toujours à craindre par la mollesse de l'autorité, ou les préventions personnelles de ceux qui l'exercent, nous devons nous taire sur ceux que l'état des choses rend désormais impossibles.

Nous pourrions ajouter à ce chapitre délicat des développemens importans, détailler successivement chacune des réformes sollicitées avec plus ou moins d'espoir de les obtenir, appeler à notre aide l'éloquence d'écrivains déjà chers à la nation pour avoir pris cette honorable initiative ; mais nous sommes forcés de nous renfermer dans un cadre plus circonscrit ; ce n'est point un traité complet de finances que nous avons eu la prétention d'entreprendre, et nous avons encore à caractériser par d'autres traits l'empire universel de l'esprit public sur les diverses parties de l'administration : il résultera toujours de ce que nous venons de dire, que si l'état prospère des finances est véritablement le nerf d'un gouvernement, c'est par l'action robuste ou languissante de l'opinion, qu'il se tend ou qu'il se relâche ; qu'avec elle tout devient possible, même les efforts les plus désespérés, tandis que tout languit, tout s'énerve sans le concours de son assentiment ; et qu'enfin, il dépend toujours de l'autorité d'attirer sur ses travaux financiers, le secours irrésistible de son influence.

CHAPITRE X.

De l'esprit public dans ses rapports avec le système militaire.

De la justice qui assure les droits des individus, nous avons passé aux finances, qui fondent sur des ressources légales, la prospérité de l'état, et nous avons vu l'esprit public exercer sur chacune de ces deux parties de l'économie administrative, un empire également incontestable. Nous allons nous occuper maintenant du système militaire; et là encore nous verrons dans l'opinion le ressort principal qui fait mouvoir cette vaste machine avec plus ou moins de vigueur, avec plus ou moins de facilité. Puisque des armées dévorantes sont devenues des conséquences inévitables de la civilisation, puisqu'il est convenu que le droit sans la force est une valeur négative, et que les prétentions du brigandage appuyées d'un million d'automates * pour les faire valoir, l'emporteront toujours sur les règles d'équité les plus immuables; il faut bien qu'un empire proportionne ses moyens militaires à ceux par lesquels tout ce qui l'entoure peut venir l'insulter, le dépouiller ou le détruire; il faut bien qu'un système imposant de forces toujours disponibles, lui garantisse à la fois l'inviolabilité de ses possessions, et le rang qu'il doit occuper, en proportion de son importance, dans ce chef-d'œuvre d'invention moderne pompeusement décoré du nom si mal justifié de balance politique. Quand le philosophe frémit d'indignation à l'aspect de ces égorgemens périodiques suscités par une ambition infernale ou par une misérable vanité; quand il se soulève de dégoût au spectacle de ces partages scandaleux où les peuples, parqués comme de vils troupeaux, deviennent la proie définitive d'un des loups dévorans qui viennent

* On concevra facilement que cette qualification *d'automate*, appliquée précisément aux soutiens du brigandage et de l'ambition, ne saurait l'être au guerrier patriote qui défend son prince et son pays. C'est une explication qu'il était à propos de donner à la malveillance ou à la susceptibilité.

de se les disputer, il est indispensable que l'homme d'état s'occupe des moyens de contempler sans y prendre part, s'il est possible, ces scènes de brigandage et d'atrocité; et, pour un but aussi simple, il a besoin de forces non moins redoutables que s'il voulait aller porter lui-même sur tous les points de ce globe malheureux, le ravage et la destruction. Il semble que le génie du mal ne serait qu'à demi satisfait, si les guerres sans nombre qui désolent l'univers ne mettaient en présence que les parties directement intéressées dans la contestation qui en est le motif, et plus souvent le prétexte : il lui faut encore qu'un gouvernement assez humain pour vouloir épargner à ses peuples les horreurs de cet abominable fléau, puni par le vainqueur d'une neutralité sans laquelle il aurait eu le barbare plaisir de répandre encore plus de sang, n'ait d'autre moyen d'échapper à la brutalité de ses vengeances, que des armées capables d'en intimider l'essor, et d'en empêcher les effets. Ainsi l'espèce humaine en est venue à ce point de misère et d'abjection, que c'est au nom de l'humanité même que se lèvent ces masses formidables appelées, presque toujours à l'ensanglanter. C'est en célébrant les prospérités de la paix, qu'on fait toutes les dispositions qui doivent en accélérer le terme; enfin, c'est en proclamant le besoin d'une concorde universelle, qu'on se met par prudence en état d'en briser tous les nœuds avec impunité. Cependant la possibilité d'abuser de ces moyens dangereux, la probabilité même que leur emploi sera loin de répondre aux vues que l'on met en avant pour les rassembler, ne suffisent pas pour faire révoquer en doute leur nécessité. Elle résulte évidemment et de la nature des sociétés politiques, et de l'atmosphère toute martiale dont chacune d'elles est réciproquement entourée. C'est une conséquence de l'état social qu'il nous faut subir; sachons, en appliquant la force militaire à notre sûreté, nous donner des garanties contre tout usage illégal ou oppressif que l'on pourrait faire de son développement.

L'avantage essentiel d'une force régulièrement organisée, le seul qui puisse faire trouver grâce à l'inconvénient de son organisation même, c'est l'honorable vocation à laquelle elle est appelée, de défendre contre des étrangers conquérans ou jaloux, le sol et les institutions de la patrie. Quoi de plus noble en effet qu'une pareille destination? quoi de plus national que des services consacrés au salut ou à l'affranchissement de tout un peuple? est-ce avec de l'or ou des encouragemens ordinaires qu'on pourrait payer jamais un aussi périlleux dévouement? Il faut donc qu'à des stimulans d'une autre nature, se joigne un aiguillon particulier assez fort pour déterminer les guerriers à renoncer, pour les travaux et les dangers, aux jouissances de la mollesse et presque toujours aux chances de la fortune; cet aiguillon c'est l'amour de la gloire et le sentiment de l'honneur; mais qui distribue les palmes de la gloire, qui donne à telle ou telle profession un caractère d'honneur qui en devient plus ou moins inséparable, si ce n'est cet esprit public qui y voit pour l'état un appui plus ou moins infaillible, cette opinion qui se plaît à prendre sous sa protection plus ou moins spéciale telle ou telle nature de services rendus à la société? A Dieu ne plaise que je veuille révoquer en doute la valeur naturelle des Condé, des Turenne, des Desaix, des Masséna, et de tant d'autres guerriers auxquels la reconnaissance publique a justement décerné des trophées; sans doute elle était en eux-mêmes, et ne cherchait que les occasions d'éclater; mais croit-on qu'ils eussent exposé si fréquemment et avec tant de témérité des jours devenus si célèbres;

qu'ils eussent mis au hasard de l'événement le plus ordinaire l'éclat d'une existence si chèrement payée, s'ils n'eussent vu entre les hommages de l'opinion et le prix dont il fallait les acheter une glorieuse compensation? Et quand le vainqueur de Denain vint recueillir, après les témoignages de la satisfaction de son roi, les acclamations enivrantes de l'esprit public, pense-t-on que des transports aussi éclatans ne contribuèrent pas à exciter dans ses rivaux de gloire cette noble émulation qui finit par la leur faire partager? Ce n'est donc pas tout-à-fait un préjugé que d'avoir placé à une certaine hauteur dans l'opinion un état qui doit à l'opinion une partie même de ses succès.

Mais si l'esprit public donne ainsi par ses transports un nouveau prix aux lauriers de la victoire, s'il entoure de tous ses prestiges une profession qui assure à la patrie de zélés défenseurs, il ne faut pas croire qu'aveugle en ses faveurs, il ne change pas dans certaines circonstances sa complaisance en animadversion, et ses hommages en ressentimens : plus même un peuple aurait pris de part aux succès des guerriers vainqueurs de ses ennemis et défenseurs de son indépendance, plus il garderait d'antipathie et de haine pour ceux qu'il aurait vus partir sous les drapeaux de la gloire, et qu'il verrait revenir sous ceux de l'oppression; pour ceux qui rapporteraient eux-mêmes à leurs concitoyens des fers dont ils auraient empêché l'ennemi de les accabler, et qui les livreraient aux excès d'une insolente tyrannie par les exploits mêmes qui devaient les en garantir. Nous laissons aux lecteurs judicieux le soin de faire à quelques époques de l'histoire cette application; elle nous entraînerait à l'examen de certains faits, qui, dans un ouvrage de la nature de ces considérations, ne pourrait que paraître hasardé s'il n'était pas approfondi, ou fastidieux s'il était suivi dans tous ses développemens. Nous nous contenterons d'observer que sans doute les légions romaines revenues sur le territoire de la patrie pour faciliter par leur concours, ou seulement par leur présence, d'odieuses proscriptions, ne pénétraient plus le peuple-roi de ce respect dont il avait, lors de leur départ, payé par anticipation les triomphes. Mais c'est assez parler de l'action de l'esprit public relativement aux membres de ces corps formidables armés pour la défense ou l'oppression de la patrie; il n'est personne en particulier qui n'y contribue et ne la reconnaisse.

Cependant, l'opinion n'exercerait sur le système militaire en général, qu'une bien faible influence, si son rôle se bornait à décerner le blâme ou les hommages à chacun des citoyens armés qui le constituent, si les dépositaires de l'autorité suprême pouvaient sans inconvénient se dispenser de faire entrer l'esprit public comme élément principal dans l'ensemble même des forces destinées à protéger la patrie. Telle n'est pas non plus, sous ce rapport, la nullité de ce mobile universel. Le premier objet d'un rassemblement d'hommes si considérable, étant la défense des droits et des intérêts nationaux, il serait d'une inconséquence évidente d'y introduire un esprit qui pût cesser d'être essentiellement national, et c'est le danger dans lequel on se précipiterait inévitablement, si l'on prétendait rendre une pareille réunion absolument impassible et étrangère à tous ces élans de l'opinion; redoutables seulement pour une autorité décidée à la mépriser; quels services attendre d'une multitude mécanique, combattant machinalement pour des droits ou pour des institutions qu'elle est forcée de voir avec indifférence? De quel zèle sera-t-elle animée pour des travaux dont il lui est interdit de connaître le but et de calculer les résultats. Le temps est passé (et nous ne rechercherons point ici les avantages ou les inconvéniens de cette révolution morale), où des masses, pénétrées du principe exclusif de l'obéissance aveugle, se précipitaient à la voix de leurs chefs dans des dangers sans motifs, et couraient à la mort, sans chercher à prévoir les effets de leur dévouement. Aujourd'hui, ces mêmes masses porteront au combat la même résignation et la même obéissance; c'est l'effet du courage assujetti aux lois d'une discipline rigoureuse : mais cette obéissance et cette résignation seraient, dans l'état actuel de notre art militaire, d'une ressource bien incomplète, d'un résultat bien insuffisant. C'est de cette fougue indomptable qui renverse toutes les barrières et force tous les obstacles, c'est de cette exaltation volcanique qui est au courage, ce qu'est la tempête au souffle d'un vent ordinaire, que dépendent aujourd'hui les chances du succès, et les fruits solides de la victoire. Or, vous n'espérez pas sans doute obtenir des transports aussi impétueux de la seule impassibilité; c'est un dard froid et émoussé auprès de la flèche acérée et brûlante du patriotisme. Ouvrez l'histoire de ce peuple extraordinaire, dont les succès et les revers vivront éternellement pour l'admiration des peuples, et la leçon de ceux qui les gouvernent. Quand vit-on ses légions porter l'aigle invincible dans toutes les parties de l'univers, éclipser une victoire par une autre plus éclatante, et revenir appendre aux murs du Capitole des armes destinées à en sortir bientôt pour de nouveaux triomphes? Pendant quelle période se déroule à nos yeux le spectacle non interrompu de ses exploits? La réponse est facile; Rome compta ses batailles par ses victoires, tant qu'elle tira tous ses soldats du sein de la ville immortelle, tant qu'ils furent à la fois guerriers et citoyens, tant qu'au sentiment de la gloire, se joignit dans leurs cœurs généreux un amour personnel pour la patrie; mais dès qu'on les vit partager avec des étrangers la défense des foyers et du territoire, dès qu'une partie des forces de la république, étrangère dans ses camps, aux intérêts de la cité, n'eut à lui offrir que des secours d'alliés ou de mercenaires, sa fortune guerrière brilla bien encore de quelques feux passagers, mais bientôt elle s'éclipsa devant cet amalgame de satellites dévoués successive-à tel ou tel chef pour le salut quelquefois, mais le plus souvent, pour l'oppression de la patrie. Un gouvernement assez sage pour faire au bien de l'état, le sacrifice de toute prévention personnelle, de toute considération particulière, sentira donc la nécessité d'entretenir parmi ses guerriers cet esprit public, ce sentiment de patriotisme, garant de leur zèle et de leur intrépidité; et il regardera comme un des moyens les plus efficaces pour y parvenir, le principe rigoureux de n'admettre dans ses rangs que des troupes nationales.

Il est encore une condition indispensable pour entretenir, dans la force destinée à défendre ou à venger la patrie, cette chaleur d'esprit public, nécessaire pour en attacher tous les membres à des devoirs qui deviennent si souvent des dangers. C'est que les faveurs de l'avancement, offertes à chacun dans une égale perspective, soient le prix exclusif du courage et de la conduite, et jamais le privilége de la naissance, de l'intrigue ou de recommandations particulières. Outre que cette même aptitude aux emplois dans tous ceux qui supportent les mêmes travaux et bravent les mêmes périls, est une règle rigoureuse d'équité, elle est encore en politique un calcul d'une justesse non moins incontestable. Ce n'est pas tout que de serrer étroitement, autour de l'autorité distributrice des grades et des distinctions militaires, quelques familles dont la vanité ne tardera pas à regarder comme un droit héréditaire, ce qui put être le prix des services, mais n'en put être jamais que le prix individuel; c'est la masse dont il faut captiver le dévouement pour le jour du danger, c'est à elle qu'il faut offrir pour aiguillon du devoir, le mobile de l'illustration, et la certitude de l'avancement. Examinons les différentes époques de notre histoire militaire, sans préventions injustes contre celles qui précédèrent notre dernière crise politique, mais aussi sans réticence injurieuse pour celles qui la signalèrent. Rappelons avec orgueil ces phalanges invincibles qui soutinrent à Fontenoy, à Laufeld, à Rocroi, comme leurs aînées avaient soutenu jadis sur d'autres champs de bataille, la gloire et l'indépendance de la France; mais fixons aussi nos regards sur ces exploits plus modernes dont la suite ne fut pas, dans une époque extraordinaire, le moins étonnant des prodiges. Voyons ces armées, sorties comme par enchantement de la terre des braves, résister pendant trente années, à des masses toujours renouvelées d'ennemis sans cesse conjurés, refouler sur l'Europe effrayée tous les maux des guerres successives dont elle avait prétendu nous accabler, et nous assurer enfin sur tous les points du globe un triomphe qui pouvait passer pour irrévocable, sans un concours de circonstances aussi étonnant que ce triomphe même. Ce sont des faits que nous citons, sans prendre indiscrètement parti pour ou contre leur moralité. L'histoire, en les racontant, se chargera d'un jugement trop délicat pour les contemporains; mais enfin ils ont étonné le monde, et leur cause première fut incontestablement dans l'égalité des chances offertes au courage et au génie, quel que fût l'individu qui les fit éclater, et dans le développement de l'esprit public, fruit de cette commune perspective : et quelle exaltation nouvelle ne doit pas donner en effet au patriotisme d'un soldat déjà citoyen, quel surcroît d'intrépidité ne doit pas inspirer à un guerrier déjà naturellement valeureux, cette idée encourageante à la fois pour sa gloire et pour sa fortune, que ce pays qu'il chérit et pour lequel il se dévoue ne paiera point ses services de l'oubli de l'ingratitude, que ses efforts pesés dans une juste balance avec ceux de ses rivaux obtiendront à leur tour la récompense qui leur est due, et que d'autres ne recueilleront pas le fruit des exploits dont il aura partagé les dangers! Je sais que l'on ne manquera pas de m'objecter la gloire dont brillèrent aussi les armes françaises à des époques où la carrière de l'illustration, sans être tout-à-fait fermée irrévocablement, était loin cependant de s'ouvrir sans distinction à tous ceux qui couraient celle des hasards et de la victoire. Loin de nous, la pensée de repousser un seul des rayons qui forment cette belle auréole de notre gloire militaire! Nous sommes fiers de toutes les portions d'un si noble héritage; mais il nous sera permis de calculer avec l'expérience et de conclure avec la raison, que si la valeur française, privée même de ce véhicule qui généralise dans les rangs l'enthousiasme de l'esprit public et l'émulation du patriotisme, put accumuler ainsi et les hauts faits et les trophées, elle eût doté la patrie de résultats plus positifs, et de monumens plus durables, si les honneurs réservés presque au hasard seul de la naissance n'eussent pas découragé souvent les efforts du mérite par la difficulté de les obtenir; si la cessation d'un abus déjà proscrit par l'opinion fût venue donner aux élans du patriotisme un nouveau degré d'enthousiasme, un motif personnel à chacun d'héroïsme et d'intrépidité.

Mais ce n'est pas assez de reconnaître l'empire de l'opinion sur chacun des membres composant la masse guerrière d'un empire, non plus que son influeuce sur le mode général de sa formation ; il est utile d'observer encore par quels points touche l'esprit public à l'usage qu'il est possible de faire de cette partie essentielle de l'organisation politique. Si les peuples consentent à faire au salut de la patrie le sacrifice d'une partie de leur liberté, toujours effleurée par l'institution d'une force qui peut être réservée à plus d'un usage dangereux ; s'ils paient de leur reconnaissance un gouvernement assez sage pour ne l'employer qu'à la défense du territoire compromis, au soutien de leurs droits contestés, ou à la vengeance de leur dignité méconnue, ils se montrent facilement ombrageux sur les abus de la force militaire auxquels le pouvoir, par sa nature même, se montre trop souvent disposé ; ils savent distinguer l'utilité d'une force préservatrice, du fléau d'une armée ruineuse et oppressive. C'est par cette raison que, s'il est un gouvernement qui doive désespérer jamais d'attirer à lui la coopération salutaire de l'esprit public, c'est celui qui, sous le prétexte d'une gloire impérissable, d'un accroissement facile, ou d'une vengeance légitime, fera peser habituellement sur ses peuples le fardeau de la guerre étrangère; qui, pour les abuser, couvrira du voile d'un honneur chimérique les rêves désastreux de sa propre ambition, et fera servir les ressources de la patrie à des conquêtes dont la haine du monde est le plus souvent tout le fruit : et quelle peut être la félicité publique, et par conséquent le concours de l'esprit national, au milieu d'un pareil tourbillon ? Les chefs sont enivrés des fumées d'une vaine gloire, et les peuples moissonnés par la faux de la dépopulation ; les palais sont encombrés de trophées, les monumens ombragés de lauriers, et l'asile du citoyen n'offre à l'œil que le spectacle de la misère. Encore si cet état de souffrance, si ces sacrifices multipliés ne servaient jamais qu'à payer des succès ! mais pour la leçon des conquérans, il est rare que la honte des défaites ne succède pas bientôt aux prestiges de la victoire : le ressentiment d'une injuste invasion provoque l'énergie d'une défense héroïque; un danger commun réunit tous les peuples contre un commun agresseur, ils abusent à leur tour contre lui d'une prospérité, d'autant plus enivrante qu'elle fût plus inattendue ; et de tant de trophées il ne reste qu'un long épuisement, une soif de vengeance longtemps impuissante, et trop souvent une entière destruction. Si dans ce tableau nous n'avons encore présenté qu'en abrégé les maux que traîne infailliblement à sa suite cette funeste manie des conquêtes, quelle affection solide pourra jamais attacher une nation à tout gouvernement auquel elle en sera redevable? et, réveillée de l'ivresse passagère du triomphe, que lui restera-t-il en échange du prix dont elle l'aura payé? Les fêtes, les spectacles, les pompes triomphales, et tout le charlatanisme de l'ambition momentanément satisfaite, la dédommageront-ils de tous les élémens de sa prospérité? Remédieront-ils à cet état de langueur qui menace de paralyser tous les nerfs de l'état? Enfin, dans l'hypothèse la moins désastreuse, quand des succès constans viendraient assurer aux brigandages de l'ambition une apparente impunité, les campagnes en seront-elles moins désertes, les villes moins épuisées? L'oisiveté des camps aura-t-elle porté une atteinte moins funeste à l'amour du travail? L'agriculture sera-t-elle moins négligée, et l'industrie plus florissante? Enfin la lice exclusivement réservée aux efforts du courage, aura-t-elle moins rétréci toutes les autres carrières ouvertes à l'émulation? Dans cet état de choses, faudra-t-il s'étonner si la nation même la plus généreuse n'offre plus pour caractères distinctifs de son esprit public, qu'une glaciale indifférence, ou une opiniâtre animadversion? Et si dans des temps plus heureux ce peuple avait donné des gages de sentimens tout différens, n'est-ce pas sous l'usage oppressif de la force instituée pour le protéger, que se serait éteinte la chaleur de son ancien dévouement?

Hâtons-nous cependant de prévenir les murmures d'une louable susceptibilité, ou l'erreur des fausses interprétations. A Dieu ne plaise que nous prétendions interdire aux chefs des empires le droit de repousser l'agression, et de venger par la force toute atteinte portée à sa dignité ou à son indépendance! L'opinion publique se soulèverait contre une faiblesse aussi criminelle; et cent fois malheur au gouvernement qui se décolore par une lâche pusillanimité! Autant un peuple réprouve l'insatiable ambition qui l'expose à des fléaux qu'on pouvait éviter, autant il affronte avec enthousiasme tous les maux que peut lui susciter l'adversité dans une défense légitime. Ce n'est pas contre les revers non mérités de la fortune que l'esprit public s'arme de son animadversion, c'est contre ce mépris de l'humanité, seul mobile des ambitieux et des tyrans, contre cette épouvantable facilité avec laquelle on les voit sacrifier à une passion effrénée le plus pur sang des peuples, et la séve la plus substantielle de l'état. Oui, tel est aujourd'hui l'oracle universel proclamé par la civilisation; gloire et reconnaissance aux gouvernemens vengeurs de leurs peuples injustement attaqués; indifférence et abandon pour ceux qui les décimeraient sans pitié comme sans nécessité! Qu'on ne vienne pas nous objecter cet enthousiasme momentanément attaché à la personne et aux exploits des conquérans, cette ivresse passagère qui saisit tout un peuple à la nouvelle fastueusement proclamée de leurs triomphes. C'est une fièvre éphémère aussi trompeuse dans ses symptômes, que désastreuse dans son influence. Dès que son ardeur s'amortit, le mal dont elle déguisait les ravages se développe avec intensité, l'épuisement se fait sentir avec toute sa langueur, et la maladie est d'autant plus grave qu'on en a pris quelque temps tous les signes pour ceux de la vigueur et de la santé. C'est dans cette crise inévitable qu'on ne se rappelle qu'avec regret le poison qui la provoqua; c'est à ceux qui le versèrent à voir s'il est possible encore d'en neutraliser les effets. Nous pouvons, je crois, nous dispenser d'aller chercher dans les annales de l'antiquité des exemples de cette irritation que ne manque jamais de produire dans l'esprit de tout un peuple l'abus du système militaire; ce n'est pas malheureusement à la génération actuelle que de telles preuves doivent sembler nécessaires, elle n'est que trop destinée à servir elle-même aux siècles futurs d'exemple et de leçon.

En résumant donc cette partie de nos considérations, il nous faudra reconnaître que l'empire de l'opinion s'étend chez un peuple policé sur le personnel de l'état militaire, ainsi que sur son organisation; que c'est dans la source de l'esprit public que se puise ce sentiment de l'honneur aux inspirations duquel il doit son importance et ses succès; qu'entouré de la reconnaissance de toute une population, quand il consacre exclusivement ses armes à la protéger, il devient l'objet de sa juste inimitié, dès qu'il se déclare complice de son malheur ou de son oppression; que plus les sentimens du guerrier se lieront dans les rangs à ceux du citoyen, plus le tribut de leurs triomphes sera certain pour la patrie, et qu'enfin la perpétuité des guerres du brigandage ou de l'ambition, éloignant sans retour l'opinion de tout gouvernement assez insensé pour les provoquer, porte à l'esprit public un coup irréparable : il est facile au pouvoir bien intentionné de tirer de ces principes d'utiles conséquences, et de faire ainsi concourir les institutions militaires au développement favorable de l'esprit public.

CHAPITRE XI.

De l'esprit public dans ses rapports avec le système diplomatique.

Pour reposer notre esprit de ces idées de ravage et de destruction sur lesquelles il a fallu nous appesantir dans le chapitre précédent, arrêtons-nous un moment sur ces relations bienfaisantes qui rétablissent l'harmonie entre les peuples d'un même univers, sur ces négociations réparatrices qui rappellent un jour serein après de longs orages, et toutes les consolations d'une paix toujours, hélas! momentanée, après les horreurs d'une guerre dévorante, le plus souvent sans objet, comme sans résultat. C'est une de ces heureuses compensations devant lesquelles doit se prosterner avec reconnaissance la triste humanité, que les peuples, épuisés par les combats où les entraînent la fureur et l'ambition de leurs chefs, finissent toujours par trouver quelque relâche dans la lassitude des uns et l'oppression de tous les autres. C'est alors qu'il faut bien que des conventions plus ou moins religieusement observées règlent, pour un temps, les points contestés, et placent une barrière au moins provisoire entre les vainqueurs et les vaincus également épuisés. Ces nouveaux liens ne tarderont pas à être brisés à leur tour, ils ne résisteront pas longtemps aux prétentions de l'orgueil, à l'enivrement de la puissance, à l'insatiabilité de l'ambition, à toutes les passions malfaisantes qui se jouent des engagemens les plus solennels; mais enfin, ils enchaîneront pour un temps le génie des combats; et, puisque nous sommes condamnés à reléguer la possibilité d'une paix perpétuelle dans les rêves philanthropiques de l'homme de bien et du bon citoyen, bénissons du moins ces courtes périodes de bonheur, où la société répare, en quelques années d'harmonie, d'autres années de carnage et de dévastation. Mais, quelque soif que puissent avoir les peuples de pareils dédommagemens, ils ne les voient pas arriver jusqu'à eux avec la même facilité que les fléaux qui les ont rendus nécessaires. Il n'a fallu qu'un instant pour allumer les torches de la guerre, le rétablissement d'une concorde passagère sera le résultat de longs efforts, de discussions prolongées, et de lenteurs interminables. Il faudra compulser toutes les annales de la férocité, feuilleter en détail cette foule de traités consentis par la faiblesse et violés par la mauvaise foi, concerter par des calculs habiles tous les piéges à dresser, toutes les embûches à éviter; il faudra mettre en avant des prétentions exagérées pour obtenir des concessions ordinaires, arracher à la lassitude par des délais calculés, ce qu'on risquerait de manquer par la précipitation, faire naître des obstacles au moment de la conclusion pour profiter d'événemens survenus pendant l'intervalle, feindre le besoin d'instructions qu'on a déjà reçues dans le détail le plus minutieux; enfin, faire jouer tous les ressorts, employer tous les artifices pour fatiguer la patience de ses adversaires, et se donner le temps de prendre à loisir tous ses avantages. Cependant on n'a pas interrompu pour cela le cours des hostilités; le sang des peuples paie l'habileté de leurs négociateurs, et quelques pouces de terrain sont le prix d'un nouveau carnage.

Ne concluons pas de cette marche scandaleusement embarrassée dans des discussions qui ont pour objet de si grands intérêts, que la science diplomatique n'ait pas aussi sa profondeur et son importance. Puisque l'état actuel des sociétés politiques oppose un art délicat au négociateur chargé de défendre les droits de son pays, il faut bien qu'il ait à son tour la même habileté pour lutter sans désavantage; et, puisque sans ces négociations, malgré les difficultés dont elles sont entravées, les peuples seraient condamnés à voir s'éterniser pour eux le fléau de la destruction, il est bien indispensable d'approfondir les principes qui peuvent donner à ces sortes de relations, les chances les plus probables et les plus utiles résultats. Notre plan nous dispense de détailler ici toutes les règles d'un art aussi compliqué; nous n'avons à l'envisager que dans ses rapports avec le sentiment qui nous occupe, que dans le degré d'influence qu'exerce sur lui l'esprit public.

Ce n'est pas sur un examen superficiel que se reconnaîtra d'abord l'effet plus ou moins salutaire de l'opinion sur les opérations diplomatiques. Il semble, au premier aperçu, que leur destination immédiate doive les mettre hors de la portée de cet agent universel dont on ne soupçonne pas tout de suite l'intervention et l'utilité. Dans une espèce d'intrigue où il ne s'agit, le plus souvent, que de tendre des piéges à l'inexpérience de ses adversaires, ou de se mettre en garde contre les ruses de leur habileté, quel sera le rôle de cet esprit public dont l'exaltation purement nationale semble n'avoir en effet, quand il s'agit d'étrangers ou de rivaux, qu'une bien chimérique importance? mais c'est précisément parce que vous avez à agir sur des étrangers indifférens ou jaloux, qu'il est essentiel de faire usage de toutes vos ressources; et nous allons nous convaincre que là, comme dans toutes les autres parties de l'économie politique, l'opinion jette encore dans la balance le poids le plus imposant et quelquefois le plus décisif. Quels sont, dans les négociations, les adversaires naturels du diplomate chargé de défendre les intérêts de son pays? ou il a devant lui les représentans d'une nation victorieuse, enivrée du souvenir récent de ses succès; ou il se présente lui-même avec une semblable supériorité aux négociateurs d'un pays qui vient de subir des revers; ou enfin les événemens balancés d'une guerre insignifiante ne mettent entre les deux parties chargées de la terminer aucune sensible différence. Sous ces trois points de vue, l'esprit public ne peut être, pour l'homme d'état dont nous parlons, qu'un précieux auxiliaire. Figurons-nous-le d'abord dans le premier cas, cherchant à affaiblir l'impression des victoires d'un ennemi dont la fierté en voudrait abuser pour lui dicter des lois trop sévères; s'efforçant d'opposer à cette ivresse exigeante la peinture des ressources encore formidables d'un pays que ses revers sont loin d'avoir épuisé sans retour; combattant enfin des propositions rigoureuses par des offres plus modérées, et frustré de la gloire ou du salut de son pays, s'il n'amène un négociateur impérieux à les consentir. Comment parviendra-t-il à sortir honorablement de cette position délicate? par quel charme irrésistible forcera-t-il à des ménagemens un rival intéressé personnellement à son humiliation? Blanchi dans la poussière diplomatique, cet étranger porte un cœur d'airain inaccessible à toute atteinte de la sensibilité; il est gonflé du sentiment national, le plus obstiné des amours-propres; il attache à garder toute son inflexibilité l'intérêt que vous attachez vous-même à en triompher; il réfutera tous vos argumens, il sera sourd à tous vos conseils, il repoussera toutes vos prières; mais si à l'appui de vos sollicitations vous pouvez mettre sous ses yeux un tableau énergique de l'esprit public; si vous parvenez à le convaincre des effets infaillibles du désespoir de tout un peuple, et des prodiges qu'il ne manquera pas d'enfanter pour le recouvrement de son indépendance; si, par des informations authentiques, il est forcé de reconnaître que cet esprit national dont vous lui avez annoncé l'enthousiasme est en effet capable de tout pour faire payer bientôt peut-être au vainqueur son orgueilleuse opiniâtreté, croyez-vous qu'une inquiétude aussi juste ne contre-balancera pas en lui les conseils dangereux de l'ivresse et de l'amour-propre; croyez-vous qu'il ne fera pas prudemment quelques concessions à la crainte justement fondée d'être réduit bientôt lui-même à en réclamer? et, si, pour déterminer l'effet de pareilles insinuations, un gouvernement, sûr de cette opinion que fait valoir son négociateur, lui fait un appel vigoureux auquel elle réponde par un élan général d'enthousiasme et d'exaltation, par quels résultats une pareille circonstance ne justifiera-t-elle pas l'audace patriotique de l'homme d'état qui n'aura pas craint de l'appeler au secours de son habileté. Mais, pour invoquer avec succès cette force toute-puissante de l'esprit public, il faut être sans incertitude sur le degré de son dévouement; il faut être assuré qu'il ne désavouera pas les promesses ou les menaces faites en son nom. Du moment que vous aurez fait entrer l'opinion dans les moyens à faire valoir en faveur de votre négociation, il ne dépendra plus de vous de régler la nature et les suites de son entremise. Il faut, si cette considération ne produit pas l'effet favorable que nous venons d'indiquer, qu'elle fasse tourner contre vous les chances mêmes que vous en avez attendues. Autant la véracité de votre rapport, si l'esprit public est réellement disposé à se prononcer avec chaleur, facilitera les concessions que vous désirez, autant l'obstination de votre adversaire deviendra inflexible, s'il reste convaincu que vous avez voulu lui en imposer par un tableau fantastique ou exagéré; il attribuera à une crainte grossièrement déguisée, des menaces qui, réconnues chimériques, ne peuvent plus être que ridicules; son amour-propre blessé s'indignera du piége dans lequel vous l'avez cru assez malhabile pour se laisser entraîner;

et cet esprit public enfin, qui vous aurait sauvé si vous aviez pu invoquer en lui une réalité, faussement mis en jeu contribuera au contraire à vous accabler. Connaissez donc avec certitude l'étendue des ressources qu'il peut vous offrir, avant de vous hasarder à en esquisser un tableau menaçant; et, s'il est tel en effet que vous ne puissiez être convaincu d'artifice ou d'exagération, soyez assuré qu'il ne sera pas votre moins solide argument, votre arme la moins irrésistible.

Mais, dira-t-on, un négociateur ne se présente pas toujours avec un pareil désavantage; il peut prétendre à dicter la loi, loin de se soumettre à l'humiliation de la recevoir; il se trouve aussi quelquefois dans l'heureuse position d'appuyer sur des triomphes ou les concessions qu'il exige, ou les refus qu'il notifie, et dans ce cas du moins, le succès de sa négociation sera sans doute indépendant de l'état de l'esprit public. On ne peut nier que, dans cet état de choses, l'influence de l'opinion ne soit devenue moins directe, et qu'elle n'agisse en effet d'une manière moins immédiate que dans la position plus défavorable dont nous venons de nous occuper; mais on se tromperait étrangement si on la regardait en pareille circonstance comme tout-à-fait étrangère aux opérations diplomatiques. Elle est encore d'une intervention salutaire pour éviter des lenteurs qu'elle rend inutiles, pour ne laisser aucune espérance d'événemens critiques qui puissent changer la face des événemens, pour éteindre enfin sans délai le flambeau d'une guerre qui ne pourrait plus amener sur les vaincus que de nouveaux désastres. Supposez un homme d'état négociant au nom d'un pays victorieux en ce moment, mais dans lequel l'esprit public tiède ou malheureusement disposé réprouve les motifs d'une guerre, qui malgré quelques résultats plus brillans que solides, a épuisé ses trésors et sa population, supposez ce qui est assez ordinaire, même au milieu des triomphes dont nous parlons, que l'opinion fatiguée se montre peu empressée pour de nouveaux combats et de nouveaux sacrifices; quelle marche croyez-vous que suivra dans ce cas une négociation commencée d'abord sous les auspices de la victoire? Le représentant du pays vaincu ne sera pas long-temps sans connaître cette disposition malveillante qui lui laisse entrevoir des chances à son avantage; aussi consommé que son adversaire dans toutes les ruses d'une diplomatie insidieuse, il fera naître des lenteurs pendant lesquelles puisse se développer ce germe de mécontentement qui doit entraver les opérations, et rejaillir jusque sur le sort des combats; il donnera aux intrigues de son gouvernement le temps de fomenter de son côté quelques troubles, et de porter des esprits déjà mal disposés à l'indiscipline et jusqu'à la rébellion; enfin, il appellera au secours d'une position défavorable sous le rapport des succès militaires, toutes les ressources d'une irritation peut-être assez forte bientôt pour changer toute la face des événemens; et la fortune lui refusât-elle un succès aussi complet de ses artifices, cet état malveillant de l'esprit public sur lequel il a basé ses lenteurs et ses espérances n'aura-t-il pas toujours, en dernière analyse, prolongé la durée d'une guerre funeste même à la prospérité du vainqueur? Les peuples déjà peu disposés à tenir compte à l'autorité de ses triomphes, ne le seront-ils pas à lui imputer aveuglément les délais d'une paix toujours plus vivement désirée à mesure qu'on la voit s'éloigner davantage? Et l'esprit public, par suite de ces mêmes préventions, ne s'obstinera-t-il pas à en blâmer les conditions quelles qu'elles soient enfin consenties? Ce n'est donc pas assez pour rendre nulle l'action de l'esprit public dans une négociation, que celui qui en est chargé soit autorisé par sa position à prendre un langage de supériorité; son rôle est moins important que dans le cas où c'est son adversaire qui a sur lui ce grand avantage; mais il n'en est pas pour cela, comme nous venons de nous en convaincre, ni sans influence ni sans utilité.

Si nous examinons maintenant le troisième point de vue sous lequel se présente à nos considérations le diplomate chargé des pouvoirs de son gouvernement, c'est-à-dire, si nous l'envisageons traitant sans aucune nuance de désavantage ni de supériorité, combattant à armes absolument égales, et ne pouvant invoquer à son aide aucun antécédent militaire, comme il n'en a point à craindre du côté de son adversaire; nous allons voir encore l'opinion marquer les événemens du sceau de son universelle entremise. Dans cette position en effet, qui devrait être la plus heureuse pour arriver promptement à un résultat, mais qui n'ouvre qu'un champ plus vaste à l'habileté pour les ruses, les surprises et les lenteurs interminables, quel sera le pouvoir capable de prédominer sur toutes les difficultés, et de briser toutes les entraves, si ce n'est cette opinion patriotique que pourra nécessairement invoquer avec le plus de confiance un des deux adversaires ? La différence des gouvernemens et la variété des principes de ceux qui les dirigent ont rendu entre eux à peu près impossible une égalité absolue dans les chances de l'esprit public ; de deux empires conduits par les vicissitudes d'une guerre également désastreuse pour chacun, au besoin de négociations pour la terminer, la coopération nationale garantira toujours à l'un des deux les ressources les plus sûres comme les plus spontanées ; dans le cas d'un appel qu'il serait obligé de faire au patriotisme, il pourra compter sur une prompte efficacité ; tandis que l'autre, en pareille circonstance, est menacé d'y voir répondre par des murmures, ou du moins par la tiédeur d'un incomplet dévouement ; supposez même dans l'esprit public de chacun de ces deux peuples, ou un noble développement, ou une désastreuse apathie, il y en aura toujours un dans lequel ce sentiment, plus vif, ou plus endormi que dans l'autre, lui en fera un motif d'inquiétude ou de sécurité ; il faut nécessairement qu'il existe entre eux soit en bien, soit en mal, quelque différence. Eh bien ! c'est de cet état inégal de l'opinion que le négociateur qu'elle favorise tirera tout le succès de ses prétentions, tandis que l'autre qu'elle décourage se verra contraint de céder, sous peine d'exposer son pays à de nouveaux événemens, dont cette différence de position lui annonce déjà l'issue définitive. Il suffit que cette puissance morale incorporée à toute l'organisation militaire, influe par-là même sur toutes les opérations d'une campagne, et en influence les résultats (ce que nous croyons avoir suffisamment établi dans le chapitre précédent), pour que le plus incertain sur le degré de confiance qu'il peut avoir dans sa position, sous ce rapport, soit le plus intéressé à finir une lutte dans laquelle il serait le plus compromis; et de cette fâcheuse situation résulte la nécessité de faire pour y parvenir de plus grands sacrifices.

Il est tel agent diplomatique, scrupuleux à contre-temps, dont l'amour-propre, sous le voil d'un fier patriotisme, alléguant cette égalité de chances militaires qui doit établir l'égalité de leur situation réciproque, refusera de reconnaître cette puissance importune de l'esprit public, et rompra plutôt des conférences, qui lui paraîtront humiliantes, que de céder à ce pouvoir qu'il désavoue, la plus insignifiante de ses prétentions : les esprits superficiels traiteront légèrement une rupture qui semble, après tout, laisser les choses dans l'état ou le négociateur les avait trouvées ; quelques bons citoyens plus patriotes qu'éclairés décoreront du nom de dignité nationale une obstination dont leur vue bornée n'aperçoit pas les conséquences en perspective ; mais quand la guerre aura été rallumée, et que les élans de l'esprit public auront donné au parti qu'il favorise le plus de son abandon, une inévitable supériorité ; quand la conséquence de ce changement de situation aura été de nécessiter des sacrifices beaucoup plus pénibles que ceux qu'on a refusé de consentir, c'est alors que l'on reconnaîtra trop tard le danger d'une susceptibilité mal justifiée par les événemens, on cherchera à se déguiser les torts d'une fatale opiniâtreté, on mettra en avant des raisonnemens aussi maladroits que la conduite même qu'on est réduit à vouloir excuser ; mais un peuple malheureux ne prend pas le change aisément sur la cause de ses calamités ; frustré dans ses espérances, il contiendra mal des murmures que lui semblera légitimer la possibilité d'une paix dont il s'était flatté ; d'une indifférence dont on n'a point assez calculé l'inertie, l'opinion passera bientôt peut-être à un état d'irritation avant-coureur des désordres civils; et des crises politiques qu'eût pu prévenir le sang-froid de la sagesse, vont peut-être exposer l'empire à des fléaux incalculables ; tant peut amasser de périls une fierté minutieuse désavouée par l'état inquiétant de l'esprit public.

De cette nécessité pour un homme d'état de subordonner sa conduite diplomatique à la situation respective de l'opinion dans chacun des pays intéressés à la négociation, dérive pour un gouvernement celle de ne charger de ces missions délicates que des hommes investis, par le suffrage universel, d'une réputation non équivoque de loyauté, d'habileté et de patriotisme; car il serait absurde, au moment d'invoquer à l'appui de demandes rigoureuses, ou de refus obstinés, l'état propice de l'esprit public, d'en ralentir les élans par des choix qu'il réprouve et qu'il désavoue : il est facile de trouver au milieu d'un peuple instruit et spirituel, comme ils le deviennent tous successivement à des intervalles plus ou moins rapprochés, un de ces hommes déliés, accoutumés à découvrir du premier coup d'œil les projets cachés sous un désintéressement affecté, ou sous d'hypocrites concessions; difficiles à deviner eux-mêmes sous le voile épais dont ils savent envelopper le secret de leurs pensées, et le dernier mot, si j'ose m'exprimer ainsi, de leurs prétentions ; aussi habiles à profiter d'une indiscrétion, que certains de n'en laisser échapper aucune qui les compromette ; enfin doués de cette rectitude d'idées, de ce tact délicat, sans lesquels une instruction solide et des connaissances bien approfondies sont nulles ou insuffisantes : quand un examen scrupuleux a fait découvrir à l'autorité un de ces diplomates consommés, c'est déjà pour le succès des opérations une chance des plus heureuses, un augure des plus favorables : mais puisque dans un seul homme ont pu se trouver ainsi réunies toutes les qualités nécessaires au négociateur, il n'est pas inconséquent de supposer que la nature ait pu traiter d'autres génies avec une semblable prodigalité. Si donc à votre diplomate exercé, on oppose dans la personne d'autres hommes d'état, et la même expérience et le même coup d'œil, et la même sagacité, si vos adversaires ont de plus cet assentiment de l'opinion qui a déterminé la préférence de l'autorité, pendant que chez vous elle a contrarié le choix de l'esprit public dont un autre eût été l'objet, à qui demeurera l'avantage de ce même esprit public, quand le moment sera venu de le faire entrer dans la balance des opérations? Est-il probable qu'il réponde avec une bien vive énergie à l'appel que lui fera, au nom de son gouvernement, celui dont il n'a appris la mission qu'avec les murmures de l'improbation, ou l'apathie de l'indifférence; et son rival, certain de n'être pas désavoué dans la peinture qu'il fera des efforts auxquels l'opinion générale est chez lui disposée, n'aura-t-il pas, toutes chances d'ailleurs égales, cet important avantage? C'est un principe reconnu par les publicistes, qu'il n'est point de justes concessions au sentiment national, perdues pour l'autorité qui sait s'en donner le mérite volontaire; nous voyons que ce n'est pas dans le choix d'un négociateur qu'une exception pourrait devenir applicable. Sans doute nous ne prétendrons pas que d'une condescendance aveugle en cette partie dépende sans retour le salut ou la perte de l'état, ce serait une oiseuse et ridicule exagération ; mais dans la peinture des divers degrés d'influence de l'esprit public, nous ne pouvions négliger celle qu'il exerce sur le système diplomatique en particulier; et l'intrigue ou la légèreté dans le choix de l'homme d'état qui peut se trouver dans le cas d'invoquer les ressources de l'opinion, pour produire sur elle des effets peut-être moins immédiats que le mépris de ses conseils dans les autres actes d'administration, n'est pas pour cela sans une assez grande importance : c'est par ce motif que nous avons cru pouvoir lier cette considération à celles que nous avons déduites de son action bien évidente sur les opérations mêmes du négociateur.

CHAPITRE XII.

De l'esprit public dans ses rapports avec les sciences, les lettres et les beaux-arts.

Lorsqu'un gouvernement, pénétré de la toute-puissance de l'esprit public, a fondé sur cette base inébranlable ses institutions judiciaires pour faire fleurir dans son sein les lois éternelles de la justice et de la morale, son système financier pour assurer ses ressources et les élémens successifs de sa prospérité, l'organisation de ses forces militaires pour garantir son inviolabilité et son indépendance, les principes de sa diplomatie pour faire concourir au succès des négociations tous ses avantages, et jusqu'à ses revers mêmes; quand, par un noble respect pour l'opinion, il a mis sous son égide toutes ces parties de l'économie politique garantes des plus chers intérêts de tout un peuple; viennent se présenter ensuite à sa sollicitude les sciences, les lettres et les arts qui doivent l'entourer de l'éclat le plus brillant, et le combler des jouissances les plus raffinées de la civilisation. Si l'histoire offre à la reconnaissance de la patrie les noms des d'Aguesseau et des Montesquieu, des Sully et des Colbert, des Turenne et des Masséna, des Jeannin et des Polignac, elle ne réserve pas une place peu honorable aux Racine, aux Voltaire, aux Mignard, aux Lalande, aux Lavoisier, à tous ceux enfin qui étendirent, pour l'utilité ou les délices de leurs concitoyens, les domaines féconds du génie et de l'imagination. Il serait donc bien injuste, en nous permettant des considérations sur les différens rapports de l'esprit public, de nous interdire comme trop superficiel celui de tous sous lequel il se présente peut-être avec la plus immédiate et la plus utile influence.

C'est une vérité de fait et de raisonnement tout à la fois, que l'esprit public exerce sur les sciences, les lettres et les arts une action d'autant plus puissante que ceux qui les cultivent sont en général, par leurs lumières ceux que nous avons vus concourir à sa formation avec le plus d'efficacité, et que les lettres, les sciences et les arts réagissent à leur tour sur l'esprit public avec d'autant plus de force que leur empire presque inaperçu de ceux mêmes qui cèdent à leur attraction, se cache sous les fleurs de l'esprit, sous les séductions du plaisir, ou sous les charmes de la sensibilité. Choisissons pour preuve de cette heureuse réciprocité un de ces ouvrages consacrés par une renommée européenne, ce chef-d'œuvre par exemple où son auteur a joint à toute la force de la logique, toutes les grâces du style compatibles avec le sujet qu'il a voulu traiter; cet esprit des lois enfin où l'Oracle français, malgré les inconvéniens d'un laconisme qu'on est bien forcé de ne pas prendre toujours pour de la précision, développe avec tant de majesté la théorie des lois positives, et quelques circonstances de leur application. L'opinion publique, fatiguée du spectacle des abus et de l'arbitraire, commençait à entrevoir les lacunes et les vices de notre législation; elle attendait un homme de génie pour en approfondir les causes et les remèdes, un écrivain courageux pour les signaler; Montesquieu se présente avec son courage et son génie; il puise à la source de l'opinion ces principes lumineux dont il se charge d'indiquer les développemens et de faire naître les conséquences. Il coordonne entre eux les détails de cette vaste composition dont le plan lui a été suggéré par les vœux universels, il construit enfin cet édifice imposant qu'il établit sur les fondemens indestructibles du sentiment national. Voilà donc l'action de ce même sentiment bien évidemment influente sur l'œuvre du patriotisme, voilà ce que doivent les lumières et le génie aux inspirations de l'esprit public. Voyons maintenant comme va réagir à son tour sur la marche de l'opinion cèt ouvrage qui en fut lui-même le résultat et la manifestation. A peine échappé aux travaux philosophiques de son auteur, il circule à l'envi dans tous les rangs éclairés de la société, on en dévore la lecture avec tout l'intérêt de la curiosité, bientôt on l'approfondit avec tout le recueillement de la méditation; dans les règles didactiques de cette théorie générale, on reconnaît tous les vices de la législation de son propre pays, toutes les lacunes qui la rendent incomplète, toutes les améliorations dont elle est susceptible; en se communiquant réciproquement ses idées sur le mérite de l'ouvrage et sur la profondeur de l'écrivain auquel on en est redevable, on s'éclaire les uns les autres sur les cas trop nombreux de l'application de ses principes; ainsi les réformes que l'opinion livrée, si je puis parler ainsi, à son instinct naturel, n'avait fait qu'entrevoir en masse, elle les réclame avec une force d'autant plus entraînante, que son exigeance est devenue plus judicieuse dès que le génie a débrouillé ce chaos qu'elle-même lui avait seulement signalé. Il en est de même de tout ouvrage scientifique appliqué soit à l'économie politique en général, soit à une partie quelconque de l'administration en particulier. Tous les traits lumineux qu'il doit à l'opinion, il les rend simultanément au foyer de l'esprit public.

Si des productions de la science politique, nous passons aux monumens élevés par l'histoire, nous verrons que ses rapports avec le mobile universel qui nous occupe, plus directs encore, s'il est possible, sont aussi, par-là même, d'une démonstration plus facile. Quelles lumières, en effet, pour éclairer les inspirations de l'esprit public, quels guides infaillibles pour son enthousiasme ou son inimitié, que ces fanaux toujours brillans sur les empires et sur leurs vicissitudes! Quel sujet d'éloge ou de blâme pour le sentiment national, que ces portraits véridiques des hommes devenus par leurs vertus les bienfaiteurs de l'humanité, ou de ceux que l'ambition, l'orgueil ou l'adulation, en ont rendu les fléaux et les tyrans!... Comme, à l'aspect de ces grands caractères offerts par l'histoire à l'amour et à l'admiration des peuples, l'esprit public couvre de bénédictions universelles le grand homme contemporain marchant sur les traces de ces nobles modèles! Comme, au nom seul de ces oppresseurs dont elle poursuit de son fatal burin les actions et la renommée, il prélude, par son exécration pour leurs imitateurs, au jugement sans appel dont ils seront flétris par la postérité! Au milieu de cette justice impartiale payée par l'opinion aux siècles précédens, elle ne peut rester étrangère aux récits de la muse historique, quand elle transmet à son tour aux générations futures les récits du présent, les titres des contemporains. C'est en vain que le pouvoir du moment prétendrait, en dictant à l'adulation des mémoires mensongers, mettre en défaut la vérité qui l'importune. Il est, dans le silence de la retraite et de l'obscurité, des écrivains inaccessibles à toute considération personnelle, qui recueillent sans passion les faits et les événemens, tracent avec la même impartialité le tableau des époques, et le portrait des hommes qui les traversèrent; et l'opinion est encore là pour faire distinguer à l'historien les sources pures où il doit puiser des documens authentiques, de celles qui ne lui fourniraient que les renseignemens tronqués du mensonge et de la bassesse. Combien de ces prétendus monumens historiques ont été livrés sans retour au mépris ou au ridicule, malgré l'originalité de quelques-uns, et la malignité de tous les autres! C'est que l'opinion est le seul pouvoir légal qui puisse distribuer des brevets d'impartialité, et qu'une juste méfiance s'attache, dans l'esprit des siècles futurs, à tout ouvrage qui ne lui est pas garanti par les suffrages de celui qui le vit éclore. Ainsi donc, soit que l'histoire présente aux regards des peuples la série des faits antiques, et les portraits des hommes qu'ils ont rendus célèbres; soit que, plus moderne, elle s'attache à préparer, pour être poli par d'autres, le miroir des hommes et des événemens à une époque non encore ensevelie dans l'abîme du passé, elle est également justiciable de l'opinion; c'est d'elle qu'elle est empreinte irrévocablement du sceau de la confiance ou du cachet du mépris. De ce principe incontestable quelle conséquence à déduire pour les chefs d'un gouvernement judicieux? La nécessité de fonder leur administration sur la garantie de l'opinion, puisque c'est elle qui doit transmettre les pièces du procès qu'ils auront à soutenir un jour au tribunal inflexible de la postérité.

En soumettant ainsi les travaux de la science à l'action de l'esprit public, nous ne dissimulons pas qu'il en est de diverses natures, et que tous ne relèvent pas d'une manière également immédiate de cette puissance universelle. Sans doute le physicien, le calculateur, le naturaliste ne sont pas aussi rigoureusement placés sous son influence, que l'écrivain laborieux, qui consacre ses veilles à la muse de l'histoire, ou le philosophe logicien approfondissant les principes d'une administration libérale et d'une saine politique; ils ne sont pas cependant tout-à-fait hors des limites de l'opinion ; ils y touchent par un point assez important quoique plus inaperçu. Puisqu'il est reconnu en effet que plus un empire a d'élémens de grandeur et d'éclat différens, plus l'esprit public acquiert de latitude dans son développement, on ne peut nier que les savans dont nous parlons ne concourent à ce but par le contingent qu'ils apportent dans leurs travaux à la splendeur de la patrie. Si, depuis ce règne mémorable où se réunirent comme dans un vaste foyer les lumières de tant de génies différens, la France brilla d'une auréole inconnue jusque-là parmi les nations; si de cet éclat extraordinaire résulta, comme une conséquence nécessaire, l'accroissement prodigieux de l'esprit public, ne faisons pas aux Descartes, aux Pascal, aux Cassini, et à tant d'autres, l'injure de les croire étrangers à cette noble révolution; ils eurent leur part du tribut que paya l'Europe étonnée à cette fécondité de la nature qui semblait faire de notre pays l'objet d'une complaisance particulière; ils contribuèrent ainsi à lui assurer cette prépondérance qui fut et sera toujours un des alimens les plus substantiels du patriotisme.

Mais quelque importans que puissent être les rapports des sciences avec l'opinion, les lettres et les arts s'y rattachent encore par des nœuds plus intimes et plus multipliés: les sciences, à la portée exclusive de quelques hommes privilégiés, supposent dans ceux qui peuvent apprécier leurs travaux, ou le don naturel du génie, ou la culture d'une rare éducation; elles ne peuvent produire sur la masse cet effet pour ainsi dire électrique, qui fixe promptement la pensée, et la détermine sans la fatigue d'une longue réflexion. C'est aux lettres et aux arts qu'est réservée cette communication plus immédiate, et par conséquent cet ascendant plus universel. Commençons par les lettres, qui sans requérir de ceux qui les cultivent toutes les lumières de la science et toutes les profondeurs du génie, ne sont guère accessibles cependant à toutes les classes de la société : nous viendrons ensuite aux beaux-arts, que le goût seul peut avoir le droit de juger, mais dont les productions plus ou moins frappantes pour chaque individu n'en privent aucun de leur impression.

Les lettres, et sous ce nom je comprends avec La Harpe, la poésie, l'éloquence, et tous les genres de littérature mêlée, dont il a discuté les préceptes, et analysé les modèles; les lettres, dis-je, sont l'occupation exclusive de quelques hommes instruits portés par un goût irrésistible à les cultiver, ou le délassement d'autres personnes éclairées qui savent entremêler le culte des Muses aux soins de leurs affaires ou aux devoirs de leur profession.

Ces deux classes sont, d'après nos considérations précédentes, celles qui sont destinées, avec les savans plus profonds, à exercer une première influence sur l'esprit public. Les productions de la littérature ne peuvent donc manquer, ainsi que les travaux de la science, de donner à l'opinion générale une direction conforme aux principes qui les ont fait éclore. Si la généralité des ouvrages dont la vogue constate ou fait supposer du moins le mérite, a pour objet, dans l'allégorie de poëmes ingénieux, dans des morceaux de haute éloquence, ou dans des mélanges quelconques de littérature, de faire ressortir la sagesse des actes de l'administration, la perfection du système qui la dirige, ou les talens de ceux qui en supportent le poids; si ceux qui par la délicatesse d'un goût exercé, et par l'habitude de ces sortes d'ouvrages en sont les premiers juges, s'accordent à les revêtir de leur approbation, l'opinion bientôt d'accord avec les hommes éclairés dont elle est accoutumée à confirmer les arrêts, donne à cette première procédure la sanction d'un jugement définitif, et, tout mérite littéraire mis à part, le gouvernement a tout à gagner dans cette unanimité. Si au contraire une littérature moins bienveillante, sous le voile de peintures symboliques, de critiques détournées, ou par tout autre genre d'ouvrages de son ressort, s'applique en général à présenter à la malignité publique le tableau de désordres réels ou d'abus constatés, si le goût ou les principes de ces mêmes amateurs s'empressent, en donnant de la vogue à de telles productions, de seconder ces atteintes portées au prestige conservateur du respect nécessaire à l'autorité, cette première expression des sentimens particuliers ne tarde pas à devenir l'explosion générale de l'esprit public; le gouvernement peut y reconnaître l'empreinte des préventions dont il est l'objet. Et dans cet état de choses l'autorité s'exposerait à un funeste mécompte, si elle n'appliquait qu'au mérite littéraire cette vogue extraordinaire dont elle est souvent offensée. Qu'elle se représente, pour s'éclairer à cet égard, le sort qui eût attendu l'écrivain le plus élégant, si, lors de certaines époques récemment désastreuses de notre histoire, il eût consacré ses travaux à l'apologie de l'anarchie ou du despotisme : toutes les grâces d'une exécution soignée eussent-elles assuré à son ouvrage un succès, dont l'eût proclamé pour jamais indigne son opposition avec le sentiment universel ? Qu'on fasse une utile attention à la destinée de ces ouvrages malheureux, où un talent littéraire, quelquefois assez remarquable, s'efforce encore tous les jours de fausser toutes les idées, et de dénaturer tous les principes. Est-ce à de telles productions, abstraction faite de tout l'atticisme par lequel on peut chercher à les embellir, que sont réservés les suffrages de tout un peuple ? Non, un gouvernement expérimenté verra toujours facilement dans la nature des ouvrages littéraires, objets d'une vogue constatée et d'un engouement pour ainsi dire national, la nature des sentimens qu'inspirent à la fois les actes matériels, et la composition personnelle de son administration. C'est par ce motif que l'on voit tous les pouvoirs despotiques étendre aux productions de la littérature même la plus légère, les mesures minutieuses dont ils croient devoir entraver les travaux du politique, et les méditations de la philosophie. Règle générale : toutes les fois qu'un gouvernement opposera des rigueurs arbitraires ou des entraves minutieuses à la pensée, et cela est vrai, en morale comme en politique, en politique comme en littérature même ; on peut être assuré qu'il a de fortes raisons de se méfier de l'opinion ; mais cette susceptibilité sera toujours une digue impuissante contre le torrent irrésistible de l'esprit public. Il est inutile d'observer qu'en parlant de littérature, nous n'avons point en vue ces opuscules passagers, fruit d'une muse anacréontique, d'un accès de délire bachique, ou d'un moment d'inspiration sentimentale; on sent qu'un couplet, une stance, un madrigal ont peu de rapport avec l'opinion telle que nous l'avons considérée jusqu'ici : et encore est-il vrai de dire que ce n'est pas toujours dans ces pièces de peu d'importance qu'elle fait passer, avec le moins d'enthousiasme ou le moins d'amertume, les accens de son expression. Serait-ce en France qu'on prétendrait nier l'influence de l'épigramme et la force de la chanson? Tel ministre a bravé la haine de toute une population, et les efforts de mille rivaux ligués contre sa puissance, qui tremble devant un quatrain s'il le dévoue au sarcasme ou au ridicule. Il n'est point d'arme innocente dans la main qui sait la manier avec dextérité, et la plus émoussée en apparence n'est pas toujours en effet la moins meurtrière.

Mais de toutes les jouissances qu'assure à l'esprit humain le développement de ses facultés, il n'en est point qui ait avec l'esprit public des rapports plus frappans et plus universels que les beaux-arts; c'est avec eux surtout qu'il est, pour ainsi dire, en communication réciproque d'ascendant et de patriotisme. Ce qui constitue la différence des beaux-arts avec les sciences et la littérature, c'est qu'à la portée de toutes les classes de la population, ils font sur chacun une impression plus ou moins raisonnable, plus ou moins motivée, mais toujours également personnelle. Il n'est aucun individu, même dans la classe ignorante, qui, à la vue d'un tableau, d'une statue, au spectacle d'une action comique ou tragique, n'éprouve une sensation analogue au goût plus ou moins juste qu'il doit à son organisation. L'un, par un instinct judicieux, approuvera les beautés, critiquera les défauts avec une égale sagacité; l'autre ne jugera qu'en aveugle ou le mérite ou les vices de l'exécution, mais tous auront la prétention de raisonner par eux-mêmes le sujet présenté; dès qu'ils le connaîtront, ils voudront l'admirer, le condamner, ou en faire une application sans intermédiaire. Qu'on expose aux regards du public un trait saillant dans notre histoire ou dans celle de l'antiquité, un acte de la vie de Titus, un épisode du règne de Trajan, ou une de ces anecdotes si populaires de notre immortel Henri IV; les amateurs iront vérifier, d'après les règles de l'art, si la beauté du tableau répond à la grandeur de l'action qu'il représente; ils exalteront l'harmonie de telle et telle couleur, l'effet pittoresque de telle opposition; ils blâmeront la pose de ce personnage, la disposition de cet accessoire, et là se bornera souvent tout leur examen. Mais la masse porte un esprit tout différent dans ses observations; elle s'informe des détails qu'on a voulu lui représenter, elle se fait raconter toute l'histoire de ces bienfaiteurs de l'humanité, et, suivant l'analogie ou le contraste qu'elle croit remarquer entre ces héros et les chefs de son propre gouvernement, elle se répand sur ceux-ci en réflexions bienvaillantes ou satiriques, elle redouble pour eux son amour ou son inimitié. Et quel effet plus direct encore ne doivent pas produire les chefs-d'œuvre des arts, quand ce sont ou les portraits ou les statues des contemporains qu'ils exposent aux chances de la publicité? Il faut que l'autorité soit bien forte de l'amour qu'elle est certaine d'inspirer, pour que ses dépositaires ne reculent pas devant cette insinuation de l'orgueil ou de l'adulation. Qu'un enthousiasme justifié par tant de motifs eût fait prodiguer, de leur vivant, les monumens et les statues à Henri IV, ainsi qu'à son ministre inséparable; sans doute l'opinion n'eût vu dans cet hommage anticipé que l'expression des sentimens universels ; et encore eût-il été d'un respect mieux calculé de ne pas exposer ces images patriotiques aux irrévérences de l'injustice, de la malignité ou de la prévention. Mais supposez un Néron et un Narcisse, assez effrontés tous les deux pour donner au peuple romain le spectacle dégoûtant de leur apothéose, supposez dans ces temps reculés l'influence de l'esprit public aussi irrésistible qu'elle l'est devenue de nos jours, et calculez les suites possibles de cette grossière maladresse. Non qu'une révolution subite puisse être le fruit de cette bravade de l'amour-propre ; si l'opinion porte des coups presque toujours assurés, c'est au contraire parce qu'elle frappe avec lenteur. Mais pourquoi lui donner des motifs de se manifester quand elle ne peut être favorable ; pourquoi, par un nouveau mécontentement, lui fournir des armes nouvelles, quand elle n'attend peut-être que le moment d'en faire usage ?

Nous ne pouvons abandonner ce sujet sans consacrer une place particulière à celui de tous les arts dont les jouissances les plus variées et les plus habituelles sont aussi du ressort le plus immédiat de l'esprit public ; il n'est personne qui n'ait pu se convaincre de l'influence exercée sur les jeux de la scène par l'état de l'opinion subordonné lui-même à l'état des circonstances : tantôt une population opprimée est forcée de fléchir momentanément sous le joug de la conquête ou du despotisme ; c'est au théâtre alors que se réfugient les restes de son indépendance. Voyez-la accueillir par un morne silence toutes ces maximes à l'aide desquelles un conquérant et des esclaves s'efforcent de justifier en vers harmonieux les fureurs de la tyrannie. Avec quel enthousiasme au contraire on la voit saisir toutes les allusions à l'espoir d'une prochaine délivrance! comme elle applaudit avec transport les passages qui ont le rapport même le plus indirect avec la liberté! D'autres fois, c'est un gouvernement sans ressort qui tient d'une main faible les rênes de l'administration, qui laisse avilir, par pusillanimité, une nation toujours prête à voler au-devant des sacrifices, pour se faire respecter. Dans cette circonstance plus rare que la première, avec quelle énergie se prononce le sentiment national à ces spectacles qui ne sont pas moins souvent l'école de l'administration que le délassement des administrés! avec quel silence de dédain on écoute ce Prusias, endormi nonchalamment sur un trône avili! comme on s'intéresse aux efforts de ce fier Nicomède pour venger la patrie des insultes d'un insolent étranger! comme on trépigne d'admiration et de patriotisme à chaque appel du courage à l'indépendance! et dans les faits particuliers qui ne sont pas moins du ressort de l'esprit public que le système général du gouvernement, avec quelle justesse et quelle perspicacité la foule rassemblée saisit toutes les occasions d'exprimer son blâme ou son assentiment, ses craintes ou ses espérances! Ici, c'est une persécution que vient de diriger l'intrigue ou la jalousie contre un héros cher à son pays; Aménaïde devient aussitôt l'interprète du mécontentement général,

> C'est le sort d'un héros d'être persécuté,
> Je sens que c'est le mien de l'aimer davantage;

et les spectateurs ne pensent plus à Tancrède, et ils font l'application de ces vers énergiques à l'objet d'une injuste disgrâce; et les voûtes retentissent des applaudissemens prolongés de l'indignation; et ces transports sont à la fois la leçon de l'autorité et la vengeance de sa victime. Là, c'est pour un poste important une préférence scandaleusement donnée sur un homme de mérite à un sot courtisan. Deux mots de Polyphonte, malgré la bassesse de son caractère, suffisent pour éclairer le pouvoir sur les effets de son pitoyable amour-propre.

Qui sert bien son pays n'a pas besoin d'aïeux.

L'allusion est sentie, couverte d'applaudissemens universels, et cet acte est jugé. Qui ne se souvient d'une circonstance où ce vers seul d'Hyppolite

Un seul jour ne fait point d'un mortel vertueux
Un perfide assassin. . . . .

fut la critique la plus amère que pût faire l'opinion, de l'issue d'un procès fameux * ?

---

* En désignant ici le procès de Moreau, nous ne voulons parler que de la violation des formes dans la procédure, et de l'influence que voulut exercer l'autorité sur la décision : ce fut là-dessus que le public manifesta hautement son animadversion ; le fond de l'affaire est étranger à notre sujet, et la vie de ce général, ainsi que sa mort, appartient désormais à l'histoire.

et cette autre époque où ce seul vers de Philoctète,

J'ai fait des souverains et n'ai pas voulu l'être.

manifesta, sur un événement annoncé comme prochain, une opposition qui n'eût pas dû paraître épuivoque. Il n'est point de position politique, point de circonstance particulière qui ne fournisse un sujet à ces explosions spontanées qui, produites d'abord par l'unanimité de l'opinion, contribuent encore à lui donner ensuite plus d'intensité; c'est une vérité si clairement démontrée par l'expérience, et si bien connue de tous les gouvernemens privés de l'appui d'une noble popularité, qu'ils ne manquent jamais de soumettre à toutes les entraves d'une susceptibilité minutieuse la représentation de ces sortes d'ouvrages que ne redouta jamais une administration environnée de l'assentiment national et de la confiance universelle. Combien n'avons-nous pas vu de ces momens que les malheurs publics seuls pouvaient sauver du ridicule, de ces crises passagères où une autorité ombrageuse croyait comprimer l'opinion en la réduisant au silence; où, pour étouffer ses élans, il lui fallait mutiler Corneille, et Racine et Voltaire; où la carrière des arts fermée au courage et au génie ne s'ouvrait plus qu'à la bassesse et à l'adulation! A quoi ont abouti jamais de pareilles puérilités? Pour être privés de la représentation de certains chefs-d'œuvre, les spectateurs aigris par ces rigueurs inutiles, manquaient-ils d'aliment pour leurs plaisirs et de pâture pour leur malignité? Les jeux de la scène ont cela de particulier, qu'à moins de les interdire tout-à-fait, ce qui produirait encore un résultat contraire au but qu'on en attendraît, ils offrent au dévelopement de l'esprit public d'autant plus de latitude, qu'on semble multiplier davantage les obstacles pour le ralentir. Qu'arrive-t-il toujours en pareille circonstance? On aurait été paisiblement au théâtre pour y admirer la perfection d'un chef-d'œuvre et le prestige de sa représentation ; on court à un ouvrage plus médiocre avec un sentiment d'humeur contre l'autorité: comme elle n'a pu prévoir toutes les allusions que pourra découvrir le dépit et la malice, on se plaît à en saisir de perfides là où l'œil de la bienveillance n'eût rien trouvé d'extraordinaire ; on s'excite mutuellement, on prodigue avec les observations malignes le sarcasme, l'épigramme; et l'irrésistible empire de l'opinion se fonde sur les mesures mêmes par lesquelles on a voulu l'intimider ou la terrasser. Tant il est vrai qu'il existe des torrens trop violens pour prétendre leur imposer des digues, et que toutes celles qu'essaiera l'inexpérience ou la témérité ne feront, en la retenant quelque temps, que lui donner une force plus effrayante, un entraînement plus terrible.

Il est inutile de particulariser davantage cette action continuelle de l'esprit public sur les sciences, les lettres et les arts : sans avoir approfondi ce sujet dans tous les détails dont il pourrait être susceptible, nous osons nous flatter que c'est une question résolue, et qu'on peut bien ajouter à leur liaison réciproque des développemens, mais rien d'utile à sa démonstration.

CHAPITRE XIII.

De l'esprit public dans ses rapports avec l'agriculture, l'industrie et le commerce.

Au nombre des préjugés dont le temps et la civilisation ont fait une égale justice, se trouvent ceux qu'avait accrédités l'orgueil de la sottise contre l'agriculture, l'industrie et le commerce, c'est-à-dire l'oisiveté contre le travail, et la stérilité contre la reproduction. Il n'est point de publiciste aujourd'hui qui ne fasse découler de ces deux sources fécondes la prospérité d'un empire, et le garant le plus sûr de sa perpétuité. Au milieu des besoins créés par les découvertes successives d'une industrie générale, au milieu des échanges mutuels nécessités par l'état commercial de tous les peuples, que deviendrait un empire resté seul inoccupé dans ce mouvement universel? De quel prix achèterait-il des jouissances qu'il est bien obligé de devoir à ses voisins, lorsqu'ils en sont les uniques détenteurs? Comment se débarrasserait-il lui-même d'un superflu que ne peut absorber sa consommation? Par quels liens se rattacherait-il à ce grand système social dont toutes les parties ne se tiennent réciproquement par d'autres nœuds que ceux de l'intérêt particulier? Faudra-t-il qu'il reste isolé parmi les nations, faute de ces relations amicales qui entretiennent entre elles une harmonie menacée par le concours de tant d'autres circonstances? Et dans un pareil isolement les illusions stupides d'une prétendue dignité le dédommageront-elles des jouissances positives dont elles lui feront subir l'éternelle privation? Mais c'est trop nous appesantir sur la possibilité même d'un tel aveuglement. Il n'est plus de gouvernement assez ignorant pour repousser les avantages d'un commerce florissant basé sur l'activité du travail, et les ressources toujours renaissantes de l'industrie. Il n'est plus d'orgueil politique assez sottement ennemi de lui-même pour ne pas chercher à étendre ces communications nationales dont les résultats sont l'abondance et la fortune. Existât-il même quelque part un préjugé aussi manifestement ridicule, il n'est point de peuples disposés à en seconder les absurdités ; ils laisseront ce dernier reste des gothiques préventions se concentrer dans le sein de leurs plus gothiques défenseurs, et prendront dans les opérations commerciales et industrielles un essor dont la sottise sera réduite à envier les produits en affectant de les mépriser. Admettons donc ce principe incontesté que le commerce et l'industrie sont devenus des besoins indispensables pour la prospérité des empires, que les chefs des gouvernemens d'accord sur ce point évident en font l'objet respectif d'une louable émulation, et que les individus dont les fortunes particulières constituent les ressources de la fortune publique sont les instrumens dont se sert l'administration pour en étendre les limites par leur activité, et en multiplier les produits par leur intelligence.

Ces vérités une fois reconnues, on sentira l'importance d'étudier quelles sont les différentes parties de l'économie politique appelées à exercer une influence quelconque sur l'agriculture, l'industrie et le commerce ; et dans cet examen on ne peut laisser échapper la seule qui soit de notre sujet, celle qui résulte de la situation de l'esprit public.

On ne peut nier que cet agent, destiné à des

rapports si intimes avec l'état politique d'un empire, ne reçoive lui-même son impulsion de tout ce qui en intéresse la gloire, la richesse ou la prospérité. C'est une conséquence incontestable des principes précédemment établis; nous ne reviendrons point sur cette vérité qui n'a plus besoin de démonstration : or quels sont les élémens constitutifs de toute prospérité publique, si on ne les reconnaît dans l'agriculture, qui seule peut assurer la subsistance de toute une population, dans l'industrie qui lui crée sans cesse de nouvelles ressources, et dans le commerce qui, par l'échange des résultats de l'industrie nationale avec des produits exotiques, étend la sphère de ses jouissances avec l'étendue de ses communications?

Pour commencer donc par l'agriculture, c'est une chose presque méconnue de nos orgueilleuses cités que la dépendance continuelle où elles sont de ces campagnes qui les nourrissent; accoutumées à trouver sans effort comme sans incertitude leurs places bien pourvues, leurs marchés richement approvisionnés, elles ne soupçonnent pas même la dureté des travaux dont ces alimens de leurs besoins ou de leur sensualité sont un faible salaire. Le tumulte des affaires, les plaisirs bruyans, l'intrigue, toutes les recherches d'un luxe frivole étourdissent les esprits, et semblent établir une distance humiliante entre la classe parasite qui n'existe que pour consommer, et le cultivateur laborieux auquel elle en doit la possibilité : mais ce n'est pas aux hommes d'état qu'il est permis de partager cet absurde préjugé; trop de circonstances viendraient bientôt se réunir pour les détromper. S'ils sont bien convaincus des rapports qui existent entre leur administration et l'esprit public, c'est en grande partie sur l'opinion des campagnes, et par conséquent sur l'état de l'agriculture qui la détermine, qu'ils devront fonder l'opinion des villes qu'ils sont accoutumés à prendre un peu trop exclusivement pour l'expression de l'esprit universel. Que deviendraient en effet tous leurs calculs sur la tranquillité des cités, si les campagnes ne faisaient refluer vers elles l'excédant plus ou moins considérable de leurs besoins, si l'agriculture, privée des encouragemens qu'elle a droit d'attendre d'un sage gouvernement, se voyait forcée de tromper l'attente de ces villes populeuses, à la subsistance desquelles ses produits sont journellement nécessaires? Est-ce lorsqu'une triste pénurie viendrait accuser l'aveuglement et l'imprévoyance de l'autorité, qu'elle aurait droit de compter sur l'esprit public pour étouffer les murmures du mécontentement et les clameurs du désespoir? Et si ce même esprit public vient changer en éclats d'insubordination les inquiétudes d'une foule affamée, n'est-ce pas à son indifférence pour le premier des arts qu'elle sera forcée d'attribuer l'embarras de cette fâcheuse position? Ce serait une grande erreur que de borner à des effets physiques l'action de l'agriculture sur le système administratif; c'est au contraire sous les rapports moraux que l'écrivain politique se plaît à la considérer avec le plus haut degré d'intérêt; c'est dans les nœuds intimes qui la rattachent à l'opinion, qu'il voit les moyens les plus faciles pour un gouvernement de tourner du moins l'instinct populaire du côté de son administration. Que, par tous les moyens à la disposition d'un grand pouvoir, il encourage dans la théorie comme dans la pratique tous ceux qui font valoir cette partie intéressante de la fortune publique; qu'il décerne des récompenses aux succès constatés, et des primes à l'émulation; qu'il se charge de rendre fertiles des portions de territoire, qui ne peuvent le devenir qu'à force de travaux et de soins dispendieux; que, dans des années fatales, il consacre à dédommager des cultivateurs malheureux, des fonds que pourront n'avoir pas absorbés les approvisionnemens d'une sage prévoyance; qu'il leur rende ainsi praticables de nouveaux efforts qu'une nature plus féconde rendra sans doute plus productifs. C'est par ces mesures de sagesse qu'il préviendra, avec une disette désastreuse, la défection de l'esprit public qui en est presque toujours la fatale conséquence.

Prouver l'empire de l'agriculture sur l'opinion, c'est assez démontrer à l'autorité la nécessité d'employer tous les moyens de l'amener au plus haut point de prospérité dont elle soit susceptible. Ce n'est donc point une oiseuse digression que d'indiquer celui qui en est peut-être à la fois le plus sûr et le plus facile; l'attention scrupuleuse de laisser à la circulation de ses produits la latitude absolue de l'indépendance. Nous nous permettrons de développer ce principe en particulier, parce qu'il n'est pas encore bien enraciné dans l'esprit de certains hommes d'état, et que naguère encore il passait aux yeux de la routine et du préjugé pour un abus de la liberté. Quel est cependant le résultat d'un entier affranchissement dans cette partie de la législation? Il est rare que dans un vaste empire le sol ne réponde aux espérances de l'agriculteur que par une stérilité universelle. Si des fléaux dévastateurs ont fait sentir ici leur funeste influence, là, tant de rigueurs sont compensées par une abondance plus rassurante. Sur l'étendue générale d'un grand territoire, la portion favorisée peut offrir un excédant de fécondité à celle qu'a déshéritée la nature, en attendant qu'elle en réclame à son tour l'assistance d'un utile voisinage; et si, malgré toute compensation, la masse générale des produits se trouve véritablement au-dessous des besoins, c'est à la sollicitude d'un sage gouvernement de répartir avec prudence des secours qu'a dû lui assurer dès long-temps une judicieuse prévoyance. Ce n'est donc qu'aux années d'une fertilité à peu près ordinaire, que nous prétendons rendre notre principe applicable; les autres sont heureusement une rare exception, et il doit exister pour elles des ressources extraordinaires. Plaçons-nous donc au centre d'une vaste étendue de sol, en le supposant confié à la sollicitude de notre administration. Bien convaincus des rapports intimes qui lient l'état de l'agriculture à celui de l'esprit public, reconnaissons d'abord la nécessité d'en prévenir l'irritation par la sécurité de tout un peuple sur le premier de ses besoins, celui de sa subsistance. Quels vont être nos premiers soins pour nous garantir à cet égard de toute incertitude? Nous allons nous faire rendre compte par des rapports exacts, des différens résultats de l'agriculture dans les diverses parties de notre juridiction; nous établirons positivement les points où la nature s'est montrée prodigue, et ceux où elle n'a payé les travaux du cultivateur que d'une désastreuse stérilité; sûrs de trouver dans les premiers les moyens de réparer pour les seconds le malheur des circonstances, nous ferons refluer vers ceux-ci un excédant qui est pour eux le nécessaire, et, par un équilibre prudemment rétabli, nous préviendrons les dangers qui auraient pu résulter de la première inégalité. Ce travail sera simple sans doute, il n'aura exigé de nous que des peines peu proportionnées aux avantages qu'il nous aura procurés; mais ces avantages mêmes n'en seront ni moins importans ni moins infaillibles. Eh bien! ce que nous venons d'obtenir d'un calcul auquel il nous faudra conformer ensuite les opérations de déplacemens minutieux, vous le devrez tout naturellement à une circulation sans entraves des produits de l'agriculture. L'intérêt personnel se chargera pour vous de cet équilibre dans lequel il trouvera le dédommagement de ses travaux et le prix de ses spéculations ; les pays favorisés n'auront pas besoin de l'intervention de l'autorité pour verser chez leurs voisins l'excédant de leur consommation, dès qu'ils ne seront entravés ni par des formalités vexatoires, ni par des limites arbitraires dans le prix qui doit être une affaire exclusive entre le vendeur et celui qui achète. Et ne prenez pas pour prétexte d'une gêne impolitique dans la circulation, l'exigence des détenteurs, et la cherté excessive à laquelle ils soutiendront un produit de première nécessité. Outre que la concurrence qui s'établira nécessairement entre tous les pays comme entre tous les propriétaires favorisés, suffira le plus souvent pour imposer des bornes à l'avidité, l'inconvénient d'une cherté momentanée ne peut entrer en balance avec celui d'une disette absolue ; l'homme opulent ne doit point entrer dans la considération du plus ou du moins de dépense à laquelle l'assujettit une crise passagère dont il serait heureux qu'il supportât seul tout le poids ; l'artisan pourra mettre momentanément à ses travaux un prix plus considérable ; et si, par suite de cette augmentation devenue nécessaire, il voit son industrie moins fréquemment employée, c'est à la munificence publique et particulière à le secourir, ainsi que tous ceux dont les moyens ordinaires seraient nuls ou insuffisans; dans tous les cas l'aliment indispensable ne manquera pas à la consommation, l'esprit public ne pourra accuser le pouvoir ni d'imprévoyance, ni d'inhumanité, et la faim ne provoquera point à l'insubordination.

Qui de nous peut avoir oublié ces orages précurseurs de notre grande tempête politique, ces disettes locales, ces convois surpris de subsistances avariées, tous ces mouvemens enfin marqués du sceau de l'inexpérience la plus fatale comme la plus extraordinaire. Nous n'examinerons pas si ce fut une malveillance bien coupable qui prépara toutes ces scènes désastreuses, ou si elles furent simplement le résultat d'un triste aveuglement : ce qu'il est impossible de nier, c'est qu'elles ne contribuèrent pas peu à produire dans l'esprit de la multitude cette irritation dont ne tardèrent pas à s'emparer d'habiles agitateurs pour la porter, de murmure en murmure, et bientôt d'excès en excès, aux plus violentes extrémités. Si un gouvernement digne de ce monarque, dont la bonté fut proclamée par ses ennemis mêmes, eût été dirigé par les vues d'une philosophie éclairée; si, sacrifiant les préjugés de la routine aux inspirations de la raison, il eût donné à la circulation des produits de l'agriculture cette liberté sans laquelle il est impossible d'aplanir les inégalités d'une nature toujours capricieuse dans sa fécondité, il aurait arraché aux factieux une arme dont ils surent faire un trop funeste usage; la malveillance eût été forcée de donner un texte moins populaire à ses clameurs; et si une révolution, que la force des choses avait rendue inévitable, eût toujours été le fruit des lumières plus généralement répandues de la civilisation, du moins de sinistres présages n'en eussent pas annoncé les excès; peut-être est-il permis de croire que de premiers troubles n'eussent pas ouvert la barrière à de plus furieux attentats.

Pendant que l'agriculture ouvre à la prospérité publique une mine inépuisable, et que le système de son exploitation agit, comme nous l'avons vu, d'une manière assez directe sur le sentiment national, l'industrie, par des travaux non moins précieux, prépare aux nations des jouissances moins substantielles, mais devenues, par l'état actuel des sociétés, tout aussi recherchées et non moins nécessaires. Après que l'une a assuré la subsistance universelle, l'autre pourvoit à d'autres besoins, satisfait à d'autres désirs; et nous allons la voir recevant aussi de l'esprit public une partie de son impulsion, tandis qu'elle l'influence à son tour par la nature de ses produits et la variété de ses modifications. Pour constater les rapports qui rattachent à ce mobile tout-puissant la marche de l'industrie et ses développemens, il nous suffira d'observer que c'est presque toujours un mouvement ou un caprice de l'opinion qui donne à ses productions la chance d'une consommation plus ou moins rapide, plus ou moins assurée. Que l'opinion, par exemple, tiède et peu patriotique sous un gouvernement sans ressort, se soumettant machinalement à un tribut volontaire envers l'étranger, en recherche les prétendus chefs-d'œuvre avec un empressement égal à sa prévention, telle manufacture nationale languira dans une oisiveté forcée, et dans une attente inutile; mais que, fier de l'état florissant d'une industrie assez riche de ses propres ressources, l'esprit public s'indigne d'un abus trop long-temps prolongé, et donne aux produits indigènes, sur ceux de voisins devenus des rivaux, une préférence qui n'est que de la raison, alors ce même établissement verra l'activité de ses ateliers suffire à peine à la multiplicité des demandes qui, de tous côtés, vont lui parvenir. Que l'opinion prenne aujourd'hui pour objet momentané de son engouement ou de sa malignité tel nom particulier, telle forme extraordinaire, allusion plus ou moins directe à telle ou telle circonstance, l'objet qui s'y rapporte, recherché avec une espèce de fureur, malgré l'extravagance d'une cherté réelle pour une valeur imaginaire, va assurer par un débit infaillible la fortune de son inventeur; mais, qu'une subite indifférence succède à ce moment de délire ou de prévention, le même objet, offert à vil prix, restera dans la poussière de la fabrique discréditée qui le vit naître; et ce n'est pas moins dans les objets les plus futiles ou les plus bizarres, que dans les chefs-d'œuvre les plus compliqués, que l'on voit se prononcer cette vogue magique qui en fait, pour les détenteurs, ou le mérite ou l'inutilité. N'avons-nous pas vu l'époque de l'émigration, cet épisode de notre histoire auquel notre plan nous dispense d'assigner un caractère? N'avons-nous pas vu cette époque singulière faire éclore une de ces inventions insignifiantes, quant à leur importance et à leur durée *, mais qui n'en donnent pas moins la mesure de la part réservée à l'opinion dans les idées de ceux qui enrichissent l'industrie de quelque découverte. C'est donc bien véritablement sur l'état de l'opinion que l'industrie fixe l'œil de sa sagacité, en attendant qu'elle y applique le calcul de ses spéculations. C'est l'esprit public qui lui indique les objets qui peuvent le flatter, ceux, par conséquent, dont l'invention ou le perfectionnement peuvent présenter les chances les plus avantageuses. A la voix de l'intérêt, qui n'est jamais méconnue, le génie va s'élancer dans la sphère des combinaisons les plus variées, et quelquefois les plus extraordinaires : ce n'est jamais sans succès qu'il se livre à des travaux de cette nature avec un tel collaborateur. De cette association naturelle vont naître concurremment les inventions futiles et les sublimes découvertes; ce dont le génie aura sug-

---

* On serait vraisemblablement étonné, s'il était possible d'en faire une juste appréciation, des sommes que mit en circulation la vogue de ces joujoux, connus à cette époque sous le nom d'*émigrans ;* celle des *Ramponeaux* n'avait été quelque temps auparavant, ni moins universelle ni plus indifférente.

géré la première idée, l'intérêt se chargera d'en modifier les détails d'après le goût du jour et la nature des circonstances. Ainsi s'exercera, dans les choses en apparence les plus étrangères à son ascendant, l'action universelle et continue de l'esprit public.

Dans cet état de choses, lorsque l'industrie a donné naissance à ces produits, ils ne tardent pas à reconnaître, par l'impétuosité nouvelle qu'ils ajoutent au mouvement déjà entraînant de l'opinion, la part qu'elle a prise elle-même à leur invention ou à leur perfectionnement : examinons les effets d'une telle réciprocité. A peine sont éclos ces chefs-d'œuvre du luxe ou de la futilité, que l'engouement même dont ils deviennent les objets contribue à donner une nouvelle intensité à ce sentiment du jour, cause première de leur existence. Est-ce un élan d'enthousiasme qui en a donné la première idée à leurs inventeurs, cet enthousiasme s'alimente et se fortifie du succès toujours croissant de leur découverte. Si, au contraire, leur imagination ne s'est épuisée que pour fournir un aliment à la malignité, plus cette malignité imprime à sa circulation de force et de rapidité, plus son premier venin s'empoisonne de celui dont chaque instant vient en renouveler la masse originaire. En général, il est bien peu de ces productions spontanées de l'industrie qui, dans leur principe, n'aient été suggérées par quelque crise survenue dans l'état général de l'opinion, et qui ne lui rende à son tour une partie de ce qu'elle en a reçu. Voyez la lithographie, ce procédé non moins accéléré qu'économique pour reproduire, aux yeux d'une multitude obligée de reculer devant le prix d'une gravure dispendieuse, les traits saillans de son histoire, et les détails toujours nouveaux pour elle de ses anciens triomphes : n'est-ce pas surtout dans les effets de cette invention toute patriotique, que l'on peut reconnaître la vérité de ce que nous venons de dire de l'influence réciproque de l'esprit public sur l'industrie, et de l'industrie sur l'esprit public ? Il est inutile d'entrer ici dans de nouveaux développemens pour assigner à cette découverte nouvelle sa véritable origine ; il est évident que c'est à ce sentiment national qu'elle doit ses premières tentatives et le succès de ses premières productions. Il est aussi démontré qu'elle ne reste point en arrière de ses obligations envers l'opinion, par l'appui qu'elle prête à son tour à son expression. Voyez la foule amoncelée autour de ces monumens du courage et de l'honneur français ; comme l'instinct qui préside à ses observations est plus judicieux quelquefois que tout l'étalage d'une plus solide instruction! Comme elle s'enflamme à la vue de ces traits héroïques qui immortalisent nos annales! Comme elle paie à la valeur triomphante le tribut de son admiration et de sa reconnaissance! Comme elle prodigue au dévouement malheureux les témoignages de ses regrets et de sa douleur! Comme au sortir de ces musées proportionnés à l'étendue de ses connaissances et de ses moyens, elle se sent dévorée franchement et sans prétention des feux d'un patriotisme désintéressé! Et qu'un raffinement dédaigneux se garde de mépriser ces ébauches, en les comparant à des peintures plus délicates. Il n'est rien de brut et de grossier aux yeux de la philosophie, dès qu'il peut s'appliquer à des vues d'utilité : et qui sait d'ailleurs, après le mérite de la première invention, jusqu'où peut aller celui d'un perfectionnement progressif; qui sait si, de cette même industrie empruntant à l'opinion son idée primitive, ne jailliront pas des idées nouvelles pour la mûrir, et la conduire à de véritables prodiges? Quand il se pourrait au surplus que la nature intervertît le cours de ses règles ordinaires, quand cette invention ne serait pas destinée à parvenir de la débilité d'une première enfance à toute la vigueur de la maturité, elle ne laisserait pas, dans son état incomplet, de propager avec avantage le sentiment de l'orgueil national, et l'émulation du patriotisme.

Mais de tous les moyens propres à rattacher l'industrie au sentiment national, il n'en est peut-être pas de plus efficace que celui dont un ministre éclairé donna le premier exemple au sortir des longs orages de notre révolution. Il voulut sans doute étouffer d'un seul coup ces insinuations malveillantes, plus stupidement encore répétées depuis cette époque, par lesquelles on semblait vouloir représenter le peuple français comme ayant fait rétrograder la marche de la civilisation; il répondit à toutes ces déclamations de la sottise et de la mauvaise foi, par l'argument le plus propre à les réduire au silence de la confusion. Il fit réunir en un seul point tous les produits inventés par l'industrie française, dans ces jours mêmes que l'on se plaisait à peindre comme le sommeil du génie, et l'absence de toute émulation. Il effraya pour la première fois les regards de l'envie du spectacle de tous ces élémens encore existans de notre prospérité ; il déconcerta par cette idée sublime et patriotique toutes les criailleries de la malveillance, toutes les préventions de la crédulité. Que le partisan routinier d'une gothique apathie, que le frondeur de tout ce qui ne porte pas le cachet exclusif de l'antiquité, dénigre comme trop moderne une telle innovation, que dans son fol entêtement l'esprit de parti affecte d'en contester les heureux résultats ; le philosophe impartial ne règle ni sur l'esprit de parti, ni sur le préjugé, sa gratitude pour les services rendus à la patrie ; il répète avec tous les hommes dignes de partager son civique enthousiasme, honneur au ministre citoyen qui dut à son amour pour son pays cette heureuse inspiration du génie ! n'eût-il signalé son administration honorable que par cette vue éminemment utile, il aurait droit à la reconnaissance de ses concitoyens, pour avoir trouvé dans une combinaison nouvelle un nouveau véhicule à l'émulation, un aiguillon de plus pour l'esprit public *. C'est

* C'est à M. le comte François de Neufchâteau qu'appartient l'honneur de la première exposition publique des produits de l'industrie nationale ; ce fut lui qui, ministre de l'intérieur en 1798, donna un exemple qui ne

ainsi qu'en ont jugé tous les hommes d'état assez sages pour être depuis ses imitateurs. Qui de nous n'a parcouru, à différentes époques, ces riches dépôts de l'industrie nationale? Qui n'en est sorti plus fier de sa patrie, plus rassuré sur le maintien de sa prépondérance? Qui n'a fait, dans les jours même les plus critiques, cette réflexion consolante, qu'un peuple en état, à la suite de commotions assez violentes pour avoir compromis son repos et jusqu'à son existence, d'offrir au monde le spectacle d'un retour aussi prompt vers toutes les sources de la prospérité, n'est pas condamné à rester sans aucun poids dans la balance des nations; qu'il saura bien réparer les maux de ses propres excès, et qu'il n'appartient qu'à la stupidité malveillante de prétendre en faire une popu-

---

pouvait manquer d'avoir sur notre prospérité commerciale une si grande influence : il choisit le vaste emplacement du Champ-de-Mars, pour y étaler aux yeux de la France et des étrangers toutes nos richesses manufacturières et industrielles, et l'on se rappelle encore les effets, pour ainsi dire magiques, d'une telle innovation. Elle donna à l'Europe étonnée la mesure de nos ressources, elle ne contribua pas peu à nous replacer en Europe au rang qui nous est dû.

lation avilie ou désespérée? Nous continuerons donc de nous affermir, par ces réunions périodiques des produits de notre industrie, dans le sentiment d'une juste dignité nationale; et ceux qui ont commencé par nous flétrir de l'accusation ridicule d'avoir entravé la marche de la civilisation, pourront en être réduits, comme ils en ont déjà manifesté l'intention, à nous accuser plus ridiculement encore d'en avoir précipité avec imprudence et les progrès et les abus.

De l'industrie qui crée pour l'homme en société de nouvelles jouissances, naît le commerce qui les multiplie pour en faire ensuite un objet nouveau d'échanges, une combinaison avantageuse pour ses spéculations : c'est dire assez que les rapports de l'esprit public avec l'industrie ne peuvent être si exclusifs qu'il ne reçoive aussi du commerce et ne lui communique à son tour une semblable influence. Que d'autres examinent jusqu'à quel point il peut être avantageux à l'agriculture, aux arts mécaniques et à la morale, que tout homme entreprenant, dénué de ressources matérielles pour se livrer à des opérations commerciales, en trouve la possibilité dans un crédit qui n'est souvent pour lui qu'un moyen d'abuser de la confiance, et de spéculer sur la crédulité; nous avons à parler du commerce dans l'état où l'a placé cette manie devenue presque universelle d'exposer à ses chances plus de fonds qu'on n'en possède; et le crédit identifié comme il l'est avec le commerce, n'en peut être séparé dans les observations que nous avons à lui consacrer. Ses opérations reposant donc d'une part sur la confiance de celui qui vend, et de l'autre sur une combinaison de celui qui achète, il est évident que tous les deux ont besoin d'une stabilité qui garantisse à l'un que sa confiance n'est point compromise, à l'autre que sa spéculation future ne sera point dérangée par quelque circonstance particulière; car, en cas d'événemens imprévus, la confiance pourrait se trouver abusée, et les projets devenir chimériques. Qui donc garantira aux deux parties intéressées cet avenir dont ils ont besoin tous les deux, si ce n'est l'opinion toujours éclairée d'avance sur le plus ou moins de fixité à attendre de l'état actuel du gouvernement? Il n'est point de crise un peu importante qui ne soit prévue par l'esprit public long-temps avant l'explosion; il peut se tromper sur la nature du fléau dont il est menacé, se méprendre sur les circonstances qui doivent en accompagner l'invasion, en calculer à faux les conséquences et les résultats ; mais jamais il ne se fit un bouleversement dans la machine politique, sans qu'un dérangement progressif des ressorts principaux ne l'ait préalablement annoncé. A ce fatal pressentiment, tout languit, tout se resserre, et le commerce n'est pas, dans cette stupeur prophétique, ce qui se trouve frappé le moins infailliblement d'impuissance. Comment se livrerait-il, en effet, à des opérations basées sur l'avenir, quand cet avenir lui-même est enveloppé des vapeurs de l'incertitude? Comment exposerait-il à des chances ses capitaux et son crédit, si toutes ces chances ne lui annonçaient que le désordre, et la ruine qui l'accompagne? Comment se confierait-il à ce calme salutaire qui fut la cause de ses premiers succès, quand il voit l'horizon se charger de nuages précurseurs de la tempête? Il saura se garder d'une activité qui ne serait plus que le délire de l'imprudence, il attendra dans l'apathie d'une oisiveté devenue nécessaire l'explosion de la foudre dont il entend gronder dans le lointain les éclats ; il hâtera de ses vœux la fin de cette tourmente à laquelle il aura eu la sagesse de se dérober, et c'est encore l'opinion qui lui indiquera le moment où il pourra reprendre ses travaux, sous la garantie d'un ciel serein dont elle croira pouvoir supposer à la fois la certitude et la durée.

A tous les moyens que sait employer l'esprit public pour s'éclairer sur la marche et les effets des événemens, le commerce en réunit de particuliers qui rendent encore leurs rapports plus intimes, et leurs lumières réciproques plus infaillibles. Ce sont ces correspondances de tous les jours et de tous les pays, à l'aide desquelles la vérité exilée d'un gouvernement despotique se retrouverait dans les états d'un prince philosophe, sous le ciel d'une république, ou dans l'enceinte d'une monarchie constitutionnelle. C'est par-là que le commerce pénètre dans ces sénats machiavéliques où se trament sans pudeur le meurtre et l'oppression des peuples, comme dans ces conseils réparateurs où se préparent les liens destinés à les réunir. Par-là il se met en état de prévoir et ces actes monstrueux du despotisme qui doivent accabler telle portion de l'humanité des horreurs de l'esclavage et de la misère, et ces mesures philanthropiques de la puissance auxquelles telle autre partie du globe doit être redevable de sa grandeur et de sa prospérité. C'est à la source de ces renseignemens, ouverte par le commerce, que l'opinion puise un éternel aliment. C'est de-là qu'elle tire les conséquences par lesquelles elle lui indique à son tour le degré de confiance qu'il peut avoir dans les événemens; c'est par-là qu'elle le guide enfin dans les chances plus ou moins probables de ses spéculations.

Tels sont les rapports généraux qui nous ont paru rattacher l'agriculture, l'industrie et le commerce à l'esprit public. Ce sujet est inépuisable; il demanderait sans doute de plus longs développemens et des applications plus positives. C'est un champ qui s'agrandit sous les pas de celui qui l'a prétendu parcourir. J'aurais pu parler de ces procédés nouveaux universellement accueillis, pour faciliter les travaux de l'agriculture ou augmenter la masse de ses productions, et de cette heureuse propension de l'industrie à abandonner les routes de la frivolité pour préparer aux arts utiles de plus importantes découvertes, et de ces abus devenus presque universels dans le commerce, de ces faillites scandaleuses qui le déshonorent, et de ces lois si impatiemment attendues pour le réhabiliter ou pour le venger. Mais ces considérations ne se rattachant à l'opinion que par des détails particuliers, nous avons cru pouvoir les négliger dans un plan circonscrit : des volumes suffiraient à peine à de tels développement, ils pourraient d'ailleurs devenir fastidieux au lieu de paraître instructifs, et d'autres observations nous attendent.

CHAPITRE XIV.

De l'esprit public dans ses rapports avec les mœurs et la religion.

Nous n'aurions exposé que d'une manière incomplète le tableau de l'esprit public, si nous ne le présentions aux méditations de l'homme d'état et du philosophe sous ce point de vue délicat que nous voudrions pouvoir éluder, mais dont l'importance nous fait un devoir d'affronter les écueils, et d'aborder les aspérités. Après l'avoir envisagé sous les rapports principaux qui nous ont paru le rattacher aux différentes divisions de l'économie politique, rien ne peut nous dispenser d'indiquer maintenant ceux par lesquels il se lie avec non moins d'intimité aux mœurs et à la religion. On aperçoit déjà toutes les difficultés d'un sujet aussi solennel; tous les préjugés à braver, toutes les exagérations à combattre, tous les scrupules à ménager. D'un côté, la susceptibilité prenant pour une irrévérence sacrilége tout raisonnement sur une matière où il lui paraît interdit ; de l'autre, une audace effrénée confondant avec la liberté de la philosophie le scepticisme de l'irréligion, et les déclamations de l'immoralité. Ici l'erreur respectable dans la bonne foi de ses intentions va nous accuser d'entremêler les intérêts frivoles des humaines institutions, et les principes éternels du culte et de la morale; là une rudesse inflexible nous reprochera au contraire une réserve puérile et de serviles ménagemens. Nous répondrons à ceux qui pourraient taxer notre circonspection de lâche timidité, qu'il n'en est pas de la religion comme de ces conventions sociales dont tout homme est appelé à juger les convenances et à discuter les principes, que, si l'objet de certains raisonnemens est une vérité immuable, il est absurde et criminel de la combattre, que, si c'est une erreur, il est barbare de tarir en la dissipant la source de toutes les consolations, et que l'écrivain qui consacre une plume envenimée à cet indigne usage ne doit attendre de la société que les transports de la haine, ou la réprobation du mépris. Ceux qu'une conscience minutieusement timorée disposerait à condamner des raisonnemens par lesquels nous prétendons rattacher un sentiment tout humain à la religion, nous tâcherons de les rassurer en protestant d'un respect profond pour la croyance presque universelle de notre pays, et d'une tolérance affectueuse pour toutes les autres; nous leur ferons observer qu'en traitant des rapports qui existent entre l'esprit public et la religion, nous ne nous permettons ni d'en désigner aucune en particulier, ni d'en approfondir les dogmes, ni d'en discuter les solennités; que nous voulons seulement ajouter une considération nouvelle à celles que nous avons développées sur une puissance irrésistible dans tous les gouvernemens, et qu'enfin la religion et la morale ne peuvent rien perdre à cette discussion. Commençons d'abord par celle-ci l'examen des principes, et l'application de leurs conséquences.

Les rapports de l'opinion avec les mœurs publiques et particulières ne sont pas de même nature que ceux qui la rattachent aux institutions civiles et politiques. Nous l'avons vue jusqu'ici se former d'elle-même, et indépendamment des efforts des gouvernemens pour la diriger; ici, quoique non moins puissante quand elle est formée, elle commence en quelque sorte par prendre l'ordre de l'autorité, elle se conforme à ses principes, elle se détermine d'après sa direction. Décente et inflexible quand elle reçoit d'en haut des exemples de vertu et de sévérité, relâchée et sans pudeur quand elle ne s'arrête que sur ceux du vice et de la dépravation. Minutieusement rigoriste dans la vieillesse d'un roi livré à toutes les puérilités d'une conscience inquiète, elle semble, sous une régence voluptueuse, franchir toutes les bornes de l'immoralité. Dans un demi-siècle on voit toute l'austérité d'une dévotion bien souvent hypocrite, et tout le scandale d'une perversité empressée quelquefois d'offrir encore un étalage exagéré de sa dépravation. A ce premier coup d'œil, on serait tenté de révoquer en doute l'empire de l'opinion sur la morale. Il paraît d'abord téméraire à cet esclave aveugle d'un autre pouvoir de prétendre communiquer en cet état sa propre impulsion : si du moins elle semble réagir sur les mœurs de la population, ce sont donc des ordres étrangers qu'elle se charge de lui transmettre plutôt que les lois de sa volonté? Ne nous pressons pas de borner ainsi les effets de son entremise; elle n'est pas destinée à jouer long-temps ce rôle passif d'instrument et d'intermédiaire. Pour constater son retour à l'indépendance, on la verra elle-même imposer des digues à ce torrent dont elle a commencé par suivre le cours. C'est quand la mesure du mal est comblée, qu'oubliant la part qu'elle prit à son accroissement, elle y cherche enfin un remède dont la violence devient trop souvent insurmontable. Ouvrons les annales des derniers siècles de notre histoire; feuilletons, si nous en avons le courage, ces archives du scandale et de la dissolution. Depuis l'instant où la mort vint frapper ce monarque décoloré devenu déjà l'ombre de lui-même, jusqu'à cette époque où le plus infortuné des rois essaya de ramener par son exemple une morale sourde à sa voix paternelle, parcourons de saturnales en saturnales cette longue période de prostitutions et d'ignominie; observons le degré d'ascendant qu'exercèrent sous ce rapport des chefs que des qualités incontestables ne sauveront pas des mépris de l'histoire et des reproches de la postérité; nous verrons d'abord l'opinion commençant par excuser en faveur de talens brillans, et de grâces toujours séduisantes, cette immoralité qui va devenir la nuance caractéristique d'une époque avilie. Bientôt, entraînée par un pouvoir magique, elle en suit avec tant de rapidité l'impulsion, que c'est elle-même qui semble la communiquer : plus de frein, la décence est reléguée dans la foule des gothiques préjugés ; le décorum lui-même, ce simulacre inventé pour déguiser une hideuse réalité, est dépouillé comme incommode et inutile ; la dépravation marche le front levé, elle se communique de proche en proche à toutes les classes de la société ; le scrupule devient sottise, et rougir est un ridicule ; l'hypocrisie du vice a remplacé l'affectation des vertus ; on se vante d'écarts dont l'idée seule est un opprobre ; la langue elle-même est obligée de se surcharger de termes nouveaux pour exprimer de nouveaux excès. Chaque année, chaque jour, chaque instant se signale à l'envi par des raffinemens inconnus dans l'art de la corruption. C'est en vain qu'après le cours trop long-temps prolongé d'un tel aveuglement, un monarque, ami de son peuple abusé, veut détruire ce désastreux enchantement ; des poisons ont circulé dans son sein pendant ce sommeil voluptueux, et le réveil sera mortel. Le temps a mûri le moment solennel où le vice doit expier son superbe triomphe. L'opinion se lasse enfin du scandale, elle va bientôt accuser les imprudens qui l'avaient entraînée ;

d'autant plus irritée qu'elle a plus à rougir, elle leur reproche à la fois et les turpitudes dont ils sont souillés, et la fatale docilité qui les lui fit partager. Aveugle dans sa haine comme elle le fut dans son entraînement, c'est par des excès d'une autre nature qu'elle menace de réparer ceux dont elle exprime son indignation. Ainsi, par le dépit même de sa première faiblesse, elle va descendre à des vengeances aussi honteuses et non moins criminelles; au nom de cet honneur à qui elle fut aussi infidèle, on la verra prendre les principes pour prétextes d'une aveugle fureur, bouleverser tout en proclamant l'intention de tout régulariser, et entraîner dans le même abîme et les hommes qu'elle a proscrits, et les institutions qu'elle a prétendu réformer, et jusqu'à la vertu qu'elle a voulu venger. Elle ne tardera pas sans doute à regretter l'exagération d'une sévérité aussi peu calculée que le fut la mollesse de son premier abandon; puisse-t-elle alors, entre les deux extrêmes d'une licence immorale et d'une hypocrisie anarchique, rentrer sous la protection de ses lois dans un état heureux et tranquille, aussi éloigné d'une austérité minutieuse, que d'une scandaleuse dépravation!

Dans ce tableau malheureusement trop

fidèle, on reconnaîtra les effets de l'impulsion donnée par les mœurs à l'esprit public, effets injustes quelquefois, puisque lui-même n'est pas sans reproches, mais qui n'en sont pas moins le résultat de son irritation. Telle est la marche que nous avons pu observer dans les circonstances qui ont précédé, accompagné, et qui suivent aujourd'hui nos trop fameux événemens. Du port constitutionnel où nous sommes enfin arrivés, gardons-nous de nous dissimuler que, dans la multitude des causes qui mirent en jeu l'activité dévorante d'un peuple aussi impétueux dans ses préventions que dans son dévouement, l'état des mœurs n'en fut pas une plus indifférente que toutes les autres. C'est à un gouvernement éclairé par l'expérience, de profiter des leçons que doit y puiser la sagesse; c'est à lui, par ses exemples ainsi que par ses institutions, de donner aux mœurs publiques et particulières une direction contre laquelle ne viennent pas réclamer les remords ou la pudeur de l'esprit public. C'est ainsi que, recueillant les fruits d'une révolution à laquelle ne furent point étrangers les efforts de l'immoralité, il éteindra dans ses mains la torche fatale qui pourrait tenter d'en rallumer l'incendie.

Mais ce n'est pas assez, pour le pouvoir suprême, de régler l'impulsion qu'il doit donner à la morale sur l'influence qu'elle exerce à son tour sur l'esprit public; il faut encore qu'il étudie les rapports de la religion avec ce même sentiment national pour y conformer ses principes et les efforts de sa sollicitude. Ce n'est point par ses dogmes, nous nous hâtons de le répéter, ce n'est point par le fond de sa croyance qu'une religion quelconque peut agir directement ou indirectement sur l'opinion. Isolée dans la conscience de chaque individu, exclusivement concentrée dans des méditations d'une nature supérieure, elle dédaigne tous ces frivoles intérêts d'un monde qui lui est étranger; c'est par d'autres nœuds que nous allons la voir se rattacher à notre système. C'est d'abord par une tolérance sans exception que l'autorité peut en faire, sous ce rapport, un de ses appuis les plus efficaces.

S'il est vrai, ainsi que nous croyons l'avoir démontré plus haut, qu'une liberté absolue dans l'exercice de la pensée en matière politique, soit un des moyens les plus assurés de conquérir à l'administration toutes les ressources de l'esprit public, quel est l'homme d'état qui pourrait méconnaître la nécessité d'en étendre le principe au sentiment religieux, à cette portion la plus essentielle du domaine de la pensée? Qu'un pouvoir ignorant et ombrageux pèse de tout le poids de ses préjugés sur l'indépendance de chacun, quand il s'agit de ses droits civils ou politiques; sans prétendre affaiblir aucun des dangers attachés à cette fausse théorie, il est vrai de dire cependant qu'une partie de la population absorbée dans des occupations journalières peut à la rigueur y demeurer froide et presque indifférente; mais dans l'empire le plus vaste il n'existe peut-être pas un seul homme qui, géné ou inquiété dans ses principes religieux, puisse en consentir l'humiliant sacrifice. De tous les droits assurés par la nature, celui de rendre librement hommage à son auteur, est celui auquel l'homme en société fut et sera toujours le plus inviolablement attaché. Il n'est point de considération qui l'engage, point de raisonnement qui le détermine à s'en laisser lâchement dépouiller. Et quel avantage un pouvoir fanatique prétendrait-il même retirer d'un semblable succès? Supposons que par des menaces réitérées, par des exemples de rigueur, il parvienne à triompher en apparence chez des âmes faibles de leur intime conviction, pourra-t-il regarder comme réelle une soumission arrachée par la contrainte? pourra-t-il espérer de la voir survivre aux circonstances qui l'auront commandée? pourra-t-il se flatter surtout que la haine pour les persécuteurs ne succède pas bientôt aux violences faites à la conscience? de quelque titre enfin que l'on ose décorer un zèle aussi cruel qu'impolitique, ne finira-t-il pas par attirer sur le pouvoir toute l'animadversion de ses victimes? Il avait bien senti tous les avantages d'un autre système, ce roi destiné à servir presqu'en tout de modèle, qui, victime si long-temps lui-même des fureurs de l'intolérance, n'apporta jamais à la liberté religieuse une impolitique restriction. Quels germes précieux de prospérité notre France aurait conservés dans son sein, que de plaies elle aurait eu de moins à guérir, si l'erreur d'un zèle inconsidéré n'eût pas fait après lui prévaloir d'autres maximes! Le sol de nos plus riches provinces n'eût pas été rougi du sang de ses enfans; victimes d'un préjugé funeste, des citoyens utiles, expatriés par milliers, n'eussent pas transporté chez des peuples rivaux une industrie vivifiante dont nous leur envierons long-temps les bienfaits: et qui sait si, dans le ressentiment prolongé de ces persécutions, l'homme d'état ne découvrirait pas une des sources empoisonnées de nos derniers malheurs? qui sait si, sous les cendres long-temps couvertes des bûchers, n'ont pas couvé les feux d'un autre incendie? Quoi qu'il en soit de cette dernière présomption, il sera toujours incontestable aux yeux d'une philosophie éclairée, que toute atteinte portée à la conscience, outre qu'elle froisse les sentimens les plus chers du citoyen, affaiblit pour un gouvernement le nerf de sa popularité; que l'opinion proportionne aux rigueurs de la persécution, les efforts inflexibles de sa résistance; et que plus sont sacrés les droits qu'on lui ravit, plus elle se roidit pour les recouvrer.

De telles considérations seront plus que suffisantes, sans doute, pour donner à un gouvernement sage la force de repousser toutes les insinuations d'un vil intérêt, comme celles d'une fastueuse hypocrisie. Il laissera aux exemples d'une religion qui ne doit combattre que par ses œuvres le soin de lui faire des prosélytes, dont le nombre n'intéresse ni sa politique, ni sa prospérité. Si le fanatisme s'emporte en clameurs insubordonnées ou en provocations séditieuses, il aura la fermeté de les réprimer; le suffrage des hommes véritablement religieux le vengera des efforts impuissans de l'intolérance, et les sages, ces régulateurs invisibles de l'opinion, l'environneront en dernière analyse de tout son assentiment.

Nous devrions peut-être rougir de mentionner ici la stupide inconvenance de ces querelles religieuses, dont il est impossible que certaines époques de notre histoire ne suffisent pas pour signaler les dangers. Nous pourrions nous dispenser de développer aux yeux de l'homme d'état la nécessité de les étouffer, puisque telle est la situation actuelle de la société, qu'elle devrait rendre, sous ce rapport, l'intervention du pouvoir inutile. Le dégoût a fait justice de toutes ces extravagantes discussions, et toute la subtilité scolastique essaierait probablement en vain d'en renouveler le scandale. On sait maintenant à quoi s'en tenir sur des disputes de mots dont la pureté du dogme était le prétexte, et une jalouse persécution le motif véritable: l'intérêt et le fanatisme ne se lasseront cependant jamais de chercher à ramener ces époques de deuil pour l'humanité, et de pitié pour la philosophie. C'est pour cela qu'il est utile de les rappeler, et d'en faire ressortir le spectacle instructif des effets qu'ils produisirent sur l'opinion, et des divisions qui en furent l'inévitable conséquence. L'esprit public pouvait-il donc conserver cette froide impartialité qui doit être un de ses élémens essentiels, quand une partie de la population, armée contre l'autre de ces foudres mystiques qui laissaient sur leur passage ou l'exil ou la proscription, faisait passer ceux qui en étaient frappés des bancs de la théologie dans les cachots de l'autorité? Ces victimes journalières d'une ridicule argumentation pouvaient-elles donc réserver leurs suffrages aux actes d'un gouvernement qui les voyait persécuter, sans réprimer, que dis-je! en protégeant leurs persécuteurs? et la privation de toutes les consolations religieuses était-elle un moyen bien politique de concilier au pouvoir suprême ceux qu'il laissait ainsi opprimer au nom cruellement profané de la religion? Que dirons-nous donc de ces apôtres incorrigibles de l'intolérance qui, dans un siècle ouvertement prononcé contre toute espèce de persécution, oseraient encore aujourd'hui rallumer les torches de la discorde religieuse au flambeau des vieilles argumentations; qui voudraient ranimer ces schismes surannés, étouffés, pour notre repos, sous le poids du mépris et du ridicule; faire revivre enfin tous ces noms de sectaires qui se confondront un jour dans le nom générique d'idiots ou d'hypocrites? Félicitons-nous de l'impuissance probable d'efforts aussi criminels; mais, s'il était possible qu'un pouvoir, assez aveuglé pour lier aux intérêts de la chose publique les excès du fanatisme et le zèle prétendu de l'intolérance, hésitât jamais à étouffer dans leur principe ces funestes essais, répétons-lui, d'après les leçons de l'expérience et les effets du passé, que, malgré le dégoût qu'ils ne peuvent plus manquer d'inspirer, les dissentimens religieux n'en sont pas moins à la fois le fléau de la religion, le scandale de la raison, et l'affaiblissement de l'esprit public. Molinistes intolérans, obstinés jansénistes, sectaires de toutes les espèces, minutieusement divisés sur des points insignifians d'interprétation ou de discipline, faites à la concorde le sacrifice de vos débats puérils, de vos frivoles inimitiés; songez que les ennemis de toute religion s'emparent pour sa ruine du scandale de vos divisions, et qu'il est aujourd'hui un principe universellement proclamé par l'opinion, c'est que ceux-là seuls attachent à la controverse une importance hypocrite, qui sont sur le fond de la croyance ou tièdes ou indifférens.

Il est un autre point de vue sous lequel la religion peut être considérée comme intimement liée à l'esprit public, et c'est encore une modification de ce système général de tolérance, qui seul peut étendre maintenant jusqu'aux intérêts civils la sphère de son influence. Je parle pour les pays où se trouve admise la liberté des différens cultes dans toute sa latitude ; car les autres doivent renoncer à voir l'opinion s'enrichir des tributs patriotiques du sentiment religieux. Il est donc essentiel, pour faire concourir aux vues de la politique cet esprit supérieur par sa nature à toutes ses combinaisons, d'attacher tous les cultes au gouvernement par le nœud commun de la reconnaissance, c'est-à-dire en d'autres termes, de ne rendre jamais illusoires les lois qui leur assurent à tous les mêmes droits et la même protection. Une des instructions les plus positives que l'autorité doit donner à ses agens, c'est de seconder, sans arrière-pensée comme sans ménagement, toutes les vues de la législation à cet égard; d'encourager également tout ce qu'elle réunit dans sa sollicitude, de réprimer sans exception tout ce qu'elle confond dans une égale sévérité. Sans doute il est difficile à l'homme bien pénétré de la religion dont il a sucé les principes, de ne pas lui accorder une préférence de conviction et d'amour sur toutes les autres dans lesquelles il fut accoutumé dès l'enfance à ne voir qu'imposture ou puérilité ; et ce serait avec raison qu'il se refuserait, pour des vues politiques, au sacrifice de sa conscience : mais ce n'est pas une abnégation de cette nature que l'on demande à la prudence de son administration. Que, comme homme privé, il édifie les sectateurs de son culte par un zèle éclairé, par une exactitude scrupuleuse à en accomplir les préceptes ; il le peut, il le doit, et les conséquences de son exemple seront proportionnées au rang qu'il occupe dans la société : mais, comme chargé par son gouvernement de lui concilier tous les esprits, de réunir autour de lui toutes les opinions, il a d'autres règles à suivre ; il lui reste d'autres devoirs à remplir. C'est en ne mettant dans ses actes administratifs aucune différence entre la religion dont il est lui-même le disciple, et celles qui se partagent l'universalité de la population, qu'il produira en elles cet accord unanime de sentimens qui est pour l'esprit public son plus haut point de prospérité. Et quelle situation favorable pour un empire, sous ce rapport, que le centre de cette Europe qui n'alimente dans son sein aucune religion inconciliable avec l'existence d'une opinion politique! Point de ces dogmes désespérans de fatalité, qui, ne faisant que des esclaves et des automates, éloignent l'homme, par le principe même de sa croyance, de toutes les combinaisons utiles à la société, et lui interdisent tout perfectionnement, toute énergie, toute émulation; point de ces grossières superstitions qui, l'absorbant tout entier, ne lui laissent plus ni attachement raisonné pour la patrie, ni intérêt à ses institutions. Partout, dans cette partie privilégiée de l'univers, une croyance religieuse basée sur les principes universels de la morale, et en harmonie avec les inspirations du patriotisme. Si quelque diversité dans le dogme, ou dans les solennités, établit aussi quelque différence entre les peuples dans leur manière de rendre hommage au Dieu qui les créa, il existe entre eux, quant aux principes sociaux, la plus heureuse unanimité. Dans les devoirs mêmes qui constituent la religion de chacun s'incorporent, si l'on peut s'exprimer ainsi, les devoirs envers la patrie : et combien le sentiment de l'esprit public s'accroîtrait encore davantage de toute l'influence religieuse, si, dans des exhortations un peu moins exclusivement consacrées au développement de dogmes métaphysiques, à l'explication de mystères inexplicables, les ministres des différens cultes rattachaient plus souvent à la religion les principes de l'obéissance aux lois, de l'amour pour les institutions, et du dévouement pour la patrie ; si, dans les succès éclatans, ils profitaient des occasions d'en rendre grâces à l'Éternel, pour s'étendre avec un peu plus d'abandon sur ces intérêts terrestres que n'a pu vouloir interdire aux hommes ce Dieu qui fit pour eux le besoin de se réunir; si, dans les revers auxquels nous sommes condamnés à différens intervalles, au lieu de nous les peindre sans cesse comme les justes châtimens du Dieu des vengeances, ils se vouaient avec un zèle moins décourageant à nous enflammer de cet enthousiasme national qui peut fournir les moyens de les réparer ; si, dans toutes les solennités enfin, la morale politique s'associant à la morale religieuse, elles se fortifiaient l'une par l'autre, et si c'était ainsi au flambeau des cieux que s'allumât la flamme du patriotisme !

On a bien senti l'avantage de faire concourir les solennités de la religion à célébrer ces victoires trop souvent désastreuses, qui constatent le triomphe momentané d'un peuple sur ses ennemis ou ses rivaux; pourquoi n'en ferait-on pas un usage plus utile pour le relever de son abattement dans l'adversité, pour l'affermir dans le maintien de ses droits, pour l'intéresser enfin à la conservation de son état politique? Pourquoi l'établissement d'une loi rigoureuse, mais devenue nécessaire par de fatales circonstances, ne serait-elle pas confiée aux argumens persuasifs de cette religion, pour inspirer à ceux qui en sont frappés, la résignation dont elle leur ferait un devoir? Pourquoi, en appelant, à des époques déterminées, les inspirations divines sur les travaux de la législation, ne rappellerait-on pas à ce peuple, et les droits garans de sa dignité, et la reconnaissance qu'il doit à ses mandataires, s'ils veillent à leur conservation? Pourquoi la religion enfin, n'instituerait-elle pas quelques-unes de ces fêtes patriotiques qu'il est aisé de flétrir en n'en retraçant que les excès ou les abus, mais qui n'en influeraient pas moins heureusement sur l'esprit public, en l'associant, pour ainsi dire, au culte même de la divinité?

De même que nous avons montré l'opinion recevant l'influence, et la renvoyant à son tour en matière politique, il est facile de lui reconnaître, sous le rapport de la religion, la même réciprocité. Nous venons de la voir subordonnant au système religieux sa nature et son caractère, elle va nous paraître maintenant exerçant sur lui simultanément son empire ordinaire. S'il est incontestable que l'état général de la religion contribue à déterminer celui de l'esprit public, que de ses principes de tolérance ou de persécution dépendent les sentimens d'affection ou d'inimitié qu'il réserve au gouvernement toujours maître d'en autoriser les écarts ou d'en arrêter les excès, il n'est pas moins certain que c'est l'opinion qui rend ces mêmes principes de liberté ou d'intolérance, faciles ou impossibles dans leur application. Tel siècle regardera comme inconvenant ou impraticable ce que tel autre avait jugé prudent et nécessaire : tel abus passerait aujourd'hui pour le comble de l'absurdité, qui fut pris, dans des temps reculés, pour un monument de zèle et de dévotion. Ces pieuses expéditions qui, sous la conduite d'un de nos rois, allèrent ensevelir dans les sables du désert la fleur de la jeunesse, et l'élite de la chevalerie, jugées dans le siècle qui les enfanta, comme l'effort le plus méritoire du courage et de la religion, appréciées maintenant par la philosophie, ne sont plus que le délire du fanatisme, et l'extravagance de la superstition. Quel est le souverain, même le plus religieux, qui se résignerait, dans ce siècle éclairé, à aller humilier sa couronne devant un pouvoir étranger, à accepter d'un pontife orgueilleux le châtiment et l'humiliation? Est-il à craindre de nos jours que le successeur de ces prêtres rois, abusant contre les chefs des empires de cette puissance paternelle qui ne leur fut donnée que pour concilier et bénir, renouvelle le scandale de ces interdits universels qui, sous des prétextes religieux, privaient des millions de fidèles des secours mêmes de la religion? et la révocation de cet édit de tolérance qui fut un des plus beaux titres de gloire du prince généreux qui le souscrivit, cette faute peut-être la plus grave d'un monarque abusé, serait-elle possible aujourd'hui que l'esprit public a éclairé la politique sur ses intérêts, et l'administration sur ses principes? Ne faisons point un crime à Louis IX de ces croisades meurtrières; elles furent la faute de son siècle, et il a donné, dans de sages ordonnances, dans les vues déjà philosophiques qui signalèrent le cours de son règne, un des plus influens de notre monarchie, le dédommagement d'une erreur dont il ne dépendait pas de lui de se garantir. N'imputons pas à Henri IV la bassesse d'une humiliation dont il se fit absoudre par tant de grandeur. Pensons à la date encore récente de son abjuration, à la position délicate dans laquelle le mettaient les restes d'une ligue toujours défiante, et les soupçons du catholicisme sur la bonne foi de sa conversion; l'exigence de son siècle servira d'excuse à l'exagération de sa docilité. Ne faisons pas un procès sans discernement à tous ces rois tremblans devant une puissance consacrée par l'esclavage universel. Voyons-les, aux menaces de la puissance sacerdotale, chancelans sur leurs trônes ébranlés, leurs peuples effrayés leur donnant eux-mêmes le signal impérieux de la lâcheté, et l'ordre absolu de l'obéissance; pardonnons-leur d'avoir courbé la tête sous un joug appesanti par la soumission de tout un siècle, et n'exigeons pas d'eux, au milieu d'une ignorance générale, les lumières personnelles de la philosophie et de l'instruction. Ne nous laissons pas même aller sans réserve à des déclamations rebattues sur l'intolérance d'un roi qui expie peut-être aujourd'hui, par des reproches trop amers, la bassesse des adulations, et la servilité des hommages dont il fut l'objet. Livré par les écarts d'une vie licencieuse aux terreurs d'une vieillesse dont s'emparaient des casuistes minutieux pour spéculer jusque sur son repentir, inquiété journellement par des scènes d'insubordination dont on ne manquait jamais d'attribuer aux religionnaires les excès et l'indocilité, anéanti par l'âge, et tourmenté par la conscience, habitué dès l'enfance aux argumens d'un siècle qui prenait encore la fureur pour le zèle, et l'intolérance pour la religion; serait-il juste, tout en imputant à son règne une mesure aussi désastreuse, d'en rendre le monarque seul et exclusivement responsable? Non, sans doute; croyons-le pour sa gloire, il fut entraîné involontairement et presqu'à son insu, dans cette démarche réprouvée par la politique autant que par la vraie religion; elle appartient au fanatisme qui la conseilla, plus qu'à la faiblesse par laquelle elle fut consentie.

Il serait facile de trouver dans notre histoire et dans celles des autres nations, des circonstances de même nature que celles dont nous venons de rappeler le souvenir; mais elles seraient monotones par leur similitude même, et nous les croyons inutiles à la démonstration du principe qui nous les a fait recueillir. Elles prouvent suffisamment que c'est l'opinion qui rendit possibles alors des abus religieux dont elle garantit aujourd'hui la sagesse de l'autorité, et que par conséquent, si la religion exerce sur l'esprit public l'influence de son système et de ses principes, elle n'est point indépendante elle-même, dans sa marche, de l'action universelle de l'esprit public.

CHAPITRE XV.

De l'esprit public dans ses rapports avec la stabilité des institutions, par le système de l'éducation.

Persuadé, comme nous le supposons maintenant, de tous les avantages qui doivent résulter pour son propre intérêt de la coopération de l'esprit public, un gouvernement prévoyant ne manquera pas d'invoquer en lui, outre le protecteur de ses institutions, pendant qu'il tient les rênes de la puissance, le garant futur de leur stabilité. Car nous rougirions de nous adresser à ces autorités insignifiantes, qui tout entières à des calculs d'un jour, à des considérations d'un instant, ne soupçonnent point d'horizon au-delà de leur vue bornée, au-delà du moment point de postérité. Circonscrits dans la petite sphère de leur cupidité ou de leur amour-propre, que ces hommes d'état de la minute mettent à profit la durée d'une administration dont ils ne se sont chargés que pour en exploiter les produits, qu'au milieu d'un cercle rampant de favoris et d'adulateurs, ils respirent l'encens banal qui doit brûler à leurs pieds, jusqu'à ce qu'un caprice de la fortune fasse justice à la fois de l'idole et des adorateurs: humiliés du passé, enivrés du présent, ils doivent se dérober à l'idée d'un avenir destiné sans doute à les replonger dans leur première nullité. Ce n'est pas à ces aveugles désespérés que nous prétendons présenter une lumière inutile, ils n'en pourraient seulement supporter les rayons: mais s'il est à la tête d'un gouvernement fort de l'esprit public un véritable homme d'état, capable d'en apprécier les services et d'en estimer l'influence; si des hauteurs d'un esprit juste et d'une généreuse philanthropie, il entrevoit les besoins des siècles futurs, et la reconnaissance dont ils entoureront sa mémoire pour les avoir mis en état de les satisfaire; dévoré du noble sentiment d'une gloire si patriotique, il voudra perpétuer, pour le bonheur des générations, l'empire de cet esprit public auquel il doit lui-même les fruits heureux de son administration; il appliquera tous les calculs de sa sagesse, toutes les observations de son expérience à en chercher les moyens, et il découvrira le plus puissant de tous, dans l'impulsion nationale à donner à l'éducation.

C'est aujourd'hui l'objet d'une dicussion assez extraordinaire, que la supériorité des deux systèmes opposés dans cette partie essentielle de nos institutions. Convient-il d'encourager, dans une jeunesse naturellement turbulente, ce patriotisme naissant qui la porte à s'intéresser aux affaires politiques; ou une prudence bien entendue conseille-t-elle d'étouffer dans son germe cette dangereuse propension? Une telle question paraît sans doute étrange aux yeux de la raison; il est permis de supposer même qu'elle n'eût jamais été faite, sans cette série d'événemens qui, déplaçant toutes les idées, et faussant toutes les imaginations, ont fondu toutes les notions du bon sens dans les sophismes de la mauvaise foi, ou dans les terreurs de la prévention. Est-ce donc bien sérieusement qu'on en est venu au point de concevoir un doute aussi déraisonnable? Est-ce véritablement la forme d'un raisonnement qu'il faut employer pour le résoudre? Quoi! pour former des hommes religieux, on fait de la croyance la base de l'éducation; pour assurer à la société des hommes éclairés, on pénètre la jeunesse des élémens de la science, ainsi que des exemples des savans qui l'ont heureusement cultivée; et, quand on voudra mûrir pour la patrie des citoyens capables d'apporter un jour à la masse leur contingent dans cet esprit national dont nous avons fait voir la nécessité, on contesterait celle de les y préparer de bonne heure par cet intérêt civique aux affaires de l'état qui doit devenir pour eux un devoir et une habitude! On commanderait avec inconséquence à cette jeunesse, dans laquelle la patrie voit sa plus chère espérance, d'étouffer en elle un sentiment noble dont on lui prescrira plus tard le développement! On la forcerait à l'insouciance de l'égoïste, pour en exiger ensuite l'entraînement du patriote et l'abandon du citoyen! N'est-ce pas vouloir accorder les contrastes les plus disparates, arriver à un sommet par des abîmes, et demander aux ténèbres de la barbarie les lumières de la civilisation? Non, ne faisons pas à ce siècle de philosophie l'injure de lui supposer un tel aveuglement. Reléguons dans quelque manoir gothique les argumens rebattus de la stupidité ou de la prévention; au principe bien reconnu de l'efficacité de l'esprit public, appliquons les conséquences qui n'en peuvent être séparées; et, puisque les gouvernemens ont un intérêt de tous les momens à en connaître l'expression, tirons de là cette conclusion nécessaire que, pour perpétuer dans la génération future le bienfait du sentiment national, il est indispensable d'initier de bonne heure à ses inspirations ceux qui sont destinés à en devenir les organes.

Laissons ces hommes qu'effarouche l'idée de tout essor généreux, s'appuyer sur des argumens dignes de leur timide susceptibilité. Ils ne manqueront pas de nous dire que le temps de la jeunesse ne peut être l'âge de la maturité, que les tendres objets de l'éducation ont à acquérir d'autres connaissances que celles de cette science politique à laquelle ils sont trop heureux de pouvoir demeurer étrangers; qu'il sera temps pour eux de s'intéresser au système de leur gouvernement et aux actes de son administration, quand le temps les aura lancés, pour leur malheur, dans cette arène de toutes les passions, sur ce foyer de toutes les calamités: des assertions si tranchantes ne sauraient démentir les leçons de l'expérience et les principes de la raison. Une des imperfections imposées à la nature humaine par son organisation, est celle de n'obtenir jamais des résultats aussi réels des habitudes contractées dans l'âge de la maturité, que de celles qu'elle a, dès sa jeunesse, identifiées, pour ainsi dire, avec son existence. Voyez cet élève alliant aux dispositions les plus heureuses une indolence insurmontable ; au milieu de l'émulation générale, il est de glace pour des travaux qui lui promettraient cependant des succès ; il s'accoutume insensiblement à végéter dans une fatale oisiveté, il perd enfin par degrés cette facilité qui ne s'entretient que par la culture : un jour, à force de réflexion, il cherchera bien à lutter contre cette apathie dont il ne pourra se dissimuler à lui-même les fâcheuses conséquences, mais il ne recouvrera jamais l'activité qui eût pu faire un jour sa gloire et sa fortune. Remarquez au contraire ce jeune homme studieux jusque dans ses délassemens ; suivez-le dans cette retraite où il se dérobe aux plaisirs de son âge, et aux poursuites de ses condisciples. Il donne les heures destinées au repos, à des calculs devenus pour lui des plaisirs; il prélude, par les premières opérations de la science, à ces hautes combinaisons auxquelles il espère appliquer dans la suite un goût déjà irrésistible. Il est facile de tirer de cette ardeur précoce un horoscope tout différent du premier. A peine auront sonné pour ce jeune homme laborieux les dernières heures de l'éducation, qu'on le verra porter sur un théâtre plus vaste une pareille émulation et de semblables succès ; il s'élancera sans effort à toutes les hauteurs de la science dont il aura l'habitude d'aborder sans effroi les difficultés ; enfin, après avoir brillé, par un travail assidu, à la tête de ses condisciples, il éclipsera ses rivaux par la facilité qui résultera pour lui de ce travail même. Rien de plus infaillible que cette différence dans les résultats d'une même éducation ; elle est d'une expérience journalière, elle ne fut jamais d'ailleurs contestée. Si donc il est reconnu indispensable de s'accoutumer de bonne heure aux élémens d'une science, aux travaux d'une profession, pour en parcourir la carrière avec tout l'éclat dont elle est susceptible, pourquoi ce principe n'aurait-il pas de même son application, quant à cette espèce de théorie politique, d'après laquelle tout citoyen est appelé à apprécier un jour *le système général de son gouvernement et les actes particuliers de son administration ?* Est-ce quand il aura passé les années de l'activité et de l'imagination dans une insouciance absolue sur les besoins comme sur les droits de son pays, qu'il acquerra spontanément une grande aptitude à les discuter ? Et la nature fît-elle en sa faveur une aussi subite métamorphose, est-ce quand il aura contracté l'habitude de cet égoïsme passif dont vous voulez lui faire si long-temps un devoir, que lui viendront aussi, par une inspiration du moment, l'amour du bien public et le zèle du patriotisme ? Et, dans l'impossibilité d'une pareille hypothèse, que répondra-t-il à la patrie, quand elle lui demandera une part dans les fruits de sa maturité ? Qu'apportera-t-il enfin à la masse de cet esprit public dont un gouvernement bien intentionné ne peut se dispenser, encore une fois, de consulter l'expression ? Il est plus simple et plus commode de le reléguer lui-même parmi les abus à détruire, et les préjugés à déraciner, qu'il n'est conséquent d'admettre l'utilité de son influence, et de le repousser avec dédain de l'éducation.

On nous accuserait sans doute de dissimuler une partie des raisons de nos adversaires, si nous ne disions un mot de cette effervescence réelle ou prétendue dont les symptômes ont paru si à propos pour donner une couleur à leur système, comme un prétexte à leurs invectives. Ce n'est pas sans un sentiment de pitié que les hommes sages et sans prévention ont pu voir l'esprit de parti s'emparer d'une circonstance à laquelle il n'est pas bien démontré qu'il soit même étranger, comme d'une arme de plus dans la guerre qu'ils font à ce sentiment national. Une jeunesse bouillante se permet de censurer les actes journaliers de tous les gouvernemens ; elle manifeste des opinions quand elle devrait se borner à une passive obéissance ; à la hardiesse des idées, elle ose joindre quelquefois la licence des mots pour les exprimer ; elle en viendra bientôt à ne plus connaître de frein, à rompre tous les nœuds de la subordination : tel est avec quelques épithètes devenues techniques dans le langage de certains mécontens, l'acte général d'accusation dressé contre une jeunesse plus éclairée que dans aucun siècle ; et c'est avec cette logique, raisonneurs inspirés par le préjugé ou la mauvaise foi, que vous prétendez nous prouver les inconvéniens de l'esprit public dans l'éducation ! Convenez que vous vous montreriez moins sévères, si une jeunesse, enthousiaste de certains souvenirs, à genoux devant certaines prétentions, manifestait d'une autre manière l'esprit et la nature de son patriotisme. Vous en encourageriez alors l'expression, vous en exalteriez les principes, vous en béniriez les effets ; mais elle marche avec un siècle que vous réprouvez, elle consolide de tout son assentiment ces institutions réclamées par les peuples, et déjà consenties par des princes sages et éclairés; elle ne laisse aucun espoir à des projets particuliers, aucune chance à de vaines espérances; voilà la cause, l'unique cause de tant d'inimitiés. Voilà le fondement de ces accusations qui représentent l'espoir des empires, comme des générations ennemies et antinationales. Mais si, dans ces pays mêmes auxquels votre aveugle dépit ne manque jamais de faire une assez maladroite allusion, cette même jeunesse, ajournant toute réflexion à l'aspect des dangers de la patrie, avait couru aux armes pour défendre, en France comme en Allemagne, son territoire et son indépendance; si, après avoir payé sa dette au milieu des fatigues et des dangers, elle était rentrée au sein de ses foyers, respectueuse et soumise à des lois qui n'avaient pas toutes son assentiment; si chaque réforme amenée par la sagesse des gouvernemens, un peu lents à la vérité pour leur impatience, était accueillie par des transports plus vifs que ceux dont vous leur faites des crimes en d'autres circonstances; si, pleins de soumission aux chefs qui la gouvernent, elle n'attendait pour faire éclater le plus électrique abandon, qu'un système complet en harmonie avec des promesses tant de fois prodiguées, que deviendraient alors vos déclamations contre un sentiment qui produit de pareils résultats? Est-ce avec le récit des actes de son dévouement que vous parviendrez à décolorer cet esprit national qui en fut le mobile? et, s'il était question de rechercher les causes véritables de cette espèce d'exaltation dans une jeunesse élevée au milieu de toutes les exagérations, de ces prétendus mouvemens que l'on feint de prendre pour les effets d'une vaste conspiration, quand ils ne sont réellement que l'expression d'un mécontentement produit par plus d'une maladresse, serait-il bien difficile à l'observateur impartial de les indiquer, au publiciste le moins profond d'en proposer le remède?

Au surplus, quand tous les argumens de la prévention ne seraient pas ce qu'ils sont en effet, *verba et voces, prætereà que nihil*, quand il serait vrai que cet agent universel pût dans les rangs de la jeunesse devenir dangereux par son exaltation, sans influer jamais heureusement sur la part qu'elle doit prendre un jour au système politique de son pays, encore cet inconvénient devrait-il cesser de nous occuper. Toute considération de cette nature disparaît devant l'impossibilité de comprimer, au sein de l'éducation, l'essor de l'esprit public. Est-ce après nous être assuré que tous les efforts d'un gouvernement ombrageux pour produire cet effet sur une population mûrie par les années, et éclairée par une plus ou moins longue expérience, seraient de toute inutilité, que nous pourrions douter de l'issue d'une semblable tentative sur des esprits échauffés de tous les feux de la jeunesse, et préoccupés des premières inspirations du patriotisme? Quoi! il sera défendu à la pusillanimité, ou, si vous l'aimez mieux, à une sage prévoyance, de prétendre imposer des digues au fleuve paisible de la maturité, et le torrent de l'âge le plus fougueux pourra supporter des entraves! Dépositaires, quels que vous soyez, de l'autorité, ce n'est pas auprès de vous qu'il est nécessaire de faire ressortir une telle inconséquence, vous êtes désabusés dès longtemps de cette illusion; eh bien! abordez donc franchement un système qui réalise pour vous tous les avantages de l'esprit national, sans vous exposer à aucun des dangers dont on affecte d'environner ses élans; il dépend de vous de changer en bénédictions, des murmures qu'on veut vous faire prendre pour des menaces ou des symptômes d'insubordination.

Le temps est venu pour l'autorité de marcher franchement dans les voies de l'esprit public: qu'elle fasse à l'opinion, à cette reine du monde, quoi que lui en disent journellement ses flatteurs, le sacrifice de quelques points incompatibles avec les progrès du siècle, et les lumières de la raison; que des promesses faites solennellement au moment du danger ne soient pas oubliées dès que le péril est passé; que des institutions aussi nécessaires à la stabilité des gouvernans qu'à la garantie des gouvernés, soient le terme de toutes les inquiétudes et la clôture de toutes les révolutions; alors, loin de vous croire intéressés à comprimer les élans du patriotisme, vous reconnaîtrez qu'il est d'une sage politique d'en appeler les conseils à l'appui de toutes les parties de votre système, et particulièrement de le laisser se développer librement au sein de l'éducation.

Ainsi que nous avons fait une juste distinction entre l'esprit public qui vivifie tout ce qu'il anime, et l'esprit de parti qui flétrit tout ce qu'il approche, nous devons, à côté de la convenance d'une intervention nationale dans l'éducation, signaler les dangers de ce même esprit de parti, s'il parvenait à s'y introduire sous le masque de son adversaire. Cette observation n'est que trop justifiée par le scandale avec lequel nous avons vu, dans certaines circonstances, de prétendus guides de la jeunesse, et jusqu'à des instituteurs frénétiques de l'enfance, ne pas craindre de les initier à leur sottise ou à leurs fureurs, calomnier à leurs oreilles le pays qui les vit naître, livrer à un coupable anathème ses plus précieuses institutions, et rendre grâces, au milieu d'un million d'ennemis, au bienfait de leur invasion. Étrange absurdité de l'esprit de parti! C'est au nom d'un monarque dont ils se prétendaient les exclusifs défenseurs, qu'ils cherchaient à saper dans ces jeunes cœurs l'attachement et le respect pour le monument le plus patriotique de sa sollicitude! Et quelles seraient donc les conséquences d'un renversement aussi complet de tous les principes, si l'administration chargée de la surveillance universelle, pouvait tolérer jamais de semblables écarts? A quels tristes résultats les générations futures se verraient-elles donc inévitablement condamnées? Imbus de ces doctrines de parti subversives de tout sentiment national, les malheureux dont la jeunesse aurait été livrée à leur influence porteraient un jour dans le monde ce faux zèle et cette intolérante prévention qui en sont les infaillibles conséquences ; ils soumettraient au jugement d'une animosité personnelle ou d'un enthousiasme étranger au bien général, tous les actes de l'administration ; n'appréciant que les hommes et jamais les institutions, on les verrait en favoriser la chute ou combattre pour leur conservation ; suivant le nom des gouvernans dont elles seraient les ouvrages. S'ils venaient à prendre en animadversion la personne ou le système de leurs chefs (et telle est la susceptibilité ordinaire à l'esprit de parti), ils ne rougiraient pas d'appeler, pour les renverser, les secours de l'étranger, sauf à l'employer à son tour contre ceux qu'ils devraient à son intervention : dans tous les cas, l'amour de la patrie ne serait qu'un masque perfide pour couvrir des fureurs véritables. Livrés dès l'âge le plus tendre à toutes les exagérations de l'enthousiasme ou à tout l'aveuglement de l'inimitié, comment auraient-ils jamais ce sang-froid de la sagesse, indispensable pour régler sur la nature réelle des actes d'un gouvernement, ou son assentiment ou son improbation? Et, dans une dépendance aussi déplorable, quelle place restera-t-il dans des cœurs ainsi préoccupés pour le sentiment impartial de l'esprit public?

En éloignant ainsi des foyers de l'éducation cet ennemi-né de tout patriotisme, on concevra sans doute la nécessité de n'y pas laisser pénétrer davantage l'esprit d'engouement, qui ne fait que préparer pour les gouvernemens, ou d'aveugles séïdes, ou des adulateurs. Le pouvoir est toujours trop disposé à confondre la lâcheté qui approuve tous ses actes sans examen, avec l'assentiment éclairé qui les seconde après en avoir raisonné la nature, et jugé le mérite. Entraîné par ce penchant irrésistible qui nous séduit toujours en faveur de nos approbateurs, il entoure volontiers de sa protection des instituteurs qui se constituent sans relâche ses apologistes; de là, dans le sein de l'éducation, ces éternelles déviations de la bassesse en faveur de l'autorité, ces digressions ridicules par lesquelles une jeunesse attentive est obligée d'interrompre l'étude d'un point de doctrine important pour entendre un éloge presque toujours aussi gauchement amené qu'impatiemment écouté. Une administration bien pénétrée de tous les principes que nous avons cherché à développer jusqu'ici, loin de voir avec complaisance se perpétuer cet abus, emploîra tous les moyens qui sont à sa disposition pour l'extirper à jamais;

et c'est dans son intérêt bien entendu qu'elle puisera des motifs pour s'y déterminer. Que peut-il donc résulter, après tout, de ces concerts monotones de louanges et d'admiration? Ou ils produiront sur des auditeurs bénévoles l'effet qu'en attendent apparemment ceux qui se chargent de leur exécution ; alors il ne sortira de ces indignes laboratoires que des machines adulatrices, aussi incapables de transmettre l'expression du vœu national, que de concourir à sa formation; et ce n'est pas là sans doute ce que cherche l'autorité animée des bonnes intentions que nous venons de lui supposer : ou les flatteurs brevetés manqueront leur effet sur des cœurs naïfs, encore étrangers à tout ce manége de l'intrigue et de la bassesse ; dans ce cas, des phrases ampoulées qui n'auront pu amener l'enthousiasme et la conviction, provoqueront à coup sûr le mépris et le dégoût, une injuste prévention naîtra des efforts mêmes qu'on aura tentés pour produire une disposition toute contraire, et le pouvoir n'a pas plus à gagner dans cette hypothèse que dans la première, et l'esprit public pas plus de développemens à acquérir dans ce mécontentement, produit inévitable de l'adulation.

Au milieu des issues qu'un gouvernement libéral doit ménager à l'esprit public dans l'éducation, nous ferons donc une mention particulière du soin qu'il doit avoir de ne charger de ce précieux dépôt que des hommes aussi connus par leur dévouement aux institutions de leur pays, que par leur habileté dans les sciences dont l'enseignement doit leur être confié ; de veiller à ce que, loin de dérober à la connaissance et à la discussion modérée des élèves les actes d'administration qui peuvent intéresser le bien général, on leur fasse contracter de bonne heure, au contraire, cette habitude qui doit les mettre en état d'apporter un jour le tribut de leur instruction à la masse générale du patriotisme ; enfin d'éloigner avec un scrupule égal des lieux consacrés à l'éducation, et l'esprit de parti capable de fausser dans de jeunes cœurs toutes les idées du sentiment national, et l'adulation faite pour leur inspirer sur le système et les actes de leur gouvernement ou l'aveuglement d'un stupide enthousiasme, ou le dégoût d'une injuste prévention. Telles sont sans doute les considérations qui sous ce rapport doivent exercer principalement la sollicitude de l'autorité ; mais serait-il impossible de faire concourir aussi d'autres moyens à ce même résultat ? Si, par exemple, par une application plus fréquente des sujets nationaux aux parties de la science qui peuvent en être susceptibles, on compensait pour les élèves la difficulté d'un travail souvent ingrat par l'intérêt qu'il offrirait à leur jeune patriotisme; si on faisait concourir avec les époques nationales celles que l'enseignement est dans l'usage de solenniser lui-même; si, dans les cérémonies publiques, des places de distinction se trouvaient réservées comme encouragement ou comme récompense aux élèves les plus assidus ou les plus heureux; si, dans des circonstances déterminées, leurs imaginations ardentes se trouvaient frappées du récit encore embelli des événemens de notre histoire qui ont signalé l'héroïsme et l'honneur français; enfin, si une industrie véritablement patriotique savait multiplier pour la jeunesse les exemples de la vertu civique et du dévouement, qui peut douter qu'en la pénétrant de cet esprit national dont elle est destinée à recevoir les inspirations, on ne lui donnât la plus salutaire impulsion? Ces moyens pourront paraître à quelques esprits susceptibles, un peu renouvelés des temps démocratiques, un peu entachés par conséquent des formes républicaines; peut-être leur rappelleront-ils avec inquiétude, les usages de Rome et les principes d'Athènes; mais enfin, si l'on peut sans adopter leur mode d'organisation politique leur emprunter quelques modifications utiles, serait-il bien sage de les rejeter? la source, pour n'être pas moderne, est-elle empoisonnée? et ces productions exotiques en sont-elles moins les fruits de la raison? Au surplus, c'est en subordonnant une institution aux localités et aux usages du pays dans lequel on la veut transplanter, qu'on en recueille les avantages, en la dépouillant des inconvéniens qui peuvent lui être attachés: ce serait donc à l'autorité, si elle accueillait les vues que nous lui proposons ici, de consulter la sagesse et les convenances dans leur application.

Relativement à tout ce que nous venons de dire sur l'éducation, il est presque inutile de faire observer que la jeunesse seule a été l'objet de nos considérations. Il serait absurde de prétendre trouver dans l'âge délicat de l'enfance une aptitude chimérique à recevoir les inspirations de l'esprit public; nous nous serions même épargné cette déclaration peut-être un peu naïve, sans les interprétations de toute espèce auxquelles donnera lieu nécessairement ce chapitre, s'il est lu par l'esprit de parti, ou par la prévention. Nos principes ne peuvent être douteux, si on les juge par les pages de ce faible ouvrage qui en est l'expression. En réclamant avec franchise les droits de l'esprit public, en le proclamant à la fois impérieux et irrésistible, nous n'avons cessé d'invoquer avec les libertés nationales, les garanties de l'autorité. Toute application malveillante serait injuste, et nous protestons contre la malignité qui pourrait nous supposer de perfides intentions. Nous avons prétendu seulement combattre la chimère dont on voudrait effrayer les gouvernemens, pour les arrêter dans la route d'une noble popularité. Non, ce n'est point un complot dangereux que cet accord unanime de la jeunesse à joindre des notions d'économie politique aux différentes sciences dont elle s'occupe d'étudier les principes ; c'est la simple initiation à un droit dont la nature des choses lui garantit la jouissance. Si quelques abus, quelques écarts mêmes viennent se mêler à son exercice, l'autorité est investie des moyens de les réprimer : qu'ils soient *légalement* employés, et les hommes qui parlent de droits et de garantie ne sont pas ceux qui blâmeront, en pareil cas, sa sévérité. Mais de quelque côté que se tournent les adversaires de cet esprit national aussi ennemi de l'anarchie que du despotisme, aussi favorable à l'autorité qui le consulte que rigoureux pour celle qui le méconnaît, il n'est point d'argument par lequel ils puissent justifier la tentative injuste, et d'ailleurs impossible, de l'exclure arbitrairement de l'éducation ; il n'est point de raisonnement insidieux qui puisse attribuer à son développement des dangers qui n'existeront jamais que dans une fatale obstination à le repousser ; il n'est point de déclamation capable d'ôter à l'autorité, avec les avantages résultans de ses inspirations, les moyens d'en réprimer sévèrement les écarts et les témérités. Nous bornerons à ces points principaux ce que nous avions à dire sur ce sujet : la bonne foi, la raison n'ont pas besoin d'autres argumens pour leur conviction, la sottise et l'esprit de parti ne sont pas en état de nous écouter.

CHAPITRE XVI.

De la décadence de l'esprit public et des causes qui peuvent la précipiter.

Nous avons étudié l'esprit public dans les rapports qui le lient aux principales divisions de l'économie politique, ainsi qu'aux élémens principaux de la prospérité et de la gloire nationales ; nous l'avons ensuite rattaché aux intérêts de la morale comme au système général de la religion ; enfin nous en avons fait ressortir des observations particulières sur l'éducation ; maintenant il nous semble à propos de l'observer dans son affaiblissement, et d'indiquer la marche ordinaire de sa décadence. Ce point de vue, plus sombre que les premiers, n'aura pas moins d'utilité, puisque, s'il est important pour un gouvernement de subordonner au sentiment national l'ensemble de sa marche et les actes individuels de son administration, il lui est indispensable de connaître à la fois ses moyens d'accroissement pour les employer, et ses causes de dissolution pour s'en garantir. Cette considération nouvelle acquiert encore un surcroît d'intérêt, si l'on réfléchit aux suites inévitables de son anéantissement. Après les preuves que nous avons données de la nécessité d'un guide tel que l'opinion, pour empêcher le pouvoir de s'égarer à travers les résistances des préjugés, les obstacles de la routine et les piéges de l'adulation, il est naturel d'en faire dériver, comme conséquence immédiate, le besoin de lutter contre tout ce qui peut affaiblir son action, ou compromettre même son existence. Après que, par un noble respect pour cette reine du monde à l'empire de laquelle est subordonné celui de toute autorité, quelles que soient son nom, sa nature et ses modifications, les chefs d'un gouvernement sont parvenus à faire de son appui la plus forte colonne de leur édifice, quand ils ont intéressé à leur administration toutes les classes qui en ressentent proportionnellement les bienfaits, lorsqu'ils marchent entourés de cet assentiment général garant de leur force et de leur puissance, ce serait en vain qu'ils prétendraient se reposer sur un état de choses aussi rassurant; il leur faut, pour le conserver, autant de persévérance qu'il leur a fallu pour l'établir, de soins, de philosophie, et d'abnégation. Il est rare, au surplus, qu'un si bel accord soit détruit par ceux mêmes dont il est l'ouvrage; ils en recueillent journellement des résultats trop positifs, pour ne pas se dévouer, autant qu'il est en eux, à les perpétuer. C'est par des successeurs impérieux ou inexpérimentés qu'est bouleversée le plus souvent cette combinaison politique dont leur vue trop bornée ne peut apercevoir la hauteur, dont leur esprit trop rétréci ne peut calculer tous les avantages. L'orgueil, apanage ordinaire de la médiocrité, s'indigne des entraves par lesquelles un siècle qu'il désavoue a prétendu embarrasser ses opérations, et borner son pouvoir. Le système établi a fait la gloire et la renommée de ses auteurs, on prétend à son tour marquer le temps de son administration d'un sceau particulier; c'est à renverser l'édifice pour le reconstruire à son gré, qu'on va mettre toute son activité et toute son émulation; les mesures par lesquelles un gouvernement sage avait acquis une heureuse popularité sont remplacées par des réactions vexatoires ou ridicules; une froide insouciance dans les administrés prend la place de cet intérêt patriotique qui animait toutes les classes de l'état; bientôt l'autorité se trouve seule avec son orgueil, et son inexpérience, et ses dangers. Un moment aveuglée par une vanité puérile, elle ose être fière de cet isolement, elle attribue au respect qu'elle inspire une froideur qui n'est que le fruit de la haine ou du mépris: le temps amène cependant une de ces circonstances critiques où le pouvoir saturé de stériles hommages les échangerait avec joie contre les efforts devenus nécessaires d'un dévouement national. C'est alors que, trouvant tous les courages glacés, toutes les volontés languissantes, il reconnaît trop tard le besoin de cette popularité qu'il a stupidement dédaignée; il regrette ces dispositions bienveillantes que lui léguaient des prédécesseurs dont il a pris en pitié la politique circonspecte, et les timides ménagemens; il n'a plus qu'un moyen de salut et qu'une chance encore incertaine: puisse-t-il, adoptant franchement d'autres principes, rappeler par un noble aveu et par une conduite analogue, les secours trop long-temps repoussés de l'esprit public.

Dès qu'une nation est arrivée à ce point de civilisation d'avoir vu naître dans son sein un esprit national, il n'existe plus qu'une seule cause qui puisse en amener la décadence et en paralyser les effets ; c'est toujours du gouvernement que vient cette funeste révolution. Tant qu'un peuple peut être convaincu, tant qu'il peut supposer du moins que son bien-être est l'objet constant des sollicitudes de l'autorité, l'intérêt, la curiosité, cet amour-propre patriotique presque aussi naturel aux hommes en société que la conservation de leur existence, mille sentimens enfin se réunissent pour leur faire prendre à l'état politique de leur pays une part proportionnée à leur propre situation. La prospérité n'est pas même une condition de leur dévouement ; c'est au contraire dans les éclipses de la fortune qu'ils se plaisent souvent à le développer avec le plus d'abandon. Mais, du moment où ils sont obligés de se croire étrangers à tous les actes de l'administration, dès qu'ils en voient tout le système renfermé dans un cercle non interrompu d'intrigues, d'égoïsme, d'avidité, et de corruption ; que chacune des opérations est empreinte d'un mépris offensant pour les conseils de l'esprit public ; alors ce noble sentiment disparaît, il s'absorbe tout entier dans l'apathie du découragement, dans l'engourdissement de l'indifférence. C'est dans ce sommeil léthargique qu'il devient trop souvent pour l'autorité l'objet d'une fatale illusion. Entourée d'adulateurs qui lui peignent le silence sous les traits de l'approbation, et l'accablement sous ceux de la tranquillité, elle ne soupçonne ni la nature de l'assoupissement, ni les dangers du réveil ; elle tombe enfin pulvérisée sous la foudre, sans avoir même aperçu le nuage qui la recélait.

Ainsi donc que le développement de l'esprit public, d'après notre définition, se reconnaît à cette *part plus ou moins active que prend la partie éclairée de la population au système général de son gouvernement, et aux actes particuliers de son administration*, la décadence de ce même sentiment se manifeste dans l'indifférence générale de la population pour ces actes mêmes auxquels elle prenait un si vif intérêt. La cause en doit être exclusivement attribuée à l'inexpérience ou à l'aveuglement d'une autorité qui n'a su apprécier aucun des avantages de ce précieux mobile ; examinons maintenant les symptômes qui en annoncent la disparition, et les crises qui en précèdent infailliblement le retour.

Avant que cette indifférence glaciale qui constitue pour ainsi dire le sommeil de l'esprit public ait gagné simultanément toutes les classes de la population, il est un état intermédiaire qui peut présenter à l'observateur cette apathie générale dans une prochaine perspective, si une administration vigilante ne se presse d'apporter à ce mal politique des remèdes analogues à son intensité. Ce ne peut être par un changement tout-à-fait subit qu'un peuple accoutumé à se rattacher d'intention à tous les actes de son gouvernement, passe à cet état d'insensibilité absolue par laquelle il semble s'en isoler sans retour. Il prélude à cette léthargie morale par un malaise qu'il ne peut dissimuler, et par des plaintes plus ou mal fondées. Mais c'est surtout par le ridicule que s'exhalent en France les derniers accens de l'esprit public. Du moment où, d'une désapprobation raisonnée des actes de l'autorité, on en est venu à la dérision habituelle de ceux qui l'exercent, soit que ce dernier aliment de la vigueur nationale vienne à s'épuiser, soit que le gouvernement par des remèdes mal calculés contribue lui-même à ce résultat, un accablement général ne tarde pas à se faire sentir, il produit ce sommeil d'engourdissement dont nous avons parlé, et que l'œil de l'inexpérience peut prendre aisément pour celui de la mort absolue de l'esprit public. Rappelons encore ici l'invasion de ces crises politiques par lesquelles nous étions condamnés à payer l'établissement d'une liberté constitutionnelle : cet exemple rappellera, il est vrai, de funestes souvenirs, mais il n'en ira pas moins à son but, et ce n'est pas dans des temps réguliers que la toute-puissance de l'opinion éprouve de ces sortes de vicissitudes. Empruntons donc aux archives de l'histoire ces dernières années d'atonie qui précédèrent de trop fatales convulsions. Comment la nation la plus active et la plus bouillante en était-elle venue à ce point d'indifférence que des ministres incapables prirent trop légèrement pour de la résignation ? C'est après que l'enivrement, fruit momentané des victoires de Louis XIV, eut fait place aux murmures causés par la misère et l'ignominie qui en devinrent les uniques résultats, c'est quand des profusions pardonnées peut-être à l'éclat de cette époque brillante et désastreuse se furent perpétuées sous un règne qui n'avait ni les mêmes événemens pour les justifier, ni la même gloire pour s'en faire absoudre, c'est alors que le mécontentement se manifesta par des signes aussi multipliés que peu équivoques; de plaintes reconnues inutiles on passa bientôt à ces explosions de l'arme parmi nous la plus dangereuse; ce fut par le sarcasme et le ridicule que s'exprimèrent long-temps la haine et l'indignation; tout dépositaire d'une autorité détestée ou avilie devint l'objet d'attaques de cette nature: ainsi se décolorait par degrés cette monarchie retranchée derrière quatorze siècles de durée et d'illustration; ainsi s'évanouissait insensiblement ce prestige qu'il n'est donné d'alimenter qu'à la prospérité publique et particulière. En cet état de choses un nouveau règne s'ouvre sous des auspices rassurans pour l'esprit public; cette époque est marquée par quelques réformes, elle en est redevable à la bonté personnelle du monarque; mais des ministres inhabiles ou corrompus viennent détruire ce premier enchantement, la mollesse continue de présider à tous les conseils, les dilapidations deviennent toujours plus criantes, les abus plus scandaleux. L'opinion ouvertement méconnue ou méprisée revient enfin à cette irritation dont l'avait fait sortir un moment d'espérance. Elle fait entendre de nouveaux murmures, elle éclate en nouveaux transports d'animadversion. A défaut d'une résistance dont elle rougirait encore de faire usage contre un monarque dont elle ne se dissimule ni la faiblesse ni les bonnes intentions, c'est à ses conseillers qu'elle impute les nouveaux dédains dont elle voit accueillir ses conseils et ses remontrances; elle répartit sur cette série peu interrompue de victimes qu'elle se dévoue, toute sa malignité; enfin de sarcasme en sarcasme elle épuise tous ses traits, elle en reconnaît l'impuissance, et tombe dans cet anéantissement qui punit le pouvoir par l'apparence trompeuse de sa docilité. C'est dans cet état qu'elle semble donner au despotisme le pouvoir de tout entreprendre, et le droit de ne rien redouter; voyons combien de temps elle est destinée à rester dans cet engourdissement léthargique, et par quelle explosion s'annonce le moment inévitable de sa régénération.

Lors donc que l'opinion plongée dans la stupeur du découragement, semble vouloir ainsi donner le temps au pouvoir de recouvrer cette popularité dont il a méconnu l'importance, il n'est point de règle fixe pour indiquer la durée d'un état si contraire à l'impatience naturelle de l'esprit public; elle est subordonnée au degré d'irritation qui l'a précédé, et à la nature des circonstances à intervenir. Chez un peuple impétueux, accoutumé à porter dans tous ses sentimens la fougue et l'emportement de son caractère, cette paralysie morale se prolongera avec moins de persévérance que chez une nation froidement apathique dont le naturel est un garant plus probable de sa longanimité ; il faudra à celle-ci plus de temps pour se ranimer, il lui faudra peut-être des assauts plus multipliés. Le temps du réveil dépendra aussi en partie de la violence plus ou moins forte des secousses par lesquelles l'administration bravera la profondeur de l'assoupissement. Si, mollement endormie dans le sein d'une tranquillité qui suffit à ses prétentions, elle se contente de jouir sans excès des charmes du pouvoir, et de la douceur apparente de sa position, il est possible que le terme de cette langueur politique se recule avec les oscillations qui la termineraient. Enveloppé lui-même dans toutes les langueurs de la nullité, un gouvernement peut à la rigueur ajourner l'instant d'une crise inquiétante pour sa fragilité ; mais cette torpeur générale ne saurait être éternelle, ou l'état sans défense, abandonné aux attaques d'une ambition étrangère devenue forte de sa faiblesse, serait condamné bientôt à une dissolution inévitable. Heureusement pour l'indépendance nationale, car l'excès du mal peut quelquefois être un bien, du sein de cet engourdissement même s'élèvera bientôt un gouvernement vigoureux pour redonner la vie du patriotisme ou celle de l'irritation à ce corps politique plongé depuis trop long-temps dans les langueurs de la léthargie ; les peuples ne sont pas destinés à voir se multiplier sans interruption ces pouvoirs indolens sans influence comme sans résultats : voilà donc un chef, ou des magistrats (je parle pour toute espèce de gouvernement), capables de tenir d'une main ferme et assurée les rênes de l'autorité ; quels vont être les effets de cette nouvelle circonstance ? Sera-ce un Henri IV dévoré de la passion véritablement royale du bien public, portant l'œil du patriotisme, car c'est en cela qu'il consiste pour les rois, sur toutes les parties d'un empire fatigué de querelles sanglantes ou déplorables, jaloux de réveiller enfin cet enthousiasme national qui doit être un jour son plus solide appui ? Alors l'opinion, frappée comme d'un coup électrique, va se relever avec toute sa vigueur à la voix d'un roi assez philosophe pour l'associer à son pouvoir, elle va le couvrir de son égide, l'entourer de ses plus utiles inspirations ; de concert avec elle il marchera de réformes en réformes vers la félicité universelle ;

quel que soit enfin le résultat de leurs efforts réunis, l'intérêt de tout un peuple se portera de nouveau sur une administration qui a pour objet sa prospérité ; cette époque sera marquée par la renaissance de l'esprit public.

Au lieu de cette circonstance remarquable dans l'histoire des peuples, supposez un gouvernement cherchant à prolonger par sa mollesse le sommeil de l'opinion; il ne sortira pas moins un pouvoir énergique de cette mollesse même; le réveil de l'esprit public n'en sera pas moins la conséquence inévitable. Seulement, au lieu de cette tranquillité que nous venons de voir présider à un changement aussi favorable, il faudra, dans ce dernier cas, passer à travers toutes les épreuves des révolutions politiques ; et c'est encore cet exemple que nous offre dans toute sa fatalité la suite de nos derniers événemens. Sans doute, jusqu'aux dernières années de ce règne voluptueux et frivole où tout semblait frappé d'engourdissement, excepté les calculs de la bassesse et les raffinemens du plaisir, l'opinion ne fatigua pas l'autorité de plaintes importunes; le désordre des finances, la corruption des favoris, la nullité de l'administration, tout indisposait bien un peuple accoutumé à voir le spectacle du vice et de l'immoralité moins à découvert; mais enfin on semblait fatigué de murmures inutiles; au mécontentement semblait avoir succédé la résignation, et ce n'est pas par une vigueur tyrannique que l'infortuné monarque qui vint saisir les rênes d'un pouvoir décoloré, put donner à l'opinion le signal d'un réveil menaçant. Malheureusement le temps avait mûri dans le silence d'un accablement prolongé le germe d'une irritation d'autant plus violente, qu'elle avait été plus long-temps assoupie, et d'autres que les auteurs du mal étaient réservés à en devenir les victimes. Mais enfin l'opinion se réveilla naturellement d'un assoupissement dont la durée même la faisait rougir, elle fit présager par des murmures d'abord modérés les convulsions prochaines dont elle devait être tourmentée; dans le silence de son apparente résignation elle s'était appesantie sur des idées dont rien ne pouvait plus distraire l'opiniâtreté de ses prétentions : une sage politique se fût emparée de ces dispositions nouvelles, elle eût marché à la tête de cette opinion, elle en eût emprunté, par des concessions devenues inévitables, une force et des moyens extraordinaires, elle eût fait tourner au profit de l'autorité même ce réveil plus imposant qu'il ne devait être dangereux : au lieu de cette marche indiquée par la nécessité autant que par la raison, quelle conduite fut adoptée à cette époque délicate ? celle de l'inexpérience et de la pusillanimité. A des insinuations philosophiques on opposa des délais insidieux et des promesses mensongères, on espérait fatiguer la constance de l'esprit public, on ne fit qu'irriter son obstination ; enfin les premiers éclats de la tempête annoncèrent l'approche de la foudre, il était temps peut-être encore de la conjurer ; mais la même imprévoyance qui avait empêché de voir s'amasser les orages, vint s'opposer aux mesures qui seules pouvaient en détourner l'explosion. N'hésitons pas à le proclamer, la révolution la plus terrible fut l'ouvrage du réveil subit de l'esprit public, réveil rendu inévitable par la durée même de l'assoupissement.

En attribuant à cette puissance irrésistible la crise générale dont nous commençons à nous rétablir insensiblement, hâtons-nous de déclarer que nous n'entendons point la rendre individuellement responsable de chacun des détails effrayans qui en ont signalé la carrière, et trop souvent souillé les résultats. A ces nobles élans de l'opinion, il était impossible que l'intérêt particulier, la malveillance et les préventions ne vinssent pas mêler les intrigues de l'esprit de parti, et nous en avons fait remarquer ailleurs l'exagération et les fureurs. Il est inutile de revenir ici sur cette distinction, nous avions besoin seulement de restituer à cet ennemi acharné du patriotisme, une part qu'on ne pourrait laisser à celui-ci sans absurdité, comme sans injustice. On voit au reste que les causes du réveil de l'esprit public sont conformes aux élémens de sa formation, et que, s'il résulte inévitablement pour un peuple qui ne l'a point encore connu, des efforts même de l'autorité pour l'empêcher de s'y naturaliser, il ne doit pas moins son retour chez une nation autrefois pénétrée de ses inspirations, au système même par lequel on prétend prolonger son engourdissement. Imposante leçon pour l'autorité qui ne doit jamais faire entrer dans les calculs complaisans de son despotisme la possibilité d'enchaîner pour long-temps ce surveillant utile, quoique incommode! Noble motif d'encouragement pour les peuples qui, courbés, momentanément sous le joug de la honte ou de l'oppression, ne doivent désespérer jamais de l'efficacité des secours d'un pareil auxiliaire pour recouvrer leur dignité ou leur indépendance !

CHAPITRE XVII.

De la nature de gouvernement la plus favorable aux développemens, comme à l'influence de l'esprit public.

Nous nous sommes engagés, dès le commencement de cet ouvrage, à considérer quelles sont les institutions les plus en harmonie avec l'esprit public, quelle est par conséquent la nature de gouvernement la plus favorable à ses développemens ainsi qu'à son indépendance. Nous ne pouvions nous livrer à cet examen, sans nous occuper préalablement des caractères distinctifs qui le constituent, du degré d'influence des différentes parties de l'économie politique sur son existence, et de celle qu'il exerce à son tour sur l'organisation de chacune d'elles, enfin des causes les plus ordinaires auxquelles on peut attribuer sa décadence et son renouvellement. Après l'avoir successivement considéré sous chacun de ces points de vue différens, invariablement fixés sur son origine, sa marche et ses effets, nous pouvons maintenant aborder ce chapitre important qui doit, en rappelant tous les autres, en être l'application et la conséquence. Nous nous livrerons avec d'autant plus d'intérêt à cette discussion, qu'elle nous convaincra de la supériorité presque universelle de notre pays sous ce rapport, et nous attachera d'autant plus aux institutions dont l'esprit public doit perpétuer pour nous la jouissance et la durée.

On peut réduire à quatre sortes de gouvernemens tous ceux dont on connaît jusqu'ici la nature et l'organisation ; le gouvernement absolu ou despotique, l'oligarchie, la république, et la monarchie tempérée. Les autres, mélange plus ou moins compliqué de ces principaux élémens, rentrent dans une de ces quatre divisions ; ils sont d'ailleurs indéfinissables par leur mélange même, et nos considérations ne pourraient leur être applicables que par le plus ou moins de rapport qu'ils auraient avec ces seules bases reconnues par l'expérience, et la variété des législations. Pour commencer donc par le pouvoir absolu, voyons quels moyens d'influence et de développement il peut offrir à l'esprit public, et de quelle utilité pourrait être ce sentiment national, en le supposant compatible avec une autorité despotique.

Le gouvernement despotique, a dit Montesquieu, *est celui où un seul, sans loi et sans règle, entraîne tout par sa volonté et par ses caprices* * : point d'économie politique, point d'institutions légales dans une telle absence d'organisation, puisqu'un caprice du maître peut tout détruire ou tout changer. Point d'attachement à un pays, dont un ordre arbitraire peut vous exiler, à une existence même qu'un signe du maître peut vous arracher. Dans cet état de choses, comment pourrait se former cette puissance de l'opinion avec les caractères que nous lui avons attribués? Quelle part peut prendre au *système général de son gouvernement et aux actes particuliers de son administration* un peuple courbé sous le joug irrésistible d'une seule volonté? L'esprit public est, nous l'avons dit ailleurs, synonyme du patriotisme; or il n'est rien de plus

---

* Montesquieu, *Esprit des Lois*, liv. II, chap. 1er.

incompatible avec ce noble sentiment que l'etat passif d'une population obligée de fermer un œil respectueux sur tous les actes qui l'intéressent ; le danger d'exprimer son opinion fait préférer le parti plus humiliant mais plus sûr de n'en avoir aucune ; l'amour de la patrie s'enfuit devant la nécessité d'en renfermer les élans, et l'apathie la plus profonde est la conséquence nécessaire de la terreur. Si quelques-uns de ces hommes privilégiés assez vigoureux pour donner l'impulsion (et ils naissent en petit nombre sur le sol brûlant du despotisme), osent provoquer par des accens d'indépendance une première explosion, le cordon des muets fait justice d'une audace aussi irréligieuse, et l'exemple destiné à faire éclore le sentiment de l'esprit public sert lui-même à en étouffer le germe pour jamais.

Quand il se pourrait, au surplus, que les lumières de la raison vinssent percer à de longs intervalles, les ténèbres soigneusement entretenues de la tyrannie, quand quelques opinions particulières pourraient se former jusque sous les fers de l'esclavage, pourront-elles déployer jamais cette unanimité qui constitue l'esprit public? et sera-ce devant quelques vœux timidement disséminés que pourra se déterminer à plier le pouvoir absolu? Est-ce quand un simple mortel est revêtu de toute la puissance, quand il est pourvu de tous les moyens de la soustraire à des limites importunes, qu'il fera des droits de son despotisme une abnégation généreuse? Libre de tous les liens, exempt de toutes les entraves, tendra-t-il volontairement les bras à des chaînes que la force ne saurait lui imposer, puisque seul il en dispose à son gré? Enfin, l'habitude d'un pouvoir qui ne doit compte à personne de ses volontés, ne repoussera-t-il pas sans retour l'essor d'une opinion d'autant plus fatale au despotisme, qu'elle est toujours favorable à la liberté.

Mais, dans le pays le plus abruti par l'habitude d'une longue oppression, ne peut-il donc pas, après une suite de despotes ordinaires, s'en élever un assez magnanime pour encourager lui-même ces élans de l'opinion, la consulter dans ses vœux, et céder à ses inspirations? Et, dans ce cas, l'empire de l'esprit public ne peut-il pas se fonder au milieu même du despotisme? A cela je réponds que le monarque absolu dont nous parlons, quand sa grandeur d'âme lui aura inspiré la noble pensée de faire faire un pas aussi important à la civilisation, aura la sagesse de ne pas commencer par-là son ouvrage : avant de faire un appel au sentiment national, il le revêtira de cette indépendance, qui seule peut donner quelque poids à ses conseils; il le dépouillera de ces droits barbares qui ne peuvent que décourager l'esprit public et l'effrayer dans son expression; enfin, quand l'opinion, grâce à sa sagesse, deviendra véritablement une puissance, le despotisme, grâce à sa générosité, n'existera déjà plus.

A cette incompatibilité de l'esprit public avec un gouvernement despotique, nous pressentons encore une objection, et il faut nous hâter d'y répondre. D'après cette peinture que vous venez de nous faire du pouvoir absolu, et de ses succès assurés dans la tentative d'étouffer les premières clameurs de l'esprit public, que devient, dira-t-on, cette irrésistibilité dont vous avez fait plus haut un de ses principaux caractères? La question serait embarrassante, en effet, si nous avions posé en principe que, partout et sous toutes les formes de gouvernement, l'opinion trouvât des élémens pour sa formation, et que partout alors son empire fût irrésistible; mais nous nous sommes bornés à dire, et nous n'hésitons pas à le répéter, que partout où s'établissait l'esprit public, ce qui embrasse à peu près, il est vrai, l'universalité des gouvernemens, il était impossible à l'autorité de résister à son impulsion. Il n'y a rien de contradictoire entre cette proposition, telle que nous l'avons énoncée, et l'incompatibilité que nous soutenons exister entre les développemens de l'opinion et le régime absolu. Car, pour devenir irrésistible, il faut bien qu'elle commence par s'établir en effet, et c'est précisément ici ce qui nous paraît impraticable. Mais, direz-vous, il faudra donc renoncer pour jamais, dans un tel état de choses, à tous les avantages de l'esprit public, et la forme d'administration la plus désastreuse aura donc seule le privilége d'une triste perpétuité? Telle n'est point non plus la conséquence désespérante de notre système. Nous avons déjà vu qu'il ne fallait, pour changer en un mode libéral de gouvernement le despotisme le plus illimité, que la grandeur d'âme d'un seul individu; et ce phénomène, pour être rare, n'est pas cependant une merveille impossible. Ne voyons-nous pas, de nos jours, un souverain élevé dans les principes du pouvoir absolu, renoncer de lui-même à des droits oppresseurs, et naturaliser chez lui, sinon tous les principes de la liberté, du moins des idées favorables à ses institutions? pourquoi le temps n'amènerait-il pas dans tous les états soumis au même genre d'administration de semblables réformes? et l'apparition d'un monarque absolu, philosophe au moins sous ce rapport, ne prouve-t-elle pas la possibilité de lui voir des imitateurs *? Mais, quand la nature avare de prodiges se refuserait constamment à renouveler celui-ci, quand tous les peuples courbés sous la verge du pouvoir despotique seraient condamnés à ne voir jamais régner à leur tête un ami éclairé de l'humanité, pour lui rendre une partie de ses droits, la perpétuité d'une pareille oppression n'en serait pas encore la conséquence inévitable. Il ne faut qu'un moment d'irritation, toujours possible de la part d'un peuple souffrant, pour renverser sans calcul préalable, sans plan, sans combinaison, et par conséquent indépendamment de tout esprit public, l'édifice en apparence le plus

* On sait que l'esclavage, en Russie, s'abolit insensiblement, et la noblesse même est forcée de seconder à cet égard les vues d'un monarque assez judicieux pour sentir qu'il n'a rien à gagner au maintien de la servitude.

solidement établi sur les bases trompeuses du despotisme. Combien de fois n'avons-nous pas vu le trône des Ottomans menacé par de simples insurrections du moment, par des mouvemens spontanés qui deviendraient bientôt décisifs, s'il se trouvait un chef habile et entreprenant, pour tirer parti, au profit d'institutions libérales, de ces explosions produites le plus souvent par l'insubordination, quelquefois peut-être par l'instinct irréfléchi de la liberté, mais jamais par l'influence raisonnée du patriotisme. Que dans tout état pareillement constitué sous un chef absolu, une crise soudaine fasse naître un de ces hommes extraordinaires faits pour changer la face des empires; et tout à coup, sans conspiration qui l'ait précédée, peut sortir, du sein même du despotisme, l'empire d'une législation raisonnable destinée à créer bientôt le sentiment, inaperçu jusque-là, de l'esprit public. Mais dans tous les cas, quelles que puissent être pour un gouvernement de cette nature les chances de sa durée ou celles de sa destruction, qu'il se soutienne par la violence même de ses élémens, ou qu'il s'écroule sous l'effort spontané de quelque révolution, il nous semble suffisamment démontré que ce n'est point au milieu de l'appareil d'un maître toujours prêt à frapper, et d'une foule d'esclaves à genoux devant ses volontés, qu'il faut aller étudier la marche et les effets de l'opinion ; l'œil le plus clairvoyant aurait peine à en démêler seulement l'existence.

Passons maintenant à l'aristocratie, à ce gouvernement, où, dit encore Montesquieu, *la souveraine puissance est entre les mains d'un certain nombre de personnes, où ce sont elles qui font les lois, qui les font exécuter, et où le reste du peuple n'est tout au plus, à leur égard, que comme dans une monarchie les sujets sont à l'égard du souverain* *. Voyons dans ce mode d'administration, le plus imparfait après celui du pouvoir absolu, quel peut être à son tour l'empire de cette puissance morale à laquelle nous avons cherché à rattacher toute la suite de ces considérations.

Une première observation à l'avantage de l'aristocratie, c'est qu'elle ne peut écraser une nation sous un joug aussi monstrueux que le pouvoir absolu d'un seul, c'est que le nombre même des privilégiés appelés à se partager l'autorité, s'oppose à ce qu'ils en abusent avec la

---

* Montesquieu, *Esprit des Lois*, liv. II, chap. III.

même impudeur, et qu'enfin l'aristocratie étant entre chacun de ces nobles gouvernans une lutte perpétuelle de prétentions et de rivalités, il est possible rigoureusement qu'ils se disputent aussi l'éclat d'une utile popularité. Toujours est-il certain que, sous un tel gouvernement, l'esprit public doit trouver, plus que sous le despotisme d'un seul, à entrer pour une part quelconque dans les combinaisons de l'économie politique. L'opinion ne tremblera pas devant une réunion de chefs souvent divisés, et presque toujours jaloux l'un de l'autre, comme elle le fera devant ce despote unique dont la volonté seule est la loi, et dont un signe peut devenir un arrêt de mort ou de proscription. Si, dans un pareil état, l'intérêt de la population au système qui la régit ne peut être que bien faible encore, puisque les places, les honneurs et les dignités sont le patrimoine exclusif d'une classe privilégiée, et que cette perspective, objet d'émulation pour une fraction de la société, est un motif de découragement pour toutes les autres, cependant l'esprit public peut jusqu'à un certain point s'occuper des actes d'administration, qu'il sait devoir être entre ses chefs l'objet d'une discussion nécessaire; il peut espérer d'entrer au moins indirectement, par une espèce d'influence, dans ces conseils peu populaires à la vérité, mais où peuvent se rencontrer dans le nombre de ses membres quelques interprètes des besoins universels, quelques défenseurs des interêts nationaux : enfin la tyrannie devenant nécessairement moins oppressive en proportion du nombre de ceux qui l'exercent, l'opinion moins effrayée se forme aussi plus naturellement, ou plutôt, enveloppée sous le despotisme de tout l'appareil de la mort, elle donne au moins, sous l'aristocratie, quelques signes caractéristiques de l'existence.

Mais si l'esprit public n'est pas d'une incompatibilité absolue avec ce gouvernement ennemi naturel des droits d'une nation, et par conséquent toujours disposé à étouffer ses réclamations; si malgré tous les efforts d'un despotisme collectif, l'aristocratie ne peut toujours l'empêcher de naître, il s'en faut bien qu'il y produise les heureux effets que nous avons attribués plus haut à son développement. C'est en supposant toujours des institutions patriotiques, que nous l'avons doué de cette force vivifiante, si précieuse pour les gouvernemens qui les savent respecter; et il n'est point d'institutions patriotiques dans un ordre de choses qui favorise une classe particulière aux dépens des droits et de l'amour-propre de toutes les autres. Une nation peut obéir docilement à une autorité qu'elle trouve établie, et sous laquelle il est possible, rigoureusement parlant, qu'elle ne soit pas écrasée ; elle peut supporter sans murmure les charges qui lui sont imposées par cette autorité, avec l'idée de laquelle elle est machinalement familiarisée : mais si le salut de l'état vient à dépendre d'un de ces efforts magnanimes dont les peuples libres sont les seuls qui nous aient transmis des exemples ; qu'un tel gouvernement n'espère pas voir se renouveler chez lui ces explosions d'amour pour la patrie, et ces prodiges de dévouement. C'est alors au contraire que l'esprit public, s'il est possible qu'il ait attendu jusque-là, appellera à grands cris la destruction d'un régime qui l'humilie, et l'établissement d'un système plus national. Il mettra aux élans de son enthousiasme, une condition de rigueur, celle d'un état de choses plus conforme à la dignité de l'homme, comme aux progrès de la raison. Ainsi la circonstance même qui, pour un gouvernement entouré de l'affection unanime de l'opinion, est le signal du dévouement qu'elle aime à lui témoigner, sera, pour celui qui ne repose que sur les prétentions d'une classe privilégiée, le moment du danger, si elle n'est l'époque de sa dissolution. Telle est l'organisation morale des peuples, qu'ils ne supporteront jamais, sans arrière-pensée, des institutions fatales à leur amour-propre. Et que, par une interprétation malveillante, on ne vienne pas nous accuser de transformer les empires en foyers d'anarchie, et en volcans d'insubordination; tel n'est point le rôle que nous prétendons faire jouer aux nations sur le théâtre politique. Non, elles obéiront avec joie, elles se réuniront avec transport à leurs chefs, sous la garantie d'institutions conservatrices de leur dignité, ou de règlemens qu'elles auront consentis; elles entretiendront alors dans leur sein ce feu sacré du patriotisme, à la chaleur duquel il n'est rien pour un gouvernement d'impossible; mais elles repousseront irrésistiblement toutes ces formes surannées qui, par des privilèges humilians ou oppressifs, séparent un peuple en deux classes, celle des maîtres, et celle des esclaves; elles fléchiront sous un chef constitutionnel, mais elles protesteront avec une persévérance invincible contre tout régime subversif de leur liberté; et dans cette juste résistance, elles feront de l'esprit public, le défenseur à la fois des droits de la nature, et de ceux de la civilisation.

Ce que nous venons de dire de l'autorité aristocratique peut s'appliquer également à l'oligarchie. Les nuances de ces deux gouvernemens sont si faiblement séparées, leurs abus sont tellement analogues, ils froissent si également tous les amours-propres, qu'il serait difficile à l'opinion de seconder avec plus d'abandon les actes du second, que les opérations du premier : nous avons pu voir à quel point elle est généralement indifférente ou même formellement opposée à un tel mode d'organisation, lors de cette époque singulière où, sous les yeux d'une nation étourdie d'un pareil phénomène, de simples citoyens essayèrent, sous des noms modestement déguisés *, de se porter héritiers des résultats de notre longue révolution. Combien de temps une autorité, composée d'élémens si fragiles, put-elle conserver dans ses mains les rênes d'une administration énervée par sa nature même? ne fut-elle pas ébranlée au premier choc des événemens, et ne succomba-t-elle pas sans retour

* Le directoire exécutif.

sous l'insouciance ou l'animadversion de l'esprit public? Est-ce avec cet amalgame impuissant que l'on eût pu renouveler ces prodiges dont l'Europe étonnée gardera long-temps la mémoire? est-ce à cette époque de décadence qu'un patriotisme électrisé par la difficulté même des circonstances, eût fait lever, comme par enchantement, ces armées dont un ennemi arrogant sentait déjà les coups avant d'en soupçonner l'existence? Et si quelques étincelles du feu national brillèrent encore par intervalles sous cette oligarchie éphémère, n'étaient-elles pas les restes de ce foyer brûlant qu'avaient vu s'allumer les époques précédentes, et qu'un tel état de choses, s'il se fût prolongé, n'eût pas manqué d'éteindre irrévocablement? N'est-ce pas enfin sur les ruines de ce gouvernement sans appui dans l'opinion, qu'un autre pouvoir s'éleva, pour abuser bientôt lui-même d'un esprit public devenu importun pour son ambition, et recueillir le fruit inévitable d'une telle imprudence? Ce n'est donc pas sans raison que nous avons rendu commun à l'oligarchie et au gouvernement aristocratique le peu de développement qu'ils offrent tous les deux au sentiment national, le peu d'avantages qu'ils en retirent à leur tour, et par conséquent la presqu'insignifiance de cet agent, dans deux ordres de choses qu'il confond à peu près dans une commune réprobation. Passons maintenant à celui qui a le moins de ressemblance avec l'un et l'autre.

Ce n'est pas une position peu délicate que d'avoir à parler du gouvernement républicain dans un pays monarchique, et à une époque ou un essai de courte durée lui a laissé des ennemis exagérés, ainsi que d'aveugles apologistes! Comment parler des avantages de la république devant des personnes encore frémissantes du souvenir de ses excès? comment retracer ses inconvéniens à quelques adorateurs dont le culte est presqu'une idolâtrie? Avec quelque réserve que nous puissions nous exprimer sur ce sujet trop favorable aux applications, nous pouvons d'avance être sûrs de ne satisfaire ni la passion exclusive de ses partisans, ni l'intolérante prévention de ses détracteurs. Heureusement il ne s'agit point ici de nous déclarer sur la supériorité relative de tel ou tel gouvernement en général, sur le plus ou moins d'harmonie qui existe entre tel ou tel mode d'organisation politique et les droits ou la prospérité des peuples qui y sont soumis; ces considérations sont exclusivement consacrées à l'examen du plus ou moins de rapports qui peuvent les rattacher isolément à l'esprit public. Si nos principes à ce sujet sont d'accord avec l'expérience et la vérité, ce n'est point à nous à répondre des applications de la malignité, ou de l'injustice des interprétations.

Nous ne pouvions, dans la définition du gouvernement despotique et de l'aristocratie, emprunter une autorité plus imposante que celle de l'auteur de l'Esprit des lois; c'est encore lui qui va nous fournir ses propres expressions dans la définition de la république : *Le gouvernement républicain*, dit cet immortel publiciste, *est celui où le peuple en corps, ou seulement une partie du peuple a la souveraine puissance* *. *Lorsque dans la république*, dit-il plus bas, *le peuple en corps a la souveraine puissance, c'est une démocratie; lorsque la souveraine puissance est entre les mains d'une partie du peuple, cela s'appelle une aristocratie* **. Nous avons parlé de ce dernier mode, abordons franchement le premier dans toute la pureté de son expression.

---

* Montesq., *Esprit des Lois*, liv. II, chap. 1er.

** Montesq., *Esprit des Lois*, liv. II, chap. II.

On sentira facilement que, s'il est un état politique dans lequel l'opinion soit appelée à exercer une influence puissante et journalière, c'est celui où tous les citoyens, jouissant des mêmes droits sans acception de rang, de fortune ou de naissance, prennent tous *une part également active au système général comme aux actes particuliers de leur administration.* Dans une société organisée sur le pied d'une telle égalité, les talens seuls et les services faisant, pour ceux qui peuvent les invoquer, des titres particuliers, c'est à l'opinion seule qu'il appartient de constater la valeur réelle de ces titres, et l'étendue véritable de ces services. Ce sont les hommes recommandés ainsi, qui réunissent définitivement sur leur tête les honneurs et la prépondérance; mais cette supériorité même est un hommage à l'opinion qui voit avec transport élevés aux dignités de la république, ceux que, par ses suffrages, elle a déjà placés au-dessus du vulgaire. Une fois au faîte des grandeurs et au timon des affaires, ces hommes, redevables à l'esprit public de leur élévation, ne pourraient conserver sans lui ni leur illustration, ni leur influence. Il faut qu'ils mettent toute leur vie politique à l'abri d'une popularité qui la justifie ; c'est là surtout que, sans cette sauvegarde protectrice, l'homme le plus puissant aujourd'hui peut devenir demain le plus misérable, et, comme on l'a dit avec énergie, il n'est qu'un pas du Capitole à la Roche Tarpéienne. Chez un peuple franchement républicain, il serait difficile de profiter de l'ascendant même le plus légitime pour attenter à la liberté; à la première tentative de cette nature, l'esprit public se soulèverait contre son auteur, et le supplice ou l'ignominie en expieraient bientôt la témérité. L'expérience nous prouve, au reste, que c'est rarement par une transition subite que se consomme sur la république l'usurpation de la tyrannie. Un gouvernement aristocratique, ou une faible oligarchie, viennent ordinairement se placer entre elles comme intermédiaires. Ce ne fut qu'après les empiétemens multipliés du sénat, et la nullité complète où s'était laissée réduire la masse autrefois si ombrageuse du peuple romain, que le despotisme vint peser de tout son poids sur la ville immortelle si long-temps, reine de l'univers : de nos jours encore, le pouvoir presque absolu d'un seul ne put concentrer en lui tous les pouvoirs de l'état, ou du moins rendre à peu près illusoires tous les autres, qu'après qu'un grand peuple eût oublié, dans les langueurs d'une oligarchie divisée, cette énergie républicaine qui n'eût pas souscrit sans doute à cet envahissement successif de tous ses droits. Cette marche ordinaire de l'usurpation est peut-être la preuve la plus irrécusable de la force de l'esprit public dans un gouvernement républicain; mais l'élément véritablement constitutif de son existence, celui qui se retrouve avec tous ses effets dans cette nature d'association politique, c'est toujours l'attention aux affaires de l'état, devenue passion énergique dans une masse uniforme de citoyens appelés à la jouissance des mêmes droits, comme à l'exercice des mêmes facultés. Quel est, dans un tel état de choses, l'homme assez froidement apathique pour rester également étranger à des projets désastreux pour la république, et à ceux qui doivent assurer sa prospérité ou son indépendance. Osons le dire avec franchise, tant d'insouciance peut se rencontrer dans l'état despotique, où la prospérité de l'empire n'est profitable qu'au chef absolu qui l'exploite; elle peut se retrouver dans une aristocratie où la classe des grands et des privilégiés est la seule directement intéressée au succès des affaires; elle est moralement impossible dans cet état populaire, où le bien de la famille devient nécessairement celui de tous les membres qui la composent.

Voilà donc l'esprit public bien évidemment inhérent à l'essence du gouvernement républicain; et d'après les avantages que nous lui avons attribués, la conséquence du principe serait facile à tirer en faveur de ce mode d'organisation, si l'excès n'était pas quelquefois à côté du bien même. De savans publicistes ont craint, et l'expérience a semblé justifier quelquefois leurs inquiétudes, que de cette source en elle-même salutaire de l'esprit public ne découlassent des inconvéniens et des dangers, par l'exaltation d'un sentiment auquel il serait difficile de mettre un frein et d'imposer des limites; car, ont-ils prétendu, cet intérêt d'enthousiasme aux chances de l'état, capable d'exciter au plus haut degré le sentiment du patriotisme, est peu propre à le diriger dans sa fougue, à le redresser dans ses écarts, à l'arrêter dans ses témérités; l'intervalle n'est pas long de l'opinion qui conseille à la turbulence qui veut se faire obéir, et la passion même du bien public peut conduire une multitude enthousiaste par le sentiment de sa propre force, aux excès de l'insubordination. Nous ne prétendons adopter ni combattre aucun de ces argumens sur une matière qui n'est point de notre sujet; que le gouvernement républicain soit l'état politique le plus naturel aux hommes en société, comme l'ont cru quelques publicistes; que, selon l'avis d'un grand nombre d'autres, il ne soit propre qu'à ouvrir une arène aux factions, à la prospérité publique un tombeau, nous n'avons point à parcourir le champ de cette discussion; il est libre pour les deux partis, et ils ne sont pas près de renoncer l'un et l'autre à se défier dans la carrière. Ce que le vrai philosophe et l'ami sincère de son pays devaient ardemment désirer, c'est qu'il existât un état tranquille sans apathie, et vigoureux sans exaltation, où les avantages de la république se retrouvassent sans forcer une triste prévoyance à gémir sur ses inconvéniens; où la fougue d'une multitude souvent inquiète fût tempérée par un pouvoir soumis lui-même à des lois impassibles, où fussent enfin heureusement mélangées toutes les formes de gouvernement dans ce qu'elles peuvent avoir d'utile, de stable et de national. Eh bien! ce n'est pas en vain qu'aura été formé un vœu si généreux par la philosophie et l'humanité. Il est résolu ce grand problème politique ; il est trouvé ce mode d'organisation le plus parfait jusqu'ici, le plus analogue aux droits comme aux besoins de tout un peuple ; l'expérience et la raison en ont indiqué la nature, le temps en dévoile successivement les bienfaits, chaque jour la politique en approfondit les principes. Essayons à notre tour d'isoler de ses autres avantages celui qu'il assure au pouvoir bien intentionné, dans le développement toujours utile de l'esprit public : il est impossible de ne pas reconnaître que nous voulons parler de la monarchie tempérée par les lois, ou, en d'autres termes, du gouvernement monarchique constitutionnel.

Après avoir pris nos autres définitions dans l'oracle presque toujours infaillible de l'esprit des lois, on nous soupçonnerait sans doute de ne pas le trouver favorable à ce qui nous reste à dire sur ce dernier mode d'administration, si nous ne lui empruntions pas aussi les termes dans lesquels il explique la nature de son gouvernement monarchique. En copiant donc ici ses propres expressions, nous remarquerons seulement qu'il les eût peut-être un peu modifiées, si, dans les élémens de cette combinaison politique, il en eût pu voir établis quelques-uns, tels que la représentation nationale et la liberté de la presse. Quoi qu'il en soit, *les pouvoirs intermédiaires subordonnés et dépendans*, dit Montesquieu, *constituent la nature du gouvernement monarchique, c'est-à-dire, de celui où un seul gouverne par des lois fondamentales* (1). Observons comme ces derniers mots *lois fondamentales* expliquent le véritable sens de ceux qui les précèdent, pouvoirs intermédiaires *subordonnés et dépendans*; subordonnés dans l'ordre hiérarchique, et dans leur existence même d'après la lettre des lois fondamentales; dépendans à la fois, dans leur composition, dans leurs statuts, dans leur discipline, et toujours d'après l'énoncé de ces mêmes lois : s'il nous était permis à la suite d'une définition aussi imposante, de hasarder quelques mots sur la monarchie constitutionnelle, telle que l'ont définitivement organisée parmi nous les lumières des publicistes, et l'assentiment éclairé de la royauté même, nous dirions que, dans un tel état de choses, c'est la loi seule qui règne par un monarque qui en est l'organe, qui concourt à son établissement, et est chargé exclusivement d'en assurer l'exécution. Si à ces premiers

---

* Montesq., *Esprit des Lois*, liv. II, chap. IV.

traits caractéristiques on ajoute que l'égalité des droits y est formellement reconnue, ainsi que l'aptitude individuelle à tous les emplois, honneurs et dignités du royaume, on sentira avec quel immense avantage se trouve ainsi transportée du gouvernement républicain dans la monarchie, *cette part plus ou moins active* que prend chacun des membres de la famille politique *au système général, comme aux actes particuliers de son administration.* Sous ce régime aussi favorable au repos des peuples qu'à leur dignité, point de ces caprices avilissans d'un chef, quels que puissent être les qualités ou les vices de son caractère; il est enchaîné lui-même à la loi, il ne peut rien que par elle : point de ces distinctions de classes privilégiées oppressives ou décourageantes pour toutes les autres; ou la loi ne les reconnaît point, ou, si elle en consacre quelques-unes, également accessibles pour tous, elles ne doivent inspirer ni jalousies ni inimitié : point de ces résistances tumultueuses qui dans une démocratie peuvent faire d'une multitude exaltée une arme pour des factieux, et faire dégénérer en licence la hardiesse de la liberté; le souverain a un intérêt personnel à prévenir de semblables dangers, et la loi l'investit des moyens répressifs nécessaires pour y parvenir. Par une heureuse combinaison particulière à la nature seule de la monarchie constitutionnelle, ce mode d'association politique exclut donc, à la fois, et les inconvéniens les plus graves du régime absolu, et ceux des gouvernemens aristocratique et oligarchique, tandis que, d'un autre côté, il s'empare des avantages les plus précieux de la république, en rendant impossibles les écarts de son exaltation. Loin de paralyser dans les cœurs un sentiment personnel d'intérêt aux actes de l'administration, élément principal du véritable patriotisme, il le met en harmonie avec la sécurité du pouvoir, et la fixité des institutions; il laisse ouvertes toutes les sources de ce fleuve destiné à porter dans son cours la vie et la fertilité; il ne fait qu'opposer des digues à ses débordemens.. Il résulte enfin de cet exposé, que c'est sur la base d'une monarchie tempérée par des institutions que peut s'établir avec le plus de solidité l'empire de l'esprit public; c'est là que l'utilité de son influence est sans bornes, et le délire de son fanatisme sans danger.

Si à cette forme de gouvernement déjà si favorable, par sa nature même, à l'esprit public, se joignent des institutions capables d'ajouter encore à son ascendant et à son utilité; si le peuple assez heureux pour vivre sous la garantie d'une telle organisation a su parvenir, à force de persévérance, à l'établissement successif d'une législation conservatrice de tous ses droits; s'il jouit dans sa pensée d'une indépendance qu'un pouvoir ombrageux ne puisse rendre ni incomplète ni illusoire; si, libre dans ses suffrages, il peut réunir chaque année l'élite de ses citoyens pour le représenter véritablement; si, ne fléchissant que sous le joug sacré de la loi, c'est par des arbitres tirés de son sein, et indépendans de toute suggestion étrangère, qu'elle lui est impartialement appliquée; si, dans les sacrifices commandés à l'intérêt personnel par les besoins généraux, la publicité des opérations lui garantit une égale répartition; si chez lui tous les genres d'abus trouvent inévitablement des dispositions rigoureuses pour les réprimer; enfin, s'il doit à une charte immuable le plus grand bonheur que la nature ait rendu possible pour l'humanité, combien ce même esprit public ne s'identifiera-t-il pas plus efficacement encore avec un gouvernement si digne en effet de tout son abandon? Félicitons-nous d'être au moins sur la route qui doit nous conduire à un état de choses aussi désirable : sachons éviter à la fois les langueurs d'une froide apathie, et les emportemens d'une excessive impatience. Ne craignons pas des obstacles qui ne peuvent plus être désormais que passagers, ne précipitons pas des résultats que la force des choses a rendus nécessaires. Dirigeons-nous sans relâche, mais avec prudence, vers ce port constitutionnel où nous attendent le repos et la sécurité. Continuons enfin, par les efforts d'un patriotisme raisonné, l'œuvre de la philosophie et les conséquences de la civilisation.

CHAPITRE XVIII.

Situation actuelle de l'esprit public.

En donnant à la monarchie constitutionnelle l'heureux privilége d'entretenir si ardemment dans son sein le feu du sentiment national, nous avons, par-là même, établi la supériorité de quelques états européens sous ce rapport, et celle de notre belle patrie en particulier. Puisse-t-elle être destinée à voir se perfectionner, par la force toute-puissante de l'opinion, des institutions dont elle doit déjà l'établissement à la persévérance généreuse de ses réclamations ! En attendant ce bienfait qu'elle attend d'un gouvernement pour lequel ne sauraient avoir été perdues les leçons du passé, il ne peut être sans intérêt de s'arrêter un moment sur l'état actuel en Europe et principalement en France, de l'esprit public : dans ce tableau que nous allons essayer de tracer, ce n'est pas de couleurs brillantes qu'il s'agit; il faut être fidèle.

Si l'on n'a perdu de vue ni la définition de l'esprit public, ni ses différens caractères, si l'on se rappelle les principes à l'aide desquels nous avons indiqué les moyens de le reconnaître, il ne sera pas difficile d'en faire à l'époque actuelle une application qui ne puisse être désavouée par la raison, ni contestée par l'impartialité. Nous l'avons vu essayer ses pas encore incertains dès le moment où commence à briller pour un peuple la première aurore de sa civilisation, régler sur le progrès des lumières l'accroissement de son influence, arriver enfin avec la perfection de l'état social au plus fort de son irrésistibilité. C'est dire assez à quel degré de puissance il est parvenu maintenant dans cette Europe si riche de l'expérience des siècles passés, dans cette France surtout qui, sous une légèreté seulement apparente, cache une sagacité si réelle, une aptitude si parfaite à la réflexion. Chez une nation mûrie par tant de leçons, éprouvée par tant de vicissitudes, qui pourrait supposer que l'esprit public soit demeuré stationnaire, que seul il ait prolongé son enfance au milieu d'un développement universel? et, s'il était quelque homme assez aveuglé pour avancer un tel paradoxe, ne serait-il pas, à l'instant, démenti par la voix unanime des contemporains, et par l'autorité plus imposante encore des événemens? Ce serait en vain que des gouvernemens timides, ou des ministères ombrageux, effrayés d'une puissance étrangère à la leur, affecteraient de la méconnaître; leur crainte seule trahirait leur mauvaise foi; il ne leur reste pas même la ressource de pouvoir, avec quelque apparence de franchise, contester sa réalité. Oui, quels que soient les cris de la sottise et le bruit étourdissant de l'adulation, la voix de la vérité s'élève encore au-dessus; elle proclame à leurs oreilles l'existence et les triomphes de l'esprit public. Ne consacrons donc pas des argumens inutiles à prouver son intervention dans un siècle aussi éclairé; approfondissons plutôt la nature de ses vœux, indiquons ses craintes actuelles et ses espérances.

C'est le propre de la nature humaine, et tout individu confirme cette règle générale par son expérience personnelle, de chercher à conserver les avantages dont on a déjà la jouissance, avant de poursuivre dans l'avenir d'autres biens qui peuvent être incertains ou imaginaires. L'esprit public, qui n'est que la réunion des sentimens particuliers en un sentiment national, ne suit pas non plus une marche différente. C'est à ne pas perdre ses conquêtes les plus essentielles qu'il applique tous les efforts de sa persévérance, en attendant que, tranquille sur ces possessions, il coure par d'autres tentatives à de nouveaux succès. Si dans les premiers temps de notre monarchie, si même à des époques de gloire et de prospérité, l'opinion publique ne put obtenir de l'enivrement ou des préjugés de l'autorité que des concessions à peu près nulles, ou insignifiantes; si, dans des temps moins reculés, les vœux de la population furent en général plutôt éludés que satisfaits véritablement, on ne peut nier du moins qu'au milieu d'une crise politique déterminée par cette situation même, la raison n'ait amené des changemens arrachés par le sentiment national; des institutions pour lesquelles il est disposé à combattre de toute la force de son opiniâtreté : il s'attache également, par exemple, à cette représentation nationale, son refuge assuré dans les circonstances les plus délicates, et à cette liberté de la presse, son organe à la fois et sa garantie. Il repousse avec une obstination que la fausse politique pourrait comprimer quelque temps, mais jamais étouffer, toute atteinte portée à ce code solennel qui lui fut donné comme un monument de sagesse et de réconciliation ; il déteste des révolutions où faillirent s'engloutir la dignité d'un grand peuple et son indépendance; il recule avec effroi devant cet abîme dont il eut le temps de sonder toute la profondeur : le repos et la stabilité sous la protection d'institutions immuables, voilà son vœu légitime; il réserve tout l'appui de son influence au pouvoir qui les lui garantira, tous les périls de son inimitié aux imprudens qui tenteraient de les lui ravir. Laissons l'ignorance ou la prévention supposer aux peuples de l'Europe une propension imaginaire aux troubles et aux désordres politiques : si l'époque actuelle, au contraire, paraît en quelque sorte frappée d'un sceau particulier, on le reconnaît à ce besoin de fixité qui la tourmente, à cette persévérance avec laquelle elle repousse tout ce qui peut la menacer d'une nouvelle instabilité. Tous les peuples de l'Europe semblent également pénétrés, par sentiment et par intérêt, de cette vérité importante, que le repos et le bonheur ne sauraient se trouver au fond de l'abîme des révolutions; et si c'est à l'école de nos longues infortunes qu'ils ont puisé cette expérience qui peut seule les en garantir, combien la leçon ne doit-elle pas avoir eu plus d'efficacité sur nous-mêmes qui en fûmes directement les objets et les victimes! Un souverain dont les lumières ont su mettre à profit les temps de l'adversité, l'a proclamé du haut de ce trône qui lui fut rendu: *à côté de l'avantage d'améliorer, est le danger d'innover;* ces paroles de la sagesse ont retenti jusqu'au fond des provinces les plus reculées; chaque fraction de la famille politique y a vu le gage de sa sécurité; il n'est point de ville, de bourg, de hameau, où elles n'aient été répétées avec toute l'ivresse de l'espérance: le pacte fondamental dans toute sa pureté, le contrat mutuel avec toutes ses conséquences, voilà l'expression qui ne peut être factice des vœux universels, voilà la manifestation franche et solennelle de l'esprit public. Que l'obstination de quelques novateurs imprudens feigne de contester cette unanimité dont ils ne peuvent se dissimuler à eux-mêmes les infaillibles conséquences; que dans le délire de leurs vaines abstractions, ils traitent de chimère un accord qui pour tous les bons esprits est l'évidence même, nous osons les attendre au fond de leur conscience; c'est là qu'est leur accusateur, en attendant qu'ils trouvent leurs juges dans de funestes résultats.

De cette stabilité invoquée si impérieusement par l'esprit public, il ne s'ensuit pas qu'il se contente exclusivement des avantages que lui ont assuré jusqu'ici la force des choses et la marche des événemens. En s'emparant des premières garanties accordées à son importunité, il réclame avec la même sollicitude la pureté des institutions qui doivent en être les suites naturelles, et c'est encore par ce besoin d'immuabilité, dont nous parlions tout à l'heure, qu'il recule ainsi la limite de ses prétentions. Que signifieraient, en effet, toutes ces théories plus ou moins favorables à l'opinion, si dans la pratique elles pouvaient être dénaturées sans obstacle, ou scandaleusement éludées? Que serait la représentation nationale, ce sanctuaire vers les colonnes duquel se tournent constamment les regards de l'esprit public, si, comme nous en avons déjà signalé la possibilité, elle était influencée dans ses élémens, ou gênée dans son indépendance? Quelle ressource offrirait la liberté de la presse aux droits publics et particuliers, si, consacrée par la législation, elle était illusoire en réalité? Quel refuge trouverait l'innocence opprimée dans l'établissement du jury, s'il ne se trouvait composé que de créatures ou d'adulateurs de l'autorité? Où serait dans le vote annuel de l'impôt, l'obstacle aux dilapidations et le frein de la prodigalité, si le pouvoir trouvait, faute de ces moyens régulièrement consentis, des ressources illégales dans des extorsions arbitraires? La force civique, instituée pour protéger les citoyens, et non pour les opprimer, remplirait-elle le but salutaire de sa formation, si le choix des hommes armés qui la composent, relativement à ceux qui les doivent commander, était toujours contrarié par le choix de l'autorité? et la responsabilité enfin des agens du pouvoir offrirait-elle un recours bien réel contre ceux qui en auraient abusé, si ce principe insidieusement proclamé, attendait toujours qu'on déterminât les formes de son application? Tous ces bienfaits de la civilisation ont été consacrés par la charte mémorable qui unit la France avec son roi; c'est avec des transports de reconnaissance et de joie que l'esprit public en a accueilli la promulgation : plus attaché chaque jour à cette heureuse combinaison des droits de la souveraineté et de ceux de tout un peuple, il y rattache tous ses vœux, il en fait dériver toutes ses espérances : mais il réclame aussi avec cette force irrésistible qui est un de ses principaux caractères, une législation en harmonie avec ses principes ; il attend sans murmures, mais non sans impatience, le moment de saluer un si bel ouvrage ; enfin la base est posée, il veut voir s'élever toutes les parties de l'édifice.

Au milieu des progrès successifs de la raison, si l'esprit public a su mettre à profit les leçons des siècles et l'expérience des événemens, s'il a appris du passé quelles sont les institutions les plus capables d'assurer à un peuple tout le bonheur compatible avec l'humanité, il n'est point resté non plus étranger aux illusions dont on peut chercher à bercer son impatience, ni aux piéges que l'on peut tendre à sa crédulité. Les temps ne sont plus où, à l'aide de temporisations calculées, sous le prétexte de chimériques avantages, on endormait tout un peuple sur sa situation. Aujourd'hui que les ténèbres de l'ignorance ont fait place aux lumières du raisonnement, une population devenue méfiante par le sentiment même de son ancienne crédulité, apprécie à sa juste valeur l'éloquence des discours inutiles : ce sont des résultats positifs qu'il faut pour la satisfaire ; et malheur au gouvernement assez aveuglé pour ne pas voir dans les justes concessions qu'elle réclame, le garant le plus sûr de sa stabilité ! Nous venons d'énumérer tout à l'heure les points principaux sur lesquels se portent les espérances de l'opinion ; examinons maintenant la marche que pourrait suivre la politique, s'il en était une assez fausse pour mépriser ou éluder ses inspirations. D'abord on affecterait d'attribuer un caractère factieux aux élans les plus légaux du patriotisme ; on essaierait de donner le change à l'inexpérience, en présentant sous les traits d'une minorité turbulente, la presque universalité de la société ; par un manége perfide on livrerait aux soupçons, à la haine, à la prévention, les hommes courageux que l'opinion aurait choisis pour ses premiers interprètes ; une semblable tactique aurait le succès réservé à toutes les entreprises de l'intrigue et de la mauvaise foi ; elle échouerait contre les expressions chaque jour plus multipliées et plus positives du vœu national. A ce premier échec, que feraient les imprudens qui n'en auraient pas su prévoir même la possibilité ? ou ils renonceraient à un système déjà convaincu d'inconséquence ; alors ils satisferaient franchement à cette opinion plus forte que leur opiniâtreté ; les principes universellement invoqués seraient à la fin proclamés ; une législation en harmonie avec eux viendrait attester le retour aux idées saines, et des institutions analogues seraient le fruit de ce triomphe inévitable de l'esprit public : ou l'orgueil s'obstinerait au contraire à suivre la fausse route dans laquelle il serait entré ; et, dans ce dernier cas, quels seraient sa conduite, sa marche et ses résultats? On chercherait à comprimer la manifestation du sentiment national devenu pour le pouvoir un objet d'importunité ; on tromperait tous ses vœux, on se jouerait de toutes ses espérances ; au lieu d'accorder à sa sollicitude de nouvelles concessions, on lui ravirait enfin celles qu'il aurait déterminées précédemment par son influence. Mais c'est ici que ne tarderait pas à s'écrouler tout l'échafaudage de la présomption. Ce n'est pas dans un siècle aussi réfléchi, que l'opinion verrait d'un œil impassible le sacrifice de tous ses droits ; instruite par des révolutions successives du danger des rébellions, et des effets d'une active résistance, elle repousserait ces *moyens extrêmes* dont son souvenir est encore effrayé ; mais elle ne renoncerait pas à son but, elle y arriverait par une force plus paisible et non moins entraînante. C'est par son abandon qu'on la verrait se venger de ceux qu'elle ne pourrait plus seconder de son assentiment, et nous savons si les suites de son inertie sont plus indifférentes que celles de son irritation. Il y a peu de temps encore, c'est par la foudre et les tempêtes qu'eût éclaté l'animadversion d'un peuple plus célèbre alors par sa fierté que par sa réflexion; aujourd'hui un calme, non moins funeste pour des pilotes inhabiles, viendrait bientôt les forcer à céder à d'autres un gouvernail devenu entre leurs mains dangereux. Puisse encore ce calme long-temps prolongé, ne pas finir par de nouveaux orages!

Il est une cause particulière qui contribue puissamment à faire du siècle actuel, si j'ose m'exprimer ainsi, le siècle de l'esprit public; c'est cette continuité de triomphes et de revers dont la suite est enfin interrompue heureusement pour l'humanité; le vulgaire n'aperçoit pas du premier coup d'œil les rapports qui peuvent exister entre la cessation du fléau des combats, et un accroissement quelconque dans l'influence de l'opinion; mais ils n'en sont pour cela ni moins réels, ni plus indifférens. Ce vertige guerrier, dont l'histoire retracera les fureurs, n'a pas eu seulement pour effets un atroce brigandage et une dévastation universelle ; il a produit d'autres résultats moins affligeans pour la philosophie. Quand chaque jour venait arrêter les esprits sur quelque événement qui peut-être allait décider des destinées d'un grand peuple ; lorsqu'à un triomphe acheté du sang de tant de victimes, succédait un autre triomphe payé plus chèrement encore ; quand l'état écrasé sous ses propres lauriers, voyait livrer au hasard des combats sa fortune et son existence, il était impossible que la population intéressée dans ces jeux meurtriers n'en suivît pas avec l'intérêt le plus vif toutes les vicissitudes, que tout sentiment ne fût pas absorbé chez elle dans celui du patriotisme. Rappelez-vous quelle était en France, à l'époque de ces grands événemens, l'impatience de les connaître, et la chaleur à les discuter ; avec quelle avidité on dévorait ces bulletins, souvent mensongers, dans lesquels on croyait, sur les rapports du présent, deviner les chances de l'avenir. Pas une famille, pas un individu, qui ne fondât sur les récits du moment ses craintes ou ses espérances. Ici, l'œil ébloui de l'éclat de tant de trophées, ne voyait pas en perspective l'inconstance de la fortune et la possibilité de terribles compensations ; là, l'expérience et la raison cherchaient vainement à repousser de tristes pressentimens ; partout enfin se voyait l'ivresse ou l'anxiété, mais partout on aurait rougi de la tiédeur et de l'indifférence. L'avenir qu'on cherchait alors, est devenu pour nous le passé ; le temps a révélé les conséquences de tant de prodiges, et l'imagination, reposée de scènes trop sanglantes, n'a plus à s'exercer ni sur des revers, ni sur des triomphes. Mais l'esprit national, accoutumé à réfléchir sur des objets aussi importans, ne peut plus contracter l'habitude d'une froide impassibilité. Il reporte sur les grandes questions d'économie politique et de législation, l'intérêt qu'il attacha si long-temps au récit des combats. Désabusés des chimères de l'ambition, c'est aux élémens de leur prospérité que les peuples veulent appliquer désormais toute la force de leur caractère, toute la chaleur de leur exaltation. Dans cet état, il serait difficile de les abuser sur des besoins dont ils sentent vivement la réalité ; la force d'inertie, cette puissance calculée, plus redoutable que la violence, ferait une égale justice et des refus absolus et des ajournemens prolongés. Hommes d'état qui cherchez peut-être à vous faire à cet égard une dangereuse illusion, pénétrez-vous bien de cette vérité : la fougue nationale, exilée des champs de bataille, s'est refugiée toute entière dans l'esprit public.

En parlant, ainsi que nous venons de le faire, des événemens militaires, de l'intérêt que l'on attacha si long-temps aux récits qui les détaillaient, et des émotions violentes par lesquelles ils étaient généralement accueillis, nous n'en avons tiré parti, en faveur du sentiment national, que sous le rapport de son impétuosité ; il est à propos d'observer aussi s'il ne doit point avoir maintenant plus de justesse et de sagacité, qu'à aucune des autres époques de notre histoire. C'est une question qui ne pourrait être négativement résolue que par l'inexpérience ou la mauvaise foi. On ne peut nier, en effet, que nous n'ayons parcouru malheureusement pour notre repos, mais fructueusement pour notre instruction, des siècles entiers dans le cours de quelques années extraordinaires. Les faits se sont tellement accumulés, les crises qu'ils occasionèrent, ont frappé indistinctement tant de classes différentes de la société, qu'il ne fut jamais un champ plus vaste ouvert à la réflexion. Les imaginations les plus superficielles, ainsi que les plus profondes, n'ont pu se soustraire au besoin d'en rechercher les causes, d'en observer les effets, d'en pressentir les remèdes; et de ces méditations inspirées par la situation du moment, a dû se former pour chacun de nous l'habitude de réfléchir sur les abus qui pourraient ramener les mêmes fléaux, ainsi que sur les institutions les plus capables de nous en garantir. L'expérience ne serait-elle pas un vain mot sans cette aptitude du passé à préserver l'avenir? Ne serait-elle pas une calamité de plus pour la nature humaine, si elle ne servait qu'à lui rappeler les scènes douloureuses de son existence, sans lui indiquer les moyens d'en éviter de semblables? Non, l'homme ne fut pas destiné à une fatalité si désespérante; les malheurs de la veille sont pour lui les lumières du lendemain; et, s'il est vrai que plus la leçon fut terrible, plus le fruit en est assuré, quelles circonstances pouvaient nous prêcher la sagesse avec plus d'efficacité? C'est donc avec bien de l'inconséquence que certains esprits chagrins affectent de s'étonner de cette propension universelle aujourd'hui, à prendre *une part plus ou moins active au système général du gouvernement et aux actes particuliers de son administration*; c'est l'effet naturel des longs orages que nous avons traversés; c'est la conséquence immédiate du calme au moins momentané qui leur a succédé. Il n'y a rien, au reste, dans cet accroissement d'influence de l'esprit public, qui puisse alarmer l'autorité ni ses dépositaires, animés, comme nous les supposons, d'intentions toutes patriotiques ; nous avons suffisamment démontré que les peuples n'ont pas seuls à gagner dans son développement.

Il faut avouer cependant qu'il existe, entre l'autorité et la population qu'elle administre, une espèce de défiance qui donne à l'opinion de l'époque actuelle un caractère particulier. Ce sentiment est réel ; il nuit à l'harmonie si désirable entre les peuples et leurs gouvernemens ; il n'appartiendrait qu'à la mauvaise foi de le nier, à l'inexpérience de le méconnaître. Oui, les nœuds d'une confiance réciproque ont souffert du choc des événemens ; et comment n'auraient-ils pas été malheureusement relâchés par une longue suite de discordes intestines, plus funestes mille fois que les horreurs de la guerre étrangère ; quand le pouvoir et l'obéissance défendirent si longtemps de mutuelles prétentions, quand de succès en revers et de triomphe en défaites il ne resta bientôt plus à chacun d'eux que l'habitude de la lutte, et le sentiment chaq e jour plus enraciné de l'inimitié? Jetons un voile également nécessaire sur les excès de l'anarchie et sur les abus de l'arbitraire; tous deux eurent leur part dans les causes de cette tourmente politique : espérons que tous deux auront bientôt disparu avec elle. En attendant, il est de l'intérêt à la fois et des peuples et de l'autorité, que les restes d'une méfiance ombrageuse soient promptement étouffés sous une franche et entière réconciliation. Ce serait faire outrage à l'eprit public que d'élever des doutes sur son empressement à concourir pour sa part à un but aussi désirable; il se plut, au contraire, à seconder de tous ses moyens les premières tentatives d'un pareil rapprochement. On ne peut avoir oublié avec quel enthousiasme il accueillit tout ce qui tendait à faire oublier la trace des anciennes divisions, avec quelle franchise il manifesta tout son abandon quand une charte réparatrice vint consacrer tous les principes pour lesquels il se flattait d'avoir combattu jusqu'à cette époque de paix et d'espérance. Aux transports qu'il fit alors éclater, peut-on douter de ceux qu'il réserve à une suite de travaux en harmonie avec ce pacte solennel? S'il paya de toute sa gratitude la reconnaissance des droits nationaux, quelle sera la chaleur de son dévouement pour ceux qui lui en garantiront l'exercice, pour ceux qui assureront ce code de la sagesse par des institutions, gages de son inviolabilité? Nous revenons plusieurs fois sur l'importance de garantir la fixité du pacte fondamental par une législation qui en soit la conséquence, parce qu'elle est l'objet le plus essentiel des réclamations de l'esprit public, parce que seule elle peut détruire sans retour ce germe d'irritation réciproque, suite malheureusement trop naturelle de nos dernières catastrophes. *Stabilité*, *stabilité*, voilà le cri de l'opinion, voilà le prix auquel elle met aujourd'hui pour l'autorité l'avantage inappréciable de son assentiment.

Dans les caractères particuliers du sentiment national, à l'époque où nous sommes parvenus, n'oublions pas un de ceux qui le distinguent plus positivement, et que l'autorité ne pourrait méconnaître ou se dissimuler sans danger. C'est sa répugnance à revenir sans cesse sur les malheurs du passé pour en faire un objet de pitié stérile pour ses victimes, un texte de déclamations envenimées contre ceux qui en furent ou qui en sont supposés les auteurs. Sans doute il serait absurde de nier que notre crise révolutionnaire ait été marquée par de grands attentats, et par de grandes infortunes : mais si le souvenir ne peut plus en être que dangereux ou inutile; si la justice la plus rigoureuse est forcée de s'arrêter devant l'immensité des réparations; s'il est devenu impossible, sans creuser un gouffre nouveau, de combler celui du passé, où sera la nécessité de renouveler constamment la peinture de malheurs sans remède? Est-ce en donnant aux flammes de nouveaux alimens que l'on prétendrait étouffer l'incendie? est-ce en éveillant d'un côté les regrets, en menaçant de l'autre les intérêts ou les amours-propres, que l'on effacera sans retour toutes les lignes de démarcation qu'avait tracées parmi nous la fatalité des événemens? Quelle est donc la funeste bizarrerie qui semble présider à nos destinées? A peine se fondent un moment dans la sagesse de l'esprit public tous ces partis accoutumés à en déguiser l'expression, qu'il faut bientôt les voir renaître à l'ombre de quelque circonstance particulière. Il semble qu'un génie ennemi éloigne de nous le repos à l'instant même où nous nous flattons de l'avoir recouvré. Au nom de notre propre intérêt, si l'anxiété de la patrie ne peut suffire pour nous déterminer, faisons donc une fois définitivement l'abnégation de nos vengeances, le sacrifice de nos ressentimens. *Union et oubli*, que ces paroles prononcées par une sage politique ne soient pas perdues pour notre avenir, illusoires pour notre tranquillité. Aucun de nous ne peut se méprendre sur le vœu de l'opinion générale à cet égard; pourquoi des résistances particulières viendraient-elles s'opposer au succès d'un appel si patriotique? *Union et oubli*, tels sont, avec celui de *stabilité*, les mots répétés par l'espérance universelle.

Pour compléter le tableau actuel de l'esprit public, nous n'avons plus à ajouter qu'une seule considération, qui ne sera pas plus indifférente que les autres pour en apprécier l'influence. Il est rare, dans les temps ordinaires, que cette puissance déjà assez forte des attributs dont nous l'avons entourée, ne reste pas circonscrite dans les limites du pays qui la vit naître; elle n'a besoin d'aller chercher ailleurs ni des exemples ni des secours. Mais à la suite d'événemens qui l'ont mise en contact avec tout ce qui l'environne, elle n'a pu demeurer dans cet état d'isolement incompatible avec sa nouvelle situation. Que dans une lutte si long-temps prolongée, elle se soit partout alarmée sur des périls réels ou imaginaires; que de tous les pays de l'Europe, l'arbitraire et le despotisme aient formé véritablement contre elle une ligue redoutable, ou qu'elle ait cru sans motif à une semblable coalition, c'est ce dont il est assez inutile de faire ici l'objet d'une discussion indifférente; ce qu'il importe d'établir, et ce qui ne sera pas même contesté, puisque ses adversaires sont les premiers à lui en adresser le reproche, c'est qu'elle s'est mise en communication immédiate avec tous les peuples; c'est qu'elle en reçoit les secours d'une active coopération, comme elle leur prête à son tour ceux de son ascendant particulier. Il n'est pas aujourd'hui une de ses inspirations qui, discutée simultanément sur tous les points de cette confédération morale, n'en soit plus ou moins fortement appuyée. C'est un échange perpétuel de services par lequel toutes ces forces disséminées se transmettent l'une à l'autre l'appui commun de leur accroissement. Quelle conséquence tirer de ce nouveau rapport sous lequel se présente maintenant l'esprit public? C'est que si, dans son état naturel, bornant au seul pays qui lui donna l'existence la sphère de son ascendant, il impose déjà à l'autorité, l'obligation de céder à son impulsion, sous peine d'avoir à affronter les dangers de sa résistance ; cette nécessité devient pour elle bien plus impérieuse encore, quand il joint à sa propre influence l'appui d'une force étrangère qui ajoute encore à son irrésistibilité. Ce n'est pas dans l'état actuel des peuples qui nous environnent, qu'il est nécessaire de donner des preuves de cette solidarité d'opinion, pour ainsi dire, qui réduit en un seul faisceau les vœux universels ; les faits parlent trop haut pour laisser supposer, à cet égard, la moindre incertitude. Ils mettent à notre disposition, et l'Allemagne, qui dût au développement du sentiment national, la possibilité de son affranchissement, et l'Angleterre, que nous voyons, par le patriotisme d'une grande partie de sa population, soutenir contre l'arbitaire et la corruption une lutte qu'on aurait tort de regarder comme inégale ou désespérée, et cette Espagne enfin, qui, après avoir offert au monde le spectacle de tout le dévouement dont est capable l'enthousiasme de l'esprit public, lui prépare peut-être celui des vengeances possibles à son irritation. Nous nous abstiendrons de retracer ces détails, par ménagement pour quelques esprits susceptibles ; l'évidence est pour nous ; elle nous permet de négliger un pareil avantage.

De cette partie de nos considérations, il résulte en dernière analyse, que l'époque actuelle se distingue entre toutes les autres, par l'intensité de son esprit public, par l'énergie non équivoque de ses réclamations. Après le maintien des principes qui consacrèrent sa dignité et son indépendance, il veut une législation qui en soit la conséquence, et des institutions qui lui garantissent l'exercice libre de tous ses droits. Instruit à l'école des révolutions, il voue à l'inimitié tout ce qui pourrait en rouvrir la carrière. C'est pour se soustraire à de nouveaux orages, qu'il invoque une stabilité dont ils lui firent connaître tout le prix, un système d'union et d'oubli qui en prévienne à jamais le retour. Surtout il s'attache avec opiniâtreté à cette charte, imparfaite, sans doute, comme tout ouvrage échappé à l'humanité, mais dans laquelle il voit à la fois la réparation du passé, le repos du présent, et le gage d'un heureux avenir. Il fait concourir enfin toutes les relations sociales, tous les nœuds de la civilisation, à rendre communs à tous les peuples les effets devenus infaillibles de son ascendant, et les conquêtes de son influence.

CHAPITRE XIX.

Récapitulation générale et conclusion.

Nous voici enfin arrivés au terme de ces considérations que nous a suggérées la conviction profonde de l'influence exercée par l'esprit public sur le système politique des gouvernemens, et sur la prospérité des peuples. Maintenant il ne sera pas inutile de réunir en un seul tableau tous ces détails que la multiplicité des points de vue nous a forcés de disséminer. Nous allons embrasser d'un coup d'œil l'ensemble des observations que nous avons développées jusqu'ici, pour en mieux saisir, s'il est possible, l'enchaînement et les conséquences.

En métaphysique comme en toute autre chose, il n'est point de raison sans clarté, et la clarté dépend d'un point de départ déterminé bien positivement. Avant d'emprunter des considérations aux caractères différens de l'esprit public, nous avons donc dû commencer par définir avec le plus de précision possible la nature même de cet agent universel. *L'esprit public*, avons-nous dit, *est la part plus ou moins active que prend la partie éclairée de la population, au système général de son gouvernement, et aux actes particuliers de son administration* : nous l'avons présenté successivement impartial dans son esprit, infaillible dans ses inspirations, irrésistible enfin dans son influence; c'est avec ces attributs que nous l'avons introduit dans la carrière de la politique et de l'administration.

Le premier objet d'examen dans un pareil sujet, devait être naturellement la naissance, la marche, et le développement progressif de l'esprit public : nous avons présenté *la classe éclairée de la population*, s'emparant dans la capitale, et au moment même où ils sont proclamés, de tous les actes du gouvernement, les faisant passer au creuset de son expérience, les soumettant à une discussion raisonnée, les marquant enfin du sceau de son animadversion, ou les recommandant par un jugement plus favorable à l'approbation universelle. C'est dans cet état que, livrés sur tous les points de l'empire * aux méditations des sages, comme à celles de la masse imitatrice, ils y deviennent l'objet d'une procédure nouvelle qui manque rarement de confirmer les arrêts de la première. C'est seulement quand elle en est à ce point d'unanimité dans son expression, qu'il est impossible de contester à l'opinion cette irrésistibilité dont nous avons fait un de ses principaux caractères, c'est alors qu'elle constitue ce sentiment noble et généreux qui attache véritablement un peuple à son pays, l'esprit national, enfin le patriotisme.

Pour ne pas indiquer à demi la nature et les caractères de l'esprit public, il fallait le montrer quelques instans en face de son ennemi le plus implacable, de cet esprit de parti qui, sous la ressemblance imposante qu'il a l'art de lui dérober, fascine les yeux peu exercés de la crédulité, et se fait passer quelque temps pour celui

---

* Il est inutile de faire observer qu'en nous servant du mot *empire*, notre intention n'est point de désigner le gouvernement impérial en particulier; c'est l'expression générique qu'il convient d'employer toutes les fois qu'on fait une allusion générale à tous les modes connus d'organisation politique.

même dont il a conjuré la perte : ce n'était qu'en lui arrachant son masque imposteur, et en le montrant dans son infâme nudité qu'il était possible de le faire reconnaître, pour le faire en même temps détester ; c'est ce que nous avons essayé, en dédaignant toutefois l'exagération, l'injure, et tous les moyens auxquels il est accoutumé lui-même. En les voyant sous leurs véritables traits, l'esprit public avec sa franchise, sa modération et son impartialité ; l'esprit de parti, au contraire, avec ses emportemens, son intolérance et sa mauvaise foi, il est impossible de confondre un moment l'un et l'autre.

Ces premières considérations, générales dans leurs principes, devaient en amener de particulières dans leur application. Nous avons été conduits naturellement à indiquer les avantages que peut retirer un gouvernement de l'esprit public, et déjà notre travail acquiert de cet objet de haute politique un nouveau degré d'importance : nos argumens à cet égard ont été tirés de l'intérêt qu'a tout gouvernement régulier à assurer sa propre conservation, de l'impossibilité où il est de se conserver sans l'amour de ceux qui lui sont soumis, enfin de la nécessité, pour se concilier un pareil sentiment, de mettre tous les actes de son autorité en harmonie avec l'opinion générale des administrés. De là les avantages bien évidens qui doivent résulter pour lui de la manifestation de l'esprit public ; et ce n'est pas après des crises aussi instructives que celles dont nous sortons, qu'il est permis de révoquer en doute l'utilité de ses conseils, l'efficacité de ses remontrances.

Des avantages bien démontrés que trouve un gouvernement à faire concourir à ses actes l'influence de l'esprit public, on doit arriver sans détour à la nécessité d'employer les moyens les plus sûrs pour parvenir à en connaître la véritable expression. Le second de ces principes est rigoureusement la conséquence du premier : et que signifierait cette utilité incontestable de l'opinion sans des organes non équivoques de sa manifestation? Ici l'expérience et le raisonnement sont d'accord pour nous indiquer à la fois les plus naturels et les plus infaillibles ; les deux principaux sont la représentation nationale, et la liberté de la presse, toutes deux attaquées par les préjugés, la routine et la mauvaise foi, toutes deux destinées à sortir victorieuses de cette lutte inégale. En parlant de la représentation nationale, nous avons dû signaler l'insuffisance, ou plutôt la nullité absolue de cette institution, si les choix des hommes chargés d'une mission aussi importante pouvaient être dictés ou influencés par l'autorité, si, une fois investis du droit d'être les organes du vœu national, ils pouvaient être gênés ou intimidés dans leur indépendance; quant à la liberté de la presse, il nous a fallu subordonner les heureux effets de son influence à ce qu'un gouvernement ombrageux n'en paralyse pas l'exercice, sous prétexte d'en réprimer les abus. L'occasion était trop favorable pour ne pas invoquer, dans les délits de la presse, l'application exclusive de la loi par un jury ramené à toute la pureté de son institution. Enfin la représentation nationale constituée avec toute son indépendance, la liberté de la presse dans toute sa réalité; voilà les deux premiers organes des vœux universels. Joignez à ces deux précieuses garanties la publicité des opérations administratives, et vous aurez examiné les principaux moyens de parvenir à la manifestation véritable de l'esprit public.

Après la connaissance des issues à ménager au sentiment national, ce qui importe le plus au pouvoir jaloux de profiter de toutes ses inspirations, c'est de découvrir pour les éviter, les causes qui peuvent s'opposer à ce que l'expression en arrive franchement jusqu'à lui. Outre l'esprit de parti qui sera toujours l'obstacle contre lequel il lui faudra lutter avec le plus de persévérance, nous avons cru devoir lui signaler l'adulation qui l'aveugle, et l'irréflexion dans le choix de ses agens capable d'intercepter toute communication entre lui et la franchise, quelquefois importune pour eux, de l'esprit public. Nous avons signalé de même cet abus presque général qui semble réunir dans la capitale tous les administrateurs du royaume, et, par conséquent, ralentit ce commerce continuel qui doit exister entre le pouvoir et les administrés par la voie de ses intermédiaires naturels. Soit calcul, soit maladresse, il est impossible de n'y pas reconnaître un danger réel pour l'autorité; nous avons dû poser sur cet écueil le fanal du raisonnement.

Une erreur presque générale parmi les hommes placés à la tête des affaires, c'est l'obstination avec laquelle on les voit prétendre à diriger eux-mêmes l'esprit public. Ne pouvant se dissimuler toute la force de son influence, ils prennent pour règle de conduite, à cet égard, un sophisme qui leur paraît le chef-d'œuvre de la logique et le *nec plus ultrà* de l'argumentation; puisqu'il est reconnu impossible, disent-ils, de résister au torrent impétueux de l'opinion, empêchons-le de prendre une direction contraire à notre système, et sachons lui imposer des digues pour ne pas en être bientôt entraînés. C'est à prouver la fausseté d'une pareille conséquence que nous avons consacré le septième chapitre de cet ouvrage : la tâche en est devenue facile par l'exemple de tant de gouvernemens éphémères qui ont succombé sous cette malheureuse prétention. Ce n'étoit pas sortir de notre sujet, que de dire un mot de cette police vexatoire, qui dans les mains de l'inexpérience ou du despotisme, est généralement l'arme la plus employée à cet usage. Nous avons tâché de concilier la nécessité de cette institution renfermée dans les bornes d'une surveillance tutélaire, avec les reproches que nous ne pouvions épargner aux nombreux abus dont elle est trop souvent l'occasion. A côté de ce système toujours fatal à ceux qui lui donnent une imprudente préférence, nous avons placé celui d'une tolérance sagement réglée; elle gagne tous les esprits, elle réunit tous les cœurs, c'est là qu'est véritablement la seule direction que l'autorité puisse avoir la prétention de donner à l'esprit public.

Libres enfin des définitions générales et des

règles universelles qui en sont dérivées, il fallait faire de ce sentiment patriotique et de son influence, des applications particulières à toutes les parties de l'économie administrative. La première, dans l'ordre de la politique et de la société, a sans doute pour objet le système judiciaire; c'est aussi par-là que nous avons dû commencer. Nous avons fondé ses rapports avec l'esprit public sur les changemens successifs introduits dans notre législation, et tous plus ou moins vivement réclamés par l'opinion avant d'avoir été définitivement établis; nous les avons fait ressortir en outre de ces circonstances délicates, où la loi n'ayant pu prévoir l'immensité des détails susceptibles de s'y rattacher, a dû laisser à ses interprètes quelque latitude dans son application. Mille exemples attestent que c'est souvent, dans ce cas, l'opinion qui les détermine, surtout s'il s'agit de ces jurys composés des citoyens éclairés que nous avons vus concourir le plus directement à sa formation.

Si le besoin de la justice est pour toute société politique le premier de tous, et moralement parlant, le plus indispensable, celui de ressources financières ne se fait pas sentir moins impérieusement pour sa prospérité, et ce n'est pas sur la fortune publique, que le sentiment qui nous occupe a le moins d'ascendant. Nous avons trouvé dans les réformes et améliorations produites par l'opinion dans le système judiciaire les preuves de son influence; c'est aussi dans les nombreux abus signalés en finances par cette surveillante universelle, que nous avons puisé nos principaux argumens pour démontrer ses rapports avec le système financier. En y joignant la nécessité de sa coopération pour assurer des recouvremens qui sans elle seroient continuellement ralentis ou entravés, pour arracher spontanément à toute une population des sacrifices volontaires nécessités quelquefois par la difficulté ou par l'urgence des circonstances, pour faciliter des emprunts que l'insuffisance des autres ressources peut rendre indispensables, enfin, pour maintenir un crédit toujours avantageux même au sein de l'abondance, en faisant dériver de ces considérations la nécessité de faire à l'opinion toutes les concessions praticables qu'elle peut réclamer en finances, nous avons toute la théorie des rapports du système financier avec cette puissance morale qui le vivifie.

Dans l'état actuel des peuples de l'Europe, au milieu de ces multitudes armées, toujours prêtes à fondre l'une sur l'autre au signal de l'ambition, de la haine, ou de la vengeance, la force physique n'est pas moins indispensable à un empire, pour sa conservation, que le bon état de ses finances, pour sa prospérité ; il était donc convenable d'examiner aussi l'analogie que peut avoir l'esprit public avec le système militaire. On ne peut nier d'abord que le motif le plus puissant d'émulation pour les guerriers, ne soit cette idée de gloire et d'honneur attachée par l'opinion aux services de cette nature ; c'est elle qui se charge d'apprécier un dévouement périlleux, d'en payer les travaux, d'en récompenser les dangers ; c'est elle aussi qui change en animadversion et en inimitié ce sentiment de sa première bienveillance, quand les armes employées d'abord à la défense nationale, se tournent ensuite contre un peuple pour son oppression. C'est en entretenant dans les rangs cet intérêt individuel aux intérêts de la patrie, cet esprit public enfin dont nous parlons, que les gouvernemens obtiennent de leurs défenseurs ce courage impétueux, et cette force indomptable qui ne sera jamais l'effet d'une froide impassibilité. C'est enfin l'esprit public qui, toujours juste dans son enthousiasme comme dans sa réprobation, après avoir payé le tribut d'une reconnaissance sans bornes au gouvernement protecteur de la sûreté ou de l'indépendance nationale, poursuit de son animadversion le pouvoir turbulent ou ambitieux, qui ne craint pas d'éterniser, sans motif, le fléau de la guerre étrangère. Toutes ces considérations n'indiquent-elles pas autant de rapports de l'opinion avec l'esprit et l'organisation du système militaire ?

Quand les chefs des nations sont fatigués d'une guerre dont tous les fléaux ont dévoré l'humanité, il faut bien qu'ils conviennent entre eux, pour un temps du moins, des conditions d'une paix qui la console. C'est alors que le vainqueur cherche à s'assurer le fruit de ses triomphes, et le vaincu, à sauver de son désastre des débris suffisans pour lui faire tenter un jour la chance de le réparer. Des deux côtés, l'esprit public est destiné à jouer un rôle important dans ces assauts diplomatiques. En présentant alternativement le négociateur dans l'une et l'autre de ces deux positions, en le supposant même dans une situation intermédiaire, celle d'une parfaite égalité avec le diplomate qui lui est opposé, nous l'avons vu partout également intéressé à pouvoir, sans être démenti, faire de l'état de l'opinion un de ses plus victorieux argumens : enfin, ce n'est point une attention minutieuse pour un gouvernement, que de choisir, pour le représenter, un homme d'état personnellement investi de l'estime publique, et recommandé par les suffrages universels. Lorsqu'il sera arrivé au moment d'invoquer l'influence de l'opinion, elle ne désavouera pas l'appel de l'homme qu'elle n'a pas désavoué lui-même. D'après ces diverses considérations, il serait absurde de supposer l'esprit public plus étranger au système diplomatique, qu'aux autres parties de l'administration.

On a dit depuis long-temps que les sciences, les lettres et les arts sont enfans de la paix; c'est d'eux que nous devons, par conséquent, nous occuper, dès qu'elle est heureusement rétablie. Il nous a été facile de les rattacher au mobile universel qui nous occupe, en réfléchissant aux effets de l'opinion sur la composition de tout ouvrage politique ou même simplement littéraire, comme à l'impulsion qu'elle en reçoit à son tour, quand ils sont publiés. Nous n'avons pu négliger l'action plus immédiate encore des beaux-arts, sur le sentiment national; elle se fait assez reconnaître à l'impression individuelle que ne manque jamais de faire sur chacun de ceux qui en sont frappés, toute production représentant ou un trait historique, ou le personnage qu'il a rendu célèbre. Enfin, les allusions saisies au théâtre avec tant de perspicacité, ne pouvaient être un argument à dédaigner dans les preuves à fournir de l'influence des lettres et des arts sur l'esprit public.

Ce n'est pas dans un pays agricole, industrieux et commerçant, qu'il serait excusable de passer sous silence les rapports de l'opinion avec l'agriculture, l'industrie et le commerce. Commençant donc par l'agriculture, son ascendant se démontre suffisamment par la dépendance manifeste où sont les villes les plus importantes, des campagnes qui les nourrissent, et par les modifications différentes qu'apporte au patriotisme des cités, l'abondance ou la disette des produits nécessaires à leur consommation. Quant à l'industrie, s'il est vrai que la nature des événemens et l'état de l'opinion déterminent, ou du moins influencent une grande partie de ses productions, si elles réagissent à leur tour sur l'opinion, par les occasions qu'elles lui fournissent journellement de se manifester, et par le degré d'intensité qu'elles ajoutent à sa manifestation, on ne peut contester les rapports de cet élément de la prospérité nationale avec l'esprit public. C'est sur ces points évidens que nous avons établi nos principes, en les étendant au commerce qui, associé d'une manière si intime avec l'industrie, ne saurait en être, sous ce point de vue, raisonnablement séparé.

Dans cette liaison constante de l'esprit public avec tout ce qui peut intéresser la gloire et la prospérité nationales, il serait extraordinaire que la morale et la religion, par leur gravité même, pussent seules lui demeurer étrangères. Elles ne sont pas non plus dans cet état d'isolement à son égard. L'opinion semble d'abord, par sa docilité aux exemples de la puissance, rester assez indifférente aux progrès et aux pertes de la morale; mais elle ne tarde pas à en revendiquer les droits, quelquefois même à les venger avec une sévérité d'autant plus inflexible, qu'elle cherche à en voiler les écarts de son propre entraînement. L'histoire moderne est là pour en offrir plus d'un exemple frappant. Quant à la religion, nous avons fait dériver ses rapports avec l'esprit public, de l'effet que peut avoir un système de tolérance ou de persécution sur la concorde universelle, et sur l'attachement au gouvernement, qui en est une des conséquences. Nous avons cru devoir rattacher à cette considération générale quelques idées non moins importantes, pour en venir à cette conclusion, que l'état de l'opinion rendit inévitables dans des temps reculés, des abus, des persécutions et des malheurs religieux qu'elle rend aujourd'hui pour jamais impossibles.

C'eût été méconnaître l'empire de l'esprit public dans un de ses objets les plus importans, que de ne pas le considérer dans ses rapports avec la stabilité des institutions par l'éducation. Tout en réalisant pour la génération qu'il anime les avantages inséparables de son expression, il sait encore en garantir la durée à celles qui lui doivent succéder; il réunit le présent et l'avenir par la chaîne non interrompue de son influence. De la vocation à laquelle sont appelés les citoyens à fournir leur contingent à la masse du sentiment national, se déduit tout naturellement la nécessité d'initier à ses inspirations une jeunesse destinée à en devenir un jour l'interprète. La propension actuelle des étudians et des universités à s'occuper d'économie politique concurremment avec les autres sciences objets de l'éducation, n'était pas, dans notre sujet, une circonstance indifférente : il nous a semblé convenable de combattre les sophismes accumulés à cet égard par la susceptibilité; enfin nous croyons avoir démontré, par la nature même de l'esprit public, ses avantages sous ce rapport particulier, et l'impossibilité, en toute hypothèse, de l'exiler des foyers de l'éducation.

Après avoir observé cet agent universel dans sa naissance, sa marche et ses rapports avec chacune des parties principales de l'économie politique, il ne peut être indifférent de le suivre dans sa décadence et dans son renouvellement, ou, s'il est permis de s'exprimer ainsi, dans sa mort et dans sa résurrection. Nous l'avons donc présenté réduit par l'inexpérience d'un gouvernement obstiné à en repousser les avis, à un état d'affaissement précurseur d'une léthargie plus ou moins prolongée, mais que doit suivre inévitablement un réveil d'enthousiasme ou d'irritation. S'il est tiré de son engourdissement par un Henri IV, jaloux d'identifier avec l'opinion l'exercice d'une souveraineté bienfaisante, il va renaître avec toute sa vigueur pour en seconder les nobles intentions; mais, s'il se réveille aux secousses de jour en jour plus violentes d'une autorité arbitraire ou despotique, c'est par des convulsions et des fureurs que s'annoncera ce funeste moment. Enfin son retour à la vie est infaillible; ce sont les circonstances auxquelles il le doit, qui déterminent ses heureux résultats, ou ses funestes effets.

Toutes les considérations qui nous ont occupés jusqu'ici avaient pour objet de nous aider à déterminer la forme de gouvernement la plus propre au développement de l'esprit public, et la plus favorable à son influence. Il fallait, pour cela, définir chacun des quatre modes d'organisation sociale reconnus par les publicistes, et leur appliquer les rapports sous lesquels nous avons envisagé successivement cette puissance irrésistible. En commençant par le *gouvernement despotique*, nous y avons reconnu l'absence de tout sentiment national, nous avons été par conséquent dispensés de tout examen sur son intervention. L'*aristocratie*, en mettant à sa naissance des entraves un peu moins insurmontables, ne nous a pas semblé présenter des ressources beaucoup plus efficaces pour son développement; seulement elle laisse entrevoir dans la perspective l'approche d'un ordre de choses plus favorable à son établissement. De tous les modes d'association politique, le *gouvernement républicain* est sans doute celui qui présente à l'opinion les chances les plus avantageuses, celui qui se ressent le plus heureusement de son entremise. Le contact individuel de chacun avec la patrie, l'aptitude de tous aux emplois et aux honneurs de la république, ne peuvent laisser personne étranger *au système général, et aux actes particuliers de l'administration.* Cet argument serait sans réplique en faveur de la démocratie, si le sentiment de l'esprit public, susceptible par sa nature même de tous les écarts de la fougue et de l'exagération, n'exposait pas le pays qui en est le foyer à des crises souvent inévitables. Il est heureusement une forme de gouvernement qui, dégagé des inconvéniens des deux premiers, et réunissant tous les avantages de la république, sans être exposés à leurs fatales compensations, forme, sous l'influence du patriotisme, la plus belle conception politique sortie jusqu'ici du vaste laboratoire de l'esprit humain; c'est là que l'opinion éclaire sans consumer, que, placée comme un fanal salutaire, elle guide le vaisseau de l'état à travers les écueils, elle facilite au pilote sa manœuvre; il dépend de lui d'entrer dans le port.

Il était difficile de terminer des considérations sur l'esprit public sans les appliquer à une époque où il se présente à l'homme d'état avec une attitude si énergique, avec un développement si utile : comment ne pas parler de ces vœux si universels aujourd'hui, de ces réclamations si positives en faveur de la stabilité du gouvernement et des principes constitutionnels? Comment ne pas insister avec l'opinion sur le perfectionnement de ces institutions qui doivent en être les conséquences? sur ces modifications salutaires, objets de tant d'espérances, motifs de tant de sollicitudes? Etait-il permis de passer sous silence le tribut payé par une nation généreuse au monarque éclairé qui fit de la reconnaissance de ses droits le fondement de toute concorde et le gage de toute réconciliation? Oui, *la charte*, et une législation en harmonie avec ses dispositions, *l'union* entre tous les enfans de la famille, *l'oubli* de toutes les offenses, et le sacrifice de tous les ressentimens; enfin le repos et la stabilité sous la protection d'une monarchie constitutionnelle, voilà sans obscurité, sans arrière-pensée, le cri unanime des peuples fatigués de troubles et de révolutions, voilà l'élan caractéristique de l'époque actuelle, le vœu impérieux et irrésistible de l'esprit public.

Telle était la conséquence définitive à laquelle nous tendions dès le commencement de cet ouvrage. Signaler la nature, les caractères et les avantages de l'esprit public; indiquer les obstacles qui peuvent s'opposer à son développement, et les moyens à employer pour en triompher; spécifier ses différens rapports avec toutes les parties de l'économie politique et administrative; les appliquer aux différentes formes de gouvernement, et ne trouver pour les y adapter avec sécurité que la monarchie tempérée par les lois, ou constitutionnelle; exprimer enfin sommairement l'état actuel de l'opinion, la nature et les objets de ses réclamations, tel était notre but : heureux le peuple français, si par des institutions sagement combinées avec ce mode d'organisation dont il est fier d'avoir adopté les principes, il est destiné à servir aux nations de spectacle et de modèle!

FIN.

TABLE DES CHAPITRES

CONTENUS

DANS CE VOLUME.

		Pag.
CHAP. Ier.	DE l'esprit public en général. . . .	1
CHAP. II.	De la manière dont se forme et se développe l'esprit public.	14
CHAP. III.	De l'incompatibilité qui existe entre l'esprit de parti et l'esprit public.	29
CHAP. IV.	Des avantages qui résultent pour un gouvernement de la manifestation de l'esprit public.	42
CHAP. V.	Des moyens les plus sûrs pour un gouvernement de parvenir à connaître l'expression véritable de l'esprit public.	57
CHAP. VI.	Des obstacles qui peuvent s'opposer à ce qu'un gouvernement connaisse l'expression véritable de l'esprit public, et des moyens à employer pour les surmonter.	85

Pag.

CHAP. VII. Des inconvéniens attachés à la prétention de diriger l'esprit public. 103

CHAP. VIII. De l'esprit public dans ses rapports avec les différentes parties de l'administration, et d'abord avec le système judiciaire. 119

CHAP. IX. De l'esprit public dans ses rapports avec le système financier. 138

CHAP. X. De l'esprit public dans ses rapports avec le système militaire. 163

CHAP. XI. De l'esprit public dans ses rapports avec le système diplomatique. 184

CHAP. XII. De l'esprit public dans ses rapports avec les sciences, les lettres et les beaux-arts. 203

CHAP. XIII. De l'esprit public dans ses rapports avec l'agriculture, l'industrie et le commerce. 226

CHAP. XIV. De l'esprit public dans ses rapports avec les mœurs et la religion. . . 253

CHAP. XV. De l'esprit public dans ses rapports avec la stabilité des institutions, par le système de l'éducation. . . 278

CHAP. XVI. De la décadence de l'esprit public et des causes qui peuvent la précipiter. 300

Pag.

CHAP. XVII. De la nature de gouvernement la plus favorable aux développemens, comme à l'influence de l'esprit public. 317

CHAP. XVIII. Situation actuelle de l'esprit public. 346

CHAP. XIX. Récapitulation générale et conclusion. 371

www.ingramcontent.com/pod-product-compliance
Ingram Content Group UK Ltd.
Pitfield, Milton Keynes, MK11 3LW, UK
UKHW022326190726
13856UKWH00001B/226

9 782011 777355